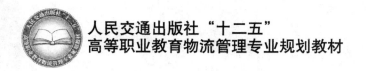

人民交通出版社"十二五"
高等职业教育物流管理专业规划教材

采购管理实务

CAIGOU GUANLI SHIWU

（第二版）

主　编　蔡改成
主　审　薛　威

内 容 提 要

本书依托"教育部高职高专物流管理专业教育教学改革研究项目"进行编写,是高职高专物流管理专业工学结合、课程改革规划教材。

本书根据职业教育的特点,结合采购师、物流师对采购岗位的能力要求,通过采购管理认知、采购计划编制、交易条件决策、供应商管理、采购谈判与合同管理、招标采购、专项采购操作、采购风险控制及采购成本与绩效管理共九个项目26个任务的学习与实施,使读者系统掌握采购管理必需的知识和技能。

本书在知识结构上,涵盖了物流师考试涉及的采购管理相关知识,并突出实用特色。从强化培养操作技能出发,对采购管理各环节安排了技能训练。同时巧妙地穿插一些"小资料"、"想一想"、"友情提示"等,以引导思考,拓宽视野。

本书可作为各种注重技术应用型高校的采购与供应专业、物流管理专业、连锁经营专业、经济管理专业等的教学用书,也可以作为物流、采购从业人员的培训和自学用书。

图书在版编目(CIP)数据

采购管理实务 / 蔡改成主编. —2版. —北京：人民交通出版社股份有限公司,2014.8
ISBN 978-7-114-11523-3

I. ①采… II. ①蔡… III. ①采购管理—高等职业教育—教材 IV. ①F253.2

中国版本图书馆 CIP 数据核字(2014)第141879号

书　　名	采购管理实务(第二版)
著 作 者	蔡改成
责任编辑	吴燕伶　李　坤
出版发行	人民交通出版社股份有限公司
地　　址	(100011)北京市朝阳区安定门外外馆斜街3号
网　　址	http://www.ccpress.com.cn
销售电话	(010)59757973
总 经 销	人民交通出版社股份有限公司发行部
经　　销	各地新华书店
印　　刷	北京盈盛恒通印刷有限公司
开　　本	787×1092　1/16
印　　张	17
字　　数	407 千
版　　次	2014年8月　第2版
印　　次	2017年1月　第2次印刷
书　　号	ISBN 978-7-114-11523-3
定　　价	39.00元

(有印刷、装订质量问题的图书由本公司负责调换)

编委会

主任委员: 薛　威

委　　员:（以姓氏笔画为序）

　　　　　王晓阔　朱亚琪　刘艳良　吴东泰

　　　　　何　柳　陈志敏　原　宇　徐　沁

　　　　　高　培　高慧云　蔡改成

第二版前言

《采购管理实务》出版以来,受到全国各地高职院校及其他重视技能型院校的青睐,对满足生产企业、流通企业和其他社会团体的物资供应,优化企业的物流系统起着一定的支持作用。

采购管理实务是工商管理、物流管理、电子商务、经济管理等专业的一门重要的专业主干课程。通过本课程的学习,使学生掌握系统的采购管理方面的知识和技能,掌握采购的具体操作方法,掌握优化采购流程的具体措施,能够控制采购风险。

本书根据职业教育的特点,结合采购师、物流师对采购岗位的能力要求,依据职业教育"能力本位、就业导向、学生主体"的要求,立足于"紧跟形势,贴近实际;理论够用,强调实践;避免高深,着眼应用;兼顾体系,突出特色",通过九个项目共26个任务的学习与实施,将学生培养成为企业可以直接使用的采购管理专业的"高技能人才"。

本书在知识结构上试图做到与采购师职业资格考试零过渡,与物流师职业资格考试采购部分知识零过渡。在编写中采用新的采购知识体系,突出企业采购过程中的实用技能的介绍,避免高深及空洞说教,让学生通过本课程的学习就能够解决采购中的实际问题。本教材通过"知识学习—技能学习—技能训练",附加实用的案例分析,巧妙地穿插一些"小资料"、"想一想"、"友情提示"等,以引导学生思考,拓宽学生视野,使学生将理论知识与实际应用紧密结合,在训练中学会应用。

本书的每项任务就是一次课程,便于教师合理安排知识学习与技能训练的时间。每项任务都解决采购中的相关具体问题,便于学生掌握技能。增加了采购风险防范的任务,使学生对于企业的采购管理知识与技能的掌握更加全面,也更加适应现实社会的实际情况。

本书由蔡改成(湖北城市建设职业技术学院)任主编,周蓉(武汉职业技术学院)、代承霞(武汉商贸职业学院)、李散绵(武汉商贸职业学院)任副主编;薛威(天津交通职业学院)担任主审。具体分工为:蔡改成编写项目一和项目二,并负责全书框架结构的设计、统稿与审核工作;周蓉编写项目五、项目七和项目九;李散绵编写项目三、项目六和项目四的部分内容;代承霞编写项目八和项目四的部分内容。

本书在编写过程中,参阅和引用了国内外有关采购方面的论文、论著、规章制度等资料,在此对相关作者表示最诚挚的谢意!

随着物流行业在我国的飞速发展,供应物流的重要性不断被业界所认识,采购管理的内容和运作方式日趋科学与规范。编写本书的过程也是我们不断学习和提高的过程,虽然我们为本书的编写付出了艰辛的努力,但限于作者水平,书中难免存在疏漏和不足之处,敬请读者批评指正。联系邮箱:821592372@QQ.com。

编 者
2014年6月

第一版前言

依托教育部高职高专物流管理专业教育教学改革研究项目,由项目负责人上海第二工业大学黄中鼎教授牵头,组织多所院校的专家编写了本套推荐教材。本书为其中之一。

采购管理作为物流系统的重要环节,在物流系统的优化中起着重要的作用,无论是生产企业、流通企业,还是其他社会团体都不能忽视这一重要领域。

在高职高专物流专业的教学中,采购管理实务是一门重要的专业主干课程。通过本课程的学习,使学生掌握系统的采购管理方面的知识和技能,掌握采购的具体操作方法,掌握优化采购流程的具体方法,认识采购管理的发展趋势。

本书立足点是"紧跟形式,贴近实际;理论够用,强调实践;避免高深,着眼应用;兼顾体系,突出特色"。尽力抓住高职高专物流专业教育的目标,为社会培养可以直接使用的采购管理专业人才。

本书在结构上试图做到两个零过渡:与采购管理应用零过渡,与物流师考证采购部分知识零过渡。在编写中摒弃条条框框,既兼顾采购知识体系,又突出实用特色,避免空洞说教,让学生通过本书就能够全面认识采购管理,掌握采购管理方法。通过多层次的技能训练、案例分析,使学生将理论知识与实际应用紧密结合,在训练中学会应用。巧妙地穿插一些"小资料"、"想一想"、"友情提示"等,以引导思考,拓宽视野。

本书由蔡改成(湖北城市建设职业技术学院)、李虹(沈阳工程学院)任主编,周蓉(武汉职业技术学院)、邵苇苇(大连职业技术学院)任副主编。具体分工为:蔡改成编写第1章和第7章,并负责全书的框架结构的设计、统稿与审核工作;李虹编写第2章、第3章和第4章,同时负责本书的校对工作;周蓉编写第5章、第9章和第10章,在部分章节的校对中做出贡献;邵苇苇编写第6章和第8章。

本书在编写过程中,参阅和引用了国内外有关物流学科的论文、论著、规章制度等资料,不论是否在书后列出,在此一并表示最诚挚的谢意!

随着物流行业在我国的飞速发展,供应物流的重要性不断被业界所认识,采购管理的内容和运作方式日趋科学与规范,虽然我们为本书的编写付出了艰辛的努力,由于水平有限,难免存在疏漏和不足之处,敬请读者批评指正。

编　者
2008 年 7 月

目 录

项目一 采购管理认知 ········· 1
    任务一 认识采购与采购管理 ········· 1
    任务二 设计采购管理组织 ········· 12
    任务三 设计采购作业流程 ········· 23
    自测练习 ········· 29

项目二 采购计划编制 ········· 31
    任务一 确定需求 ········· 31
    任务二 编制采购计划 ········· 47
    任务三 编制采购预算 ········· 54
    自测练习 ········· 65

项目三 交易条件决策 ········· 66
    任务一 采购质量控制 ········· 67
    任务二 采购价格控制 ········· 76
    任务三 采购进货管理 ········· 84
    自测练习 ········· 89

项目四 供应商管理 ········· 91
    任务一 理解供应商管理 ········· 92
    任务二 供应商选择 ········· 96
    任务三 供应商开发 ········· 103
    任务四 供应商考评与控制 ········· 114
    自测练习 ········· 127

项目五 采购谈判与合同管理 ········· 129
    任务一 认识采购谈判 ········· 129
    任务二 采购谈判的组织与实施 ········· 133
    任务三 采购合同管理 ········· 151
    自测练习 ········· 157

项目六 招标采购 ········· 159
    任务一 招标采购认知 ········· 160
    任务二 招标采购的组织与实施 ········· 163
    自测练习 ········· 179

项目七　专项采购操作 ································· 182
　　任务一　国际采购操作 ································· 182
　　任务二　电子采购操作 ································· 194
　　任务三　了解政府采购 ································· 199
　　任务四　了解联合采购 ································· 203
　　自测练习 ··· 206
项目八　采购风险控制 ································· 208
　　任务一　认识采购风险 ································· 209
　　任务二　采购风险控制策略 ······························· 211
　　自测练习 ··· 222
项目九　采购成本与绩效管理 ···························· 223
　　任务一　控制采购成本 ································· 223
　　任务二　采购绩效评估与改进 ····························· 233
　　自测练习 ··· 245
附录一　×××商品买卖合同 ···························· 246
附录二　招标公告样本 ································· 249
附录三　招标文件 ··································· 252
附录四　国际采购谈判流程 ······························ 256
附录五　采购风险一览表 ······························· 259
自测练习参考答案 ··································· 262
参考文献 ·· 264

项目一　采购管理认知

【学习目标】
1. 理解采购的概念,了解采购的类型。
2. 理解采购管理的概念、内容、任务及原则。
3. 学会设计采购组织。
4. 学会设计企业采购流程。

 引导案例

如何理解采购?

2008年,小张大学毕业应聘时最期望做的工作就是采购。在小张的心目中,采购就是买东西,花钱买东西谁不会呀? 听说,采购在企业中的地位才高呢,卖方总是想方设法讨好采购员,多有意思啊。

小张如愿成为企业的采购员。每天重复着相同的工作,接受采购经理布置的任务,下单—跟单—进货—请款。说实在话,这么简单的工作,只要找一个文员就可以做了。小张喜欢具有挑战性的工作,时间不长,小张对采购工作已经有些厌烦了——采购太容易做了。

2010年,公司的经营出了些问题。公司CEO蔡总提出要求:各部门都要从大局出发,为公司创造效益。采购部门不仅要考虑采购价格,还要注意库存情况,公司的流动资金有些问题,不能再像原来那样,靠增加库存满足需求。

2012年,小张升为企业的采购主管。按说,小张的采购能力更强了,业务更熟了,应该轻松一些了。但是,他却轻松不起来:企业采购资金有限,既要满足企业各部门的需要,防止缺货;又要节约开支,为企业创造效益;还要留心某些人拿回扣。真是让人操心呀!

现在,小张已经是企业的采购经理了。小张认为:采购说容易也容易,说难也难,那要看你站在什么角度看问题。采购不仅仅是买东西,采购者要站在供应链的高度考虑问题,对一个企业来说,采购是非常重要的核心竞争力,关系着产品的生产、质量、交货等一系列的问题。所以,采购就是战争时期的后勤,任何差错都会影响整个战争的格局。

是呀,到底什么是采购? 怎么进行采购呢?

任务一　认识采购与采购管理

现代工业企业、商业企业的生产与经营都离不开采购,政府、军队、事业单位等团体机构的正常需求也需要采购作保证,甚至在家庭、个人的日常生活中,采购也是基本的保障行为。由于采购的功能和使用范围的多样性,现代采购却并非"买东西"这么简单。

一、认识采购

(一)采购的概念

采购对于人们来说并不是一个陌生的概念,我们所消耗的物品不都是自己生产的,需要从别人手中获得,这就需要采购。

从狭义的角度理解,采购就是购买,买东西。无论是集团还是个体,为了获得自己所需要的对象,就需要用货币换取物品,这就是采购。显然,狭义的采购产生的最基本的条件是采购者必须具备足够的货币支付能力,否则,购买就无从谈起。

从广义的角度理解,除了用购买的方式占有物品的所有权外,还可以通过交换、租赁、借贷、外包等方式获取所需要的物品。广义的采购并不一定要求必须获得物品的所有权,可以仅仅获得物品的使用权;获得的对象并不局限于实物,还可以是服务、信息等非物质对象。一般意义讲,我们所说的采购都是指广义采购。

1. 租赁

租赁是以支付租金的方式获取他人物品使用权的行为。在这种经济行为中,出租人将自己所拥有的某种物品交与承租人使用,承租人由此获得在一段时期内使用该物品的权利,但物品的所有权仍保留在出租人手中。承租人为其所获得的使用权需向出租人支付一定的费用(租金)。使用完毕或租期满后,物件仍然归还给物主。

根据租赁目的的不同,可以把企业租赁分为经营性租赁和融资性租赁。不论哪种租赁,其基本操作步骤均如图1-1所示。

图1-1 租赁的基本操作步骤

①确定租赁标的。租赁标的指用于租赁的物件,可以是厂房、仓库、码头等设施,也可以是车辆、机械等设备。

②确定租赁期限。租赁期限又称为租期,租期一般根据承租人的需要来确定。租期过长将造成浪费,租期过短不能满足企业需求。

③租前调查。租前调查的内容有两个方面:一是了解租赁市场,租赁市场与其他市场一样,随供需情况而波动,全面掌握租赁市场的动态有利于获得有利的租赁条件;二是调查租赁标的的状况,租赁标的是否适合企业需求,优势与缺陷有哪些,安全性如何等需要进行全面调查。

④确定租赁条件。租赁条件是个综合性内容,是由承租双方通过谈判确定。租赁条件的主体是租赁费用即租金。

⑤签订租约。签订租约时一定要认真仔细地审查租约条款,避免发生不必要的争议,规避潜在的风险。

⑥租赁履约。出租人和承租人的履约行为往往是互为前提的,一旦一方的履约行为有瑕疵,往往会导致连锁反应,造成合同无法履行。因此,当事人应该本着诚信原则,恪守约定,善意履约。

2. 交换

交换是一种以物易物的交易形式。企业往往将自己不需要的生产资料与其他企业进行交换，以换取企业必须的物品。通过交换，企业不仅可以取得自己想要的东西，还可以盘活自己闲置或多余的东西。

交换时操作中的难点，在于确定双方欲交换的物品的价值。一般说来，交换前应该由工程技术、采购相关人员，甚至聘请专家来评估拟交换的物品的价值，也可以请第三方评估机构进行评估。

3. 外包

外包是将与企业核心业务关联性不强的业务交给其他专业公司来操作的活动。从20世纪80年代中期以来，企业不是片面追求企业内部诸如人事、行政、生产、后勤等事务的局部优化，而是通过与企业发展中的各个环节的协调，实现最佳业务绩效，从而增强整个公司的竞争力。

企业外包的业务范围包括物流、物业、安保、食堂、厂房修缮等。当今社会，外包已经成为企业拓展业务范围，规避企业风险，提高竞争力的重要手段。许多企业甚至将自己的制造、采购等核心业务也进行外包，OEM(Original Equipment Manufacturer，即代工生产，代加工，合同制造商)就是这样形成的。

外包的优势很多，主要表现如下：

①有效减少资金的占用率，化解投入大量资金建造生产线所引起的高额投资风险。
②大大缩短产品获利周期。
③给企业的实际操作带来一定的灵活性和主动性。
④企业可以集中精力于自己的核心业务上，提高企业的核心竞争力。

4. 借贷

借贷是无偿借用他人物品，使用完毕返还原物品的行为。借贷是基于借贷双方的友情或出于某种合作的需要，依靠双方的信用。

(二) 采购的分类

采购的分类方法很多，考虑到采购的复杂性，采购分类有助于我们根据各种采购的特点，合理选择采购方式。采购的主要分类方法如下。

1. 按采购主体分类

按采购主体分类，可以把采购分为个人采购、企业采购、政府采购、军队采购及其他团体采购。其中，企业采购是采购的主体，是最重要的采购。在本书中，如果没有特别说明，我们一般以企业采购为主要对象进行分析研究。

2. 按采购对象的形态分类

按采购对象的形态分类，可以把采购分为有形采购、无形采购和工程采购。

①有形采购。有形采购指采购的对象是有形商品，是看得见、摸得着的东西。生产企业主要采购对象是原材料、零部件、半成品、生产辅助材料、能源、低值易耗品等；商业企业采购的对象主要是各种商品。这些采购对象都属于有形商品的范畴。

【小资料1-1】

低值易耗品

低值易耗品是有形商品中较难区分的一种。低值易耗品是指劳动资料中单位价值在规定限额以下或使用年限比较短(一般在一年以内)的物品。它跟固定资产有相似的地方,在生产过程中可以多次使用而不改变其实物形态,在使用时也需维修,报废时可能也有残值。由于它价值低,使用期限短,所以采用简便的方法,将其价值摊入产品成本。不同单位对低值易耗品的界定标准不同,采购及管理的要求也有所区别。

②无形采购。无形采购指采购的对象是不具有实物形态的资源,主要指采购技术、信息和服务。随着社会的发展,无形采购量越来越大,也越来越受到社会的重视。

③工程采购。工程采购指采购的对象是工程建设。工程采购一般按照招投标的方式进行,常见的采购方式有全包、半包和清包。全包就是要求承包商连工带料全部负责,以争取完工的时效;清包是仅仅将工程中的劳务部分由承包商负责,工程材料由采购方自备;半包是采购方自备核心材料,将劳务部分及非核心材料由承包商负责。

工程采购由于金额较大,受到社会的广泛关注,也是产生腐败的重要处所,必须坚持采购流程,严格采购纪律。

3. 按采购的科学化程度分类

按采购的科学化程度分类,可以把采购分为传统采购和科学采购。

(1) 传统采购

指利用传统的操作模式进行的采购。企业的传统采购模式是在季(年、月)末,企业各部门提交下季采购申请单,由采购部门汇总,制订统一的采购计划,采购计划被批准后,采购回来的物料用于填充库存,满足下季对企业各部门的供应。

传统采购的特点是,管理简单、粗糙,市场响应不灵敏,库存量大,资金积压多,库存风险大。传统采购的操作一般是通过询价现购、比价采购、议价采购、定价采购及公开市场采购的形式实现。

①询价现购。指采购人员选取信用可靠的供应商,将采购数量、采购条件讲明,并询问价格或寄询价单促对方报价,比较后选取价格合适的供应商现价采购。

②比价采购。指采购人员请数家供应商提供采购品的质量、性能、价格等,通过比较,选取理想的供应商进行采购。

③议价采购。指采购人员与供应商经讨价还价后,议定价格进行采购。

询价、比价和议价一般联合使用,很少单独进行。

④定价采购。当购买物料数量巨大,少数几家供应商无法全部满足,或当市场上该物料短缺时,采购方可以自己确定价格现款收购。如,纺织厂采购棉花,糖厂采购甘蔗,甚至我们身边的回收站回收废旧资源等,都属于定价采购。

⑤公开市场采购。指采购人员在公开交易或拍卖时随时机动地采购。因此,利用公开市场采购的方法采购大宗物料时,价格变动会比较频繁。

在传统采购模式下,企业采购流程非常复杂,手工操作环节多,采购成本高,效率低。

（2）科学采购

指在科学的理论指导下，采用科学的方法和现代科技手段实施的采购。科学采购是相对于传统采购而言的，主要是采购数量、采购价格、采购方式及采购操作的确定更加科学有效。科学采购主要包括订货点采购、MRP 采购、JIT 采购、供应链采购、招标采购及电子采购。这些采购方式将在以后的单元中逐步介绍。

4. 按采购的组织形式分类

按采购的组织形式分类，可以把采购分为集中采购、分散采购及混合采购。

（1）集中采购

就是将采购工作集中到一个部门管理，统一组织本部门、本系统的采购活动。这是一种集权的采购组织形式。

集中采购的优点是：企业可以在采购总量一定的情况下，使采购的批量增加，提高与卖方的谈判力度，从而获得较多优惠的采购条件；便于企业统一实施采购方针，可统筹安排采购物料；企业不需要设立多个采购机构，精简人力，提高工作的专业化程度；有利于提高采购绩效，降低采购成本；可综合利用各种信息，形成信息优势等。

集中采购的缺点是：采购流程过长，时效性差；难以适应零星采购、地域采购、紧急情况采购；采购与需求分开，有时难以准确了解内部需求，降低采购绩效；对于非共性物料来说，集中采购不能获得折扣优势。

一般说来，集中采购主要适用于企业规模不大，企业各部门空间位置比较集中，采购物品种类大同小异的情况。

集中采购是政府采购的重要组织实施形式，由政府将具有规模包括批量规模的采购项目，纳入集中采购目录，统一由集中采购机关（通常指政府采购中心）开展采购活动，从而获得政府采购的规模效益。

（2）分散采购

就是各预算单位自设采购组织，独立组织采购进货活动。分散采购是一种分权的采购组织形式。

在分散采购中，企业下属各单位，如子公司、分厂、车间或分店都享有自主采购权。这样，可以使采购与生产经营需要结合得更加紧密。各预算单位自行采购，可以缩短采购流程，使采购具有较好的时效性。相对于集中采购，分散采购的绩效要好得多。

分散采购的缺点也很明显，各预算单位自设采购组织，显然会增大整体采购组织的人员数量。下属单位都具有采购自主权，企业采购管理的难度就会加大，特别是资金控制的难度会加大。有时，为了争夺资源，各下属单位甚至会竞相压价等。

分散采购比较适用于规模较大，各需求单位地理分布比较分散的企业；需求的共性不是很强，通过集中采购不能取得规模采购优势的企业。例如，那些拥有多样化经营单位结构的跨行业公司就比较适合采用分散采购形式。

（3）混合采购

就是采取集中采购与分散采购相结合的采购模式。一般将需求共性很强，采购额较大，重要度与风险性较高的项目集中起来采购；对个性需求、零星需求、一定金额内的临时需求等项目进行分散采购。这样，既充分利用了集中采购与分散采购的优点，又规避了两种采购的缺陷。可以说，混合采购是一种灵活性很高的采购管理方式。

5. 按采购的辐射范围分类

按采购的辐射范围分类,可以把采购分为国内采购和国际采购。

(1)国内采购

指在本国境内进行的采购。国内采购机动性强,手续比较简单,物流费用较低,供应保障性较好,一般以本币进行结算,遵循本国的法律法规。国内采购的物品并不一定是本国企业生产的,外资及合资企业在本国生产的物品、国外生产而在本国市场销售的物品,都是国内采购的对象。

(2)国际采购

指在全球范围内进行的采购。随着经济全球化的发展,企业在一个快速变化的新世界和新经济秩序中生存与发展,采用国际采购也越来越多,采购行为已成为企业的重大战略。

二、认识采购管理

(一)采购管理的概念

采购管理是指为保障企业物资供应而对企业采购进货业务所进行的管理活动。

生产企业需要原材料、零配件、机器设备和工具,生产线一开动,这些东西必须样样到位,缺少任何一样,生产线就开动不起来。商业企业经营的商品,维持正常经营必需的用品等都必须通过采购来实现。所以,有效的采购管理是满足企业的物资供应,确保企业经营战略实现的基础。

(二)采购管理的主要内容

采购管理主要包括以下几个方面的内容:一是采购需求管理;二是供应商与资源市场管理;三是采购业务流程管理。如图1-2所示。

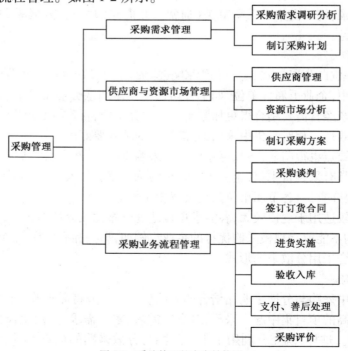

图1-2 采购管理的内容结构图

1. 采购需求管理

需求是采购的基础。企业需要什么,需要多少,什么时候需要,需求是否急迫,企业所需资源的性质是什么,企业是长期需求还是短期需求,所有这些都是企业采购部门必须关注的内容。

企业的需求管理要求采购部门深入了解企业内部各部门的要求;进行市场调查与分析,把握企业客户的需求情况。在对采购需求调查和分析的基础上,制订企业的采购计划,为采购活动提供指导,以保证企业的长期供应。

2. 供应商与资源市场管理

供应商是企业资源的来源地,企业的各种物料应该保持几个供应商,企业在选择供应商时主要关注哪些方面,企业与供应商之间应该保持什么样的关系,这些方面的决策需要企业的采购部门全面掌握所需资源的分布情况及市场动态,把握需求市场的情况,从而制定正确的供应商政策,建立起适合企业需要的供应商队伍。

3. 采购业务流程管理

采购业务流程管理是采购管理的基本内容,具体包括:如何从供应商那里获取资源,与供应商的交易条件的确定,签订订货合同,实施进货管理,协调各部门接货与验收,货款支付,采购善后处理等。

对于商业企业来说,采购品种结构的调整与管理也是采购业务管理的重要内容。新品引进和滞销品淘汰是采购品种管理的常规工作,新品引进主要考虑的是新品对原有品种的广度和深度的影响,目的是通过新品引进不断更新品种结构。滞销品指的是毛利低且周转率低的商品,如果不及时淘汰,将会占有货位,影响经营。滞销品淘汰可以通过信息系统自动识别与人工筛选相结合的方式,依据日常的销售和库存情况进行判断识别和控制。

(三)采购管理的任务

采购与销售是企业的两项重要的经济活动,采购管理是企业管理的重要环节,采购管理的主要任务如下。

1. 保障供应

实现对整个企业的资源供应,保障企业生产经营活动的正常进行是企业采购管理的首要任务。无论是工业企业还是商业企业,采购的源头作用都是不能忽视的,生产企业需要的原材料、零部件、机器设备、燃料和工具的供应中断,生产将无法进行;商业企业经营所需的商品缺货,企业经营将失去机会,或增加额外的成本以满足客户。所以,采购是企业生产、经营的开端,是整体供应链中"上游控制"的主导力量。如果忽视了采购管理工作,轻则影响企业生产经营的正常进行,重则使企业生产经营中断,甚至决定企业的走向和命运。

2. 控制质量

采购的质量直接影响到企业的产品质量和顾客满意度。质量是企业的生命,采购作为企业生产经营的源头,在质量控制方面同样担负着源头控制的重要使命。控制质量就是要保证采购的资源能够达到企业生产经营所需要的质量标准。保证质量要做到适度,质量太低当然不行;但是,质量太高,一是没有必要,二是价格高,增加购买费用。所以,适度是采购质量控制的基本要求。

在企业质量管理中,采购质量控制是不能代替的,采购把持着质量的入口,对于生产企业来说,没有优质的原材料、零部件,就不可能生产出优质的产品。在传统企业中,为了保证企业采购品的质量,需要花费大量的时间与成本用于采购品的检验;现代企业,改变了传统采购的质量管理方法,使采购品的质量更加有保证,这在以后的内容中将进一步介绍。

商业企业的采购质量同样重要,商业企业的商品主要依靠"输入"解决,商品的质量决定顾客的满意程度。我们管理再好,服务质量再高,如果提供的商品的质量达不到顾客的要求,顾客就不会满意。

【小资料1-2】

三鹿集团的破产

从1956年只有32头奶牛和170只奶羊的幸福乳业合作社,发展到品牌价值近150亿元的大型企业集团,三鹿用了整整50年时间。然而,从一个年销售收入亿元的企业走向破产,三鹿却只用了不到1年时间。原来,三鹿采购质量出了问题。

三鹿集团与其上游奶源供应商没有一个完善的合作模式。所有的业务往来都只是建立在一纸合同上。三鹿集团更是把其供应商的价格压到最低点。如此一来,供应商便无利可图,进而开始掺假。把非食用但能够逃过厂家检测的三聚氰胺大量用水稀释,掺加在鲜奶中以增加奶的重量以此获得薄利。恰恰是这一行为,最终导致三鹿破产。

【思考】

采购在三鹿破产中起到了什么作用?

同样的,装配型生产企业要使用大量的零部件,如果零部件采购质量不能得到保证,其产品质量怎么能得到保证?商业企业经营的商品多达数万种,如果采购品的质量不能得到保证,企业的经营品质也就不可能得到保证。

想一想

某产品由4种零部件组装而成,如果每种零部件的合格率均为98%,组装过程100%合格,那么,该产品的最终合格率为多少?同样的条件下,如果产品由100种、1000种零部件组装而成,产品的最终合格率又是多少呢?

3. 控制成本

采购管理是企业成本管理的主体和核心。成本一直是企业关注的焦点问题,成本的高低,决定企业的利润和利润率,而采购成本在整个企业成本中起着举足轻重的作用。控制成本,增加利润,关系到企业经济效益的实现程度。

采购成本控制是企业成本控制中最有价值的部分,我们分析一下采购成本在企业成本中所占份额就会发现这一结论的正确性。一般说来,技术性一般的企业,采购成本占企业总成本的30%～80%;高新技术产业公司,采购成本占企业总成本的10%～30%;多年成熟的简单技术企业,采购成本可能高达90%。

由此可见,采购成本在企业成本中所占比例很高,企业界公认的平均比例为60%。如图1-3所示。

既然这样,传统企业在控制企业成本时极力在占企业总成本比例较小的管理费用、工资福利等方面下功夫,取得的效果会比着眼于降低采购成本效果好吗?

假设一个企业税前利润为10%,50%的资金用于原材料采购。那么,企业要想获得1万元的利润,就需要获得销售收入10万元;而这10万元收入中将有5万元用于采购。假设采购部经过努力降低了2%的采购成本,那么在利润中就增加了1000元,如果换成通过增加销售来获取这1000元利润的话,那么要增加10%的销售额才能实现,即需要多销售1万元。统计数据表明,在其他条件不变时,材料价格每降低1%,企业的净资产回报率可增加15%。所以,企业界经常说"采购在企业利润的调节中具有杠杆效应"。企业在白热化的竞争中求生存、谋发展,不仅要在研发、制造、销售上寻找改进点,还需要在采购管理上挖掘潜力。

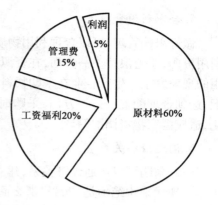

图1-3　企业成本占比示意图

【小资料1-3】

美国科尔尼公司的采购管理

美国科尔尼公司曾为世界500强中2/3的企业进行过采购战略设计,一般可以把采购成本降低10%~15%。在以往的采购项目中,该公司协助全球许多企业在总值620亿美元的年采购支出中节约了100多亿美元,而且还通过综合性采购管理改进采购策略,使美国百年老企业西尔斯公司从破产的边缘起死回生。

4. 决定周转速度

采购管理决定企业的流动资金和最终产品的周转速度。采购是供应的基础,没有采购作保证,供应是不可能实现的。因此,良好的采购决策,可以保证原材料、零部件按质、按量、按比例供应,避免因缺货而影响生产。如果采购不当,任何一种物料的缺乏都会导致生产中断,企业的流动资金就难以"流动",就会产生流动资金积压问题。反之,如果采购计划得当,则会使资金畅流,加速资金周转。

企业的采购过程是非常复杂的,包括资源市场分析、供应商的分析与评估以及产品、运输路线、运输方式的选择等,这就需要企业的采购管理人员对这些活动进行有效的管理,以便选择最好的供应商、最好的产品、最好的运输路线和运输方式,进行最有效率的采购。

在企业生产的全过程同样存在着"木桶效应",无论设计多么精良,生产多么先进,任何一种物料的缺乏,都会导致生产不能进行。这样,最终产品就不可能生产出来,企业投入的流动资金的周转就会减缓。所以,优化采购流程,使各种物料的采购时间和数量与生产(或销售)进度相协调,对于缩短生产周期(或交货时间),加速资金周转,提高企业效益有着极其重要的作用。

5. 合理利用资源

做好采购管理，可以合理利用物质资源。采购要根据企业生产经营特点开展，合理配置和利用资源，避免浪费。一方面，在资源配置上，既要防止优材劣用，大材小用；又要避免优劣混用的现象发生。生产企业在采购物料时进行"价值分析"，也是为了使物品的功能与消耗相匹配，达到合理配置。另一方面，采购时还要把住政策关，符合国家要求。比如，做到采购绿色化，适应国家物资调配等。

6. 沟通经济关系

做好采购可以沟通经济关系，建立合理的供应商结构与关系，实现企业整个供应链的高效运作。现代采购绝不是"购买"那么简单，采购需要与供应商建立良好的关系，这种关系，不是在"买与卖"中形成的，而是在"双赢"，甚至"多赢"的互惠合作中形成的。采购者需要有战略眼光，沟通各种关系，从而保证企业的长期供应和根本利益。正因为如此，采购管理还肩负着供应链管理的重任。现在，有的企业将采购经理称为供应链管理经理就是出于这一需要。

7. 信息沟通

做好采购管理，可以洞察市场的变化趋势，促进信息沟通。采购与供应和市场的联系极为密切。在采购中，可以及时引进新技术、新工艺，提高工作效率；还可以洞察市场变化，为企业提供商品供应和市场销售趋势信息。

采购部门可以利用其与外界联系比较紧密的特点，成为向外界传达企业战略信息的窗口。"信息采购"的出现和发展说明采购部门扮演信息沟通媒介的作用受到充分的重视，通过建立广泛的采购市场信息、交易商信息和价格信息等多种信息系统，采购部门的沟通作用得到了有效发挥。信息媒介作用的强化使采购活动与企业战略的融合性大大增强，提升了采购活动对企业战略活动的介入性。

8. 形象展示

在市场竞争越来越激烈的当今社会，企业之间的竞争实际上就是供应链之间的竞争。企业为了有效地进行生产和销售，需要一批优秀供应商的鼎力支持、配合。采购管理能够使企业与供应商建立起一种比较友好的关系，为物资采购和企业生产提供一种比较宽松的、高效率的外部环境条件。一支优秀的供应商队伍，是企业建立高效运作的供应链系统的基本保证，是企业生存与发展的基础。

采购管理部门是企业的"窗口"部门，他们不仅仅熟悉资源市场，为企业输入物资资源；他们在与供应商和资源市场打交道的过程中，还肩负着为企业提供资源市场信息、技术革新信息等重任。所以，及时了解资源市场的发展变化及技术革新信息等，对于企业制定战略，调整生产经营策略，将提供有力的支持。

（四）采购管理的原则

为了完成采购管理肩负的重任，采购管理部门应该制定相关的采购管理制度，以规范企业的采购行为。采购的主体、对象和数量不同，遵循的管理原则也不尽相同。归纳起来，采购管理主要应该遵循以下主要原则。

1. 普适原则

不论什么样的采购主体,采购什么对象,所有的采购都应该遵循以下原则:

(1)遵守相关法律法规

对于一个国家内部的采购,首先应该遵守的就是所在国的相关法律法规,服从所在国的物资调拨与控制计划,服从运输管理规定等。国际采购还要遵守国际贸易规则等。

(2)遵守市场规则

采购是一种经济活动,应该追求经济效益,遵循价值规律,注意"效益、择优、信用"。

(3)遵守本团体的规章制度,维护公共利益

每个企业、团体都有维护自身利益的规章制度,采购时应该自觉遵守。这些规章制度在采购方面表现为:采购作业规范、采购规定、采购流程等。

2. 具体原则

企业采购过程中要遵循5R原则,才能使采购效益最大化。5R原则采购就是在适当的时候以适当的价格从适当的供应商处买回所需数量商品的活动。采购必须要围绕"价"、"质"、"量"、"地"、"时"等基本要素来展开工作。

(1)适价(Right Price)

价格永远是采购活动中的关注焦点,采购应该从品质的角度,以公平合理、互惠共赢为原则,避免采购的成本太高或太低。其基本要求是,在保证同等品质情况下,不高于同类物资的价格。

(2)适质(Right Quality)

采购物品的质量应该适当,一般以"匹配"为标准。

对于生产企业,通过价值分析,使各种物料的质量与性质相当。物料的品质不能低于标准,否则,不能保证产品的质量。采购了质量较差的零部件,企业会加大管理费用,增加检验成本,降低生产效率,甚至引起返工退货,使企业蒙受损失。但是,物料的品质也不能高于标准太多,否则也会造成资源浪费。

(3)适量(Right Quantity)

采购的数量不宜太多或太少。采购量太多,轻则增加库存成本,重则造成物料过时、变质,产生浪费。如果采购的数量太少,又不能够满足需求,影响企业生产与经营的正常进行。

(4)适地(Right Place)

即在适当的地方,选择适当的供应商进行采购。由于商家的"群居效应",使有的地域构成了良好的采购环境,在这样的环境下采购,不仅可以货比三家,而且可以节省采购成本,了解市场行情。

采购最怕选错供应商,良好的供应商可以使我们事半功倍;如果选择了不守信用、不讲职业道德的供应商,特别是选择了骗子供应商,企业的供应将不可能得到保证。

(5)适时(Right Time)

采购时机不可过早,也不能延迟。不同采购模式的时间要求不同,一般采购时机的选择依据是:仓库管理的订货时点控制、连锁企业的销售时点控制、生产企业的MRP管理等。此外,季节和市场波动因素的把握也是采购时机选择的重要因素。

> 【友情提示】
> 　　5R之间存在"效益背反"关系,在采购中不可能同时满足5R。采购过程中,必须综合考虑,才能实现最佳采购。一般可根据采购的特点,只侧重其中最为关心的一两个方面,不必面面俱到。

3. 其他采购原则

为了保证采购的质量,各企业团体可以采取一定的保证措施。主要体现在以下几个方面:

(1)"五不"原则

在采购规程中规定:无采购计划不采购;"三无"产品不采购;名称规格不符不采购;无资金来源不采购;库存已超储积压的物资不采购。这些原则实际上是5R原则的延伸。

(2)"五权分离"原则

为了防止徇私舞弊,保证采购的公正性,规定"审批、采购、合同审查、质量检验、货款支付等工作相分离"是必要的。这样,可以尽量避免采购中的不正之风,既保证了采购的质量,又保护了采购人员。

(3)"六优先"原则

在同等情况下,质优价廉的物品优先选择;本单位生产的物品优先选择;近处的物品优先选择;老供应商的物品优先选择;直接生产单位的物品优先选择;信誉好的单位的物品优先选择。这样做,可以在保证采购质量的前提下,较好地平衡各方利益。

三、采购与采购管理

采购与采购管理之间,既有区别,又有联系。

1. 采购管理与采购的内涵不同

采购管理是对整个企业采购活动的计划、组织、指挥、协调和控制活动,是管理活动。它不仅仅管理采购活动本身,还要进行采购战略管理及需求与采购计划管理。采购只是一种具体的业务活动,按采购计划的规定,在资源市场完成采购任务。

2. 采购管理与采购的参加人员不同

采购管理不但面向企业全体采购员,而且也面向企业组织的其他人员(进行有关采购的协调配合工作),一般由企业的采购科(部、处)长,或供应科(部、处)长,或企业副总(以下统称为采购科长)来负责。而采购通常只由采购人员承担,只涉及相关的采购人员个人。

3. 采购管理与采购的任务权限不同

采购管理的任务就是要保证整个企业的物资供应,其权力是可以调动整个企业的资源。而采购就是完成采购科长布置的具体采购任务,其只能调动采购科长分配的有限资源。

当然,采购管理与采购也有一定的联系。采购管理本身,可以直接管到具体的采购业务的每一个步骤、每一个环节,每一个采购员。采购本身也有具体的管理工作,它属于采购环节的管理。

任务二　设计采购管理组织

采购组织是根据企业采购需求而建立的组织单元。在采购组织中,可以完成物料和服务的采购,与供应商洽谈采购条件,并处理相关交易。

一、采购组织的基本职能

采购部门的基本职能包括以下三个方面。

1. 业务职能

业务职能包括制订采购计划,组织采购实施,进行采购品的库存管理。具体内容如下:
①进行资源市场分析,掌握市场的供求状况及未来的发展趋势。
②供应商的调查与选择。
③与供应商洽谈,保证最有力的供货条件,提高采购效率,降低采购成本。
④采购所需的物料。
⑤核查请购单所购物料的技术规范和技术标准。
⑥对供应厂商货品的价格、品质、交货期、交货量等进行追踪、验收和处理。
⑦询价、洽谈采购条件,填制订购单并签订采购合同。
⑧呆料与废料的预防与处理。

2. 拓展职能

拓展职能是将采购管理从企业内部拓展到对供应商的管理,甚至整个价值链的管理。拓展性活动包括对供应商的选择与认证、与供应商建立合作伙伴关系以及对供应商的绩效考评等,以此来降低成本,提高供应的可靠性和灵活性,提升企业的市场竞争力。

3. 支持职能

支持职能主要是对企业的采购进货业务提供支持与帮助并保证其顺利实现的诸多要素进行管理的职能。包括人员管理、资金管理和采购信息管理。

二、采购部门在企业中的隶属关系

企业的性质、规模不同,采购部门在企业中的隶属关系及其职权就不同。出于不同的目的,采购部门在企业中的常见隶属关系有四种。

1. 由生产副总经理管理

对于生产导向型的企业来说,采购部门的主要职责是协助生产顺利进行。因此,采购工作的重点是提供足够数量的物料,满足生产需求。这时,采购部门的议价功能则退居次要地位,采购部门应该由生产副总经理管理。如图1-4所示。

2. 由行政副总经理管理

对于生产规模庞大,物料种类多,价格需要经常调整,采购工作必须兼顾企业的产销利益均衡的企业来说,采购部门的主要职责是获得较佳的价格和付款方式,以达到财务上的目标。这类企业的采购部门应该由行政副总经理管理,使采购工作与财务目标相一致。如图1-5所示。

由于采购部与生产部分离,为了取得较好的交易条件,有时难免会影响生产用料的时机,或购入品质不太理想的物料。但是,采购部独立于生产之外,能够产生部门之间的制衡作用,可以充分发挥议价的功能。

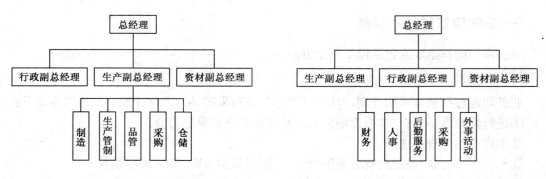

图1-4 采购部门由生产副总经理管理　　　　图1-5 采购部门由行政副总经理管理

3. 由物流副总经理管理

现在,不少企业将物流类的相关工作归类,由物流副总经理管理。这种管理方法便于将采购、仓储、库存控制、搬运输送、配送等工作统一协调,有利于资源的统一调配,管理者可以站在供应链管理的角度看问题,协调企业内外的关系,便于企业管理升级。如图1-6所示。

4. 总经理直接管理

对于生产规模不大,但是,物料(或商品)在制造成本(销售成本)中所占比例较高的企业,采购就成了企业降低成本的主体,成了企业利润的一个重要来源。这类企业的采购部门由总经理直接管理,可以较好地提升采购的地位和执行力。如图1-7所示。

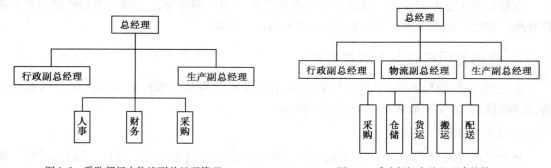

图1-6 采购部门由物流副总经理管理　　　　图1-7 采购部门由总经理直接管理

三、采购组织结构形式

采购组织的内部机构设置是采购管理工作高效开展的基础,不同的企业采购的地位和作用不同,他们的采购组织分为不同的类型。

1. 按采购职能设置采购组织

对于采购工作技术含量高,采购作业较复杂的大型企业来说,采购组织需要根据采购过程中的不同职能来设计,以使采购的各个职能都有专业的人员操作与管理,实现科学化和专业化。此采购部门的组织结构如图1-8所示。

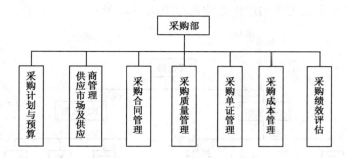

图1-8　按采购职能设置的采购组织

2.按物品种类设置采购组织

不同的物品有不同的特点,采购管理人员不可能熟知企业所需全部货物的采购要点。对于那些需求种类繁多的企业和组织来说,按采购物品的种类设置采购组织,可以使采购人员专于其采购项目,做专家型采购人员。此采购部门的组织结构如图1-9所示。

3.按采购区域设置采购组织

企业采购的货源来自不同的地区,可以是本地,也可以是外地;可以是国内,也可以是国外。国内外采购的流程、手续不同,不同区域的法律法规、人文特征、风俗习惯、宗教信仰各异。对于那些采购区域较大的企业和组织来说,按采购区域设置采购组织可以使采购人员对于所负责的区域了如指掌,运用自如。此采购部门的组织结构如图1-10所示。

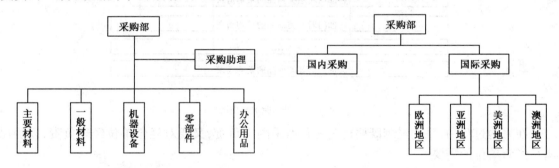

图1-9　按物品种类设置的采购组织　　　　图1-10　按采购地区设置的采购组织

4.混合式采购组织

有些大型企业,其采购物品不仅种类繁多,结构复杂,而且采购的物品区域分布较大。这时,可以将种类、地区、职能、功能等因素综合考虑,组建混合式采购组织,如图1-11所示。

5.跨职能采购小组

现在,项目负责制是企业管理的一种重要形式。跨职能采购小组就是为了适应项目负责制而设置的一种比较新颖的采购组织形式,如图1-12所示。

跨职能采购小组的运作方式如下:

①公司内各经营单位经理提出采购需求。

②公司采购总部汇总各经营单位的需求,提交公司高管审批。

③公司首席采购官(CPO)选择本次采购经理。

④采购经理在全公司范围内组织采购流程团队(TEAM)。
⑤实施采购。

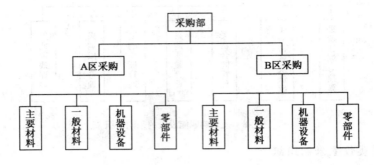

图1-11 混合式采购组织

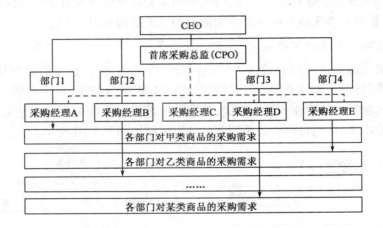

图1-12 跨职能采购小组

在采购过程中,采购经理既要对公司首席采购官负责,又要对经营单位经理负责,以确保满足经营单位的需要。

6. 采购外包

采购外包就是企业在聚力自身核心竞争力的同时,将全部或部分的采购业务活动外包给专业采购服务供应商,专业采购供应商可以通过自身更具专业的分析和市场信息捕捉能力,来辅助企业管理人员进行总体成本控制。

采购外包比较适用于采购数量不太大,采购物料的专业性不是很强,物料可以与其他企业通用或联合采购的中小型企业。

四、采购作业方式

采购作业方式有一贯作业法和分段作业法两种。

1. 一贯作业法

一贯作业法即一项采购过程由一位采购人员负责采购的各项作业,完成采购过程的全部工作。

这种作业方法的优点是:权责分明,符合规模经济的原则,采购人员与供应商的关系容易处理,对供应商有取舍的权力,可增强及时交货及改善品质的管理效能。

这种作业方法也存在着以下缺点:一是面对繁杂的采购工作无法专精;二是采购人员的权力过大,存在隐患;三是采购人员常因某一采购案件之羁绊,而无法进行其他的案件,致采购完成效率偏低。

2. 分段作业法

分段作业法即一项采购工作按照采购职能,分给若干个采购人员分段完成,每位采购员只负责采购过程中的一部分。

分段作业法可以使采购人员专注于某段工作,容易做到熟能生巧,减少产生错误的机会,并提高办事效率;各个采购人员既分工合作,又相互牵制,减少职务犯罪;采购过程的每一阶段均由专业人员负责,可以提升采购作业的品质。

分段作业法的缺点是:采购人员数量增加,工作量难以饱和;采购过程由不同人员分段处理,发收转接手续较多,徒增联系上的困难,时效性差;采购与需求衔接不畅,针对性不强;采购人员各自为政,责任不突出;采购人员的工作满足感较低,与供应商的关系纽带不强。

五、采购组织的设计

(一)采购组织的设计原则

1. 责、权、利相结合原则

为了充分调动采购队伍的积极性,发挥他们的聪明才智,采购组织的设计必须遵循责、权、利相结合的原则。如果有权无责,必然会出现瞎指挥、盲目决策甚至损公肥私的现象;如果有责无权,什么事情都要请示汇报才能决策,也难以真正履行责任,还会贻误时机,影响效率;如果没有相应的利益刺激,也难以保证采购工作的高效、准确。只有责、权、利有机地结合起来,发挥各自的职能,才能保证采购组织工作的有效性。

2. 适应性原则

采购组织的组建必须同企业的性质规模、采购目标方针、企业的管理水平相适应。

> **想一想**
>
> "无论什么样的企业,采购组织的设立都必须与最先进的管理模式相适应。"你如何看待这句话?

3. 高效运作原则

要想实现高效运作首先必须精简机构,避免人浮于事;其次还应有一套高效运转的组织机构,这种高效的组织机构应确定合理的管理幅度与层次。在横向方面,各部门、各层次、各岗位应加强沟通、各负其责、相互扶持、相互配合;纵向方面,上情下达迅速,领导要善于听取下级的合理化建议,解决下级之间出现的矛盾与隔阂,这样才能使整个组织高效运作。

（二）采购组织设置的步骤

科学建立采购管理组织，需要在充分的调查研究和论证的基础上进行。采购管理组织设置的流程如图1-13所示。

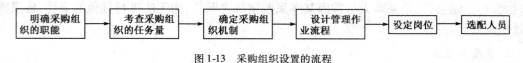

图1-13　采购组织设置的流程

1. 明确采购组织的职能

各类企业的采购组织的职能不尽相同，企业应明确界定采购组织职能的内涵和外延。

2. 考查采购组织的任务量

任务量包括采购职能的多少，也包括一个职能下工作量的大小，工作量越大，任务越重，采购管理组织机构相应就要庞大一点，部门相应就该多一些。

3. 确定采购组织机制

在组织结构机制上，是采用直线制、直线职能制、事业部制还是矩阵制；在权限范围上，是采用副总经理负责制、部长负责制还是采购科（处）长负责制；在管理机制上，是采用基于采购、基于生产的管理机制还是采用基于销售的管理机制。企业应结合实际做出合适的选择。

4. 设计管理作业流程

采购组织的管理作业流程应根据不同采购组织的不同管理工作确定具体的管理流程。不同的采购管理职能、任务和管理机制，其采购管理作业流程是不同的。每一个管理职能的每一项任务要设计一个作业流程。这个作业流程还要进行充分论证，并且要进行流程优化分析，以提高运行效率。

5. 设定岗位

岗位的设置要根据精简、科学、合理的原则，同时，还应设置每个岗位的责任和权利以及每个岗位的人数、工作条件等。

6. 为各个岗位选择配备合适的人

为各个岗位安排合适的人员是做好采购管理工作的关键。不同层次的采购组织，其人员构成和素质要求是不同的，选择方法也不一样。对高级主管人员，一种是任命制，一种是公开招聘制；对一般管理人员，一般采用考试录取的方式。无论哪种方法都应选择那些适合该岗位职责要求的人才。

六、采购人员选用

（一）采购员的职责

采购员的职责有以下几个方面：
①经办一般性物料采购。
②查访供应商。

③与供应商谈判交易条件。
④确认交货日期。
⑤一般索赔的处理。
⑥处理退货。
⑦收集价格信息及替代品资料。
⑧请购单、验收单的登记。
⑨订购单与合约的初步拟订。
⑩供应商来访的安排与接待。
⑪采购费用的申请与报销。
⑫进出口文件及手续的申请。
⑬档案管理。
⑭承办货物保险及公证事宜。

(二)采购员的素质要求

合格的采购员应该是德才兼备、知识与经验融合的人才。采购员的基本素质要求如下。

1. 较强的工作能力

采购是一项相当复杂,而且要求很高的工作,采购员应具备的基本工作能力也相当的多样化。采购人员必须具备较高的分析能力、预测能力、表达能力和专业知识水平。

(1)分析能力

由于采购员常常面临许多不同策略的选择与制定,例如,物料规格、品种的购买决策、何者为企业所能接受的价格、物料如何运输与储存,如何管理才能得到消费者的回应等。因此,采购员应具备使用分析工具的技巧,并能针对分析结果制定有效的决策。

(2)预测能力

在现代动态经济环境下,物料的采购价格与供应数量是经常调整变动的。采购员应能依据各种产销资料,判断货源是否充裕;通过与供应商的接触,从其"销售"的态度,揣摩物料可能供应的情况;从物料价格的涨跌,推断采购成本受影响的幅度有多大。总之,采购员必须开阔视野,具备察言观色的能力,对物料将来供应的趋势能预谋对策。

(3)表达能力

采购员无论是用语言还是用文字与供应商沟通,都必须能正确、清晰表达采购的各种条件,如规格、数量、价格、交货期限、付款方式等,避免语意含混,滋生误解。

2. 一定的知识与经验

采购员最好具有商学知识,如企业管理、物流管理、市场营销、商品学等知识。

(1)产品知识

无论是采购哪一种物料,都必须要对其所欲采购的标的物有基本的认识。零售企业的采购员对商品知识的了解要更加深入,因为其必须担负起销售业绩的相关责任。例如,家电用品的采购员必须了解产品的功能、技术层次、原料、制式、保修期限等。

(2)客观理智

采购员在选择商品或商品组合时绝对不能凭自我的感觉,必须利用科学的方法针对消费者需求与市场流行趋势进行合理的分析,并将分析结果客观地呈现出来,选择最有利益的商品,不因主观的偏见而左右了采购策略的制定。

(3)专注投入

对于采购员来说,专注投入相当重要。因为,采购员必须利用更多的时间去了解市场趋势,发掘更多的供应商。此外,采购员还必须协助高层主管规划采购策略,在年度或每年开始的特别忙碌时期毫无怨言地投入其中。

3. 良好的品德

(1)廉洁

采购员所处理的"订单"与"钞票"并无太大的差异,因此难免被唯利是图的供应商所包围。无论是威逼(透过人际关系)还是利诱(回扣或红包),采购员都必须廉洁,保持平常心、做到不动心。以牺牲公司权益,为他人或自己谋利,重利忘义的人,是难以胜任采购工作的。

(2)敬业精神

出现缺货或断货是采购人员最大的失职。虽然造成短缺的原因很多,但是,采购人员舍我其谁的态度,高度负责的敬业精神将会使企业的损失大大减少。

(3)虚心与耐心

虽然采购员在买卖方面较占上风,但对供应商的态度,必须公平互惠,甚至不耻下问、虚心求教,不可趾高气扬、傲慢无礼。与供应商谈判或议价的过程,可能相当艰辛与复杂,采购员更需忍耐、等待,才能"欲擒故纵",气定神闲地进行工作。居于劣势时,亦能忍让求全,不愠不火,克己奉公。

(4)遵守纪律

采购员的一言一行都代表着企业的形象,其工作好坏不仅影响企业的效益,而且影响企业的声誉,因此,采购员必须自觉遵守企业的采购纪律。

4. 采购员的职业道德

采购员在其工作中必须体现出诚实、公正、可依赖、专业和清楚的道德责任感。采购员的职业准则在我国尚无明确的规定,以下借鉴美国采购管理协会和某公司采购员的行为准则来介绍采购员的职业道德,以供参考。

(1)采购员的职业标准

美国国家采购管理协会为采购员制定了忠于你的公司、公正对待那些与你做生意的人、对你的职业有信心三项职业原则。在此原则下,规范了采购员的12条标准。

①在关系、行为与沟通中,避免不道德的或危害性的想法和行为。

②运用适度的谨慎,在许可的职权范围内行事,通过坚持不懈地遵循雇主的法律指导,来表现对于雇主的忠诚。

③克制任何可能在个人利益和雇主利益之间产生冲突的私人业务或者职业活动。

④克制要求和接受金钱、存款、信用或者不利的折扣,以及接受来自现在或者潜在的供应商的礼物、娱乐、恩惠或者服务,这些可能影响或将要影响采购决策。

⑤谨慎地考虑伦理、法律及政府规章,以处理属于雇主和(或)供应商机密的或所有权的信息。

⑥通过在采购周期的不同阶段都实施礼仪和公平,来促进与供应商的良好关系。
⑦防止限制竞争的互惠协议。
⑧了解并遵守约束采购职能的成文或不成文的法律,对采购决策中的法律分歧保持警惕。
⑨鼓励社会的所有力量参与支持小型的、处于不利地位的、少数民族拥有的业务。
⑩反对采购卷入到与业务无关的得到雇主支持的个人采购项目。
⑪过获取和维持当前的技术知识以及伦理行为的最高标准,来加强采购人员对业务的精通程度,并提高其素质。
⑫进行国际采购要遵守外国法律、风俗和惯例,并坚持本国法律、组织自身的方针和所述的伦理标准和原则。

(2)采购员的行为准则

采购员的每一行为都应致力于企业的长期最佳利益,必须了解最佳资源,了解供应商行为,并用一种公正和发展的态度制定采购决策。

【小资料1-4】

美国某公司为采购员制定的行为准则

1. 你是一个引人注意的目标

如果你处在一个支付采购额或者影响付款的位置上,你就是一个引人注意的目标。供应商可能试图影响你,以使你对其原料或者服务产生偏好。

当任何人试图提供给你礼物或恩惠的时候,本公司希望你抵抗这些东西。你必须始终根据有竞争力的价格、质量和发货条件做出采购决策。公司希望你与供应商保持友好的关系。同时,你需要保持公开、诚实、公事公办和正直。

本企业的顾客和股东的权利取决于你在处理与供应商关系时的实践。本公司需要维持一个完美的名声,你也一样需要。

2. 你如何能够参与

你可以通过公司内部的一些职位参与采购行为。例如:

①你是一个采购者,频繁地从分销商那里采购组件。你可以决定由谁承担这个业务,你成了受影响的目标。你参与进来了。

②你是一个子合同的管理者,选择提出报价的供应商的名字,这些供应商被给予机会去竞标。你参与进来了。

③你是一个经理,知道为部门的原料需求做竞标的某些关键供应商。你对公司的采购者所说的话,会对特定供应商的选择产生很大影响。你参与进来了。

④你是一个设备或者制造工程师,致力于为一个高自动的生产线设计工具。你参与进来了。

⑤当你参与进来的时候,你必须遵循伦理行为的最高标准。如果你做不到这一点,并且触犯了公司的方针,本公司会适当地惩罚你。你可能被解雇,也可能被提交到刑事诉讼之中。

3. 你的采购原则

(1)正确处理你与供应商的关系

当你与供应商进行谈判的时候,你必须将所有的价格、条款、条件和办议建立在恰当的业务判断之上。

你在靠公司支付费用的时候，不能对任何人表现出喜好和偏好。

你不能给任何人施以恩惠，也不能接受任何恩惠。

不论从道德意义还是法律意义来说，接受回扣是一种犯罪，这是你在公司中自毁前程的最快方式。

接受个人采购中的礼物、免费服务和折扣都是错误的，不管是给你的还是给你家庭中的任何人。旅游、娱乐或者任何形式的特殊考虑也是如此，不管你是否请求了这些恩惠。

你必须拒绝恩惠，并返还礼物。要做到愉快而且圆滑，但是一定要坚定。

(2) 保持适度的和蔼

你与供应商的关系应该是友好的、完全客观的。你和自己的供应商不是对手，你们必须一起工作来实现公司的原料需求。

交换一些小小的礼品，玩笑和和蔼是完全可以的，这些行为在一起工作的人们之间非常正常。它们有助于我们在业务处理中保持简单的人道，你应当将常识应用到采购关系中。

假如一个坐在你桌旁的供应商给了你一支他们公司的铅笔，你是不是必须将它归还呢？当然不用，因为你不会因为一支铅笔而使你的决策受到影响。

那么界限划在哪儿呢？就在这儿：

你必须拒绝任何东西——礼物、服务，除了像钥匙链或者咖啡杯这样的广告新奇品之外。即使这样，如果一件礼物的价值达到100元或者更多的话，也是不可接受的。要遵循的最好规则就"有疑问的时候，拒绝礼物并返回去"。

那么与供应商的午餐怎么样呢？也许可以，如果在一起有一个合理的业务目的的话，但是不要成为习惯。只要有可能尽量使用公司的设施。我们不鼓励外面的业务午餐。

当你觉得有必要的时候才去做。

你必须和供应商争着去付账吗？不。但是应该轮流为午餐支付账单，尤其是在你自己的地盘上的时候。

那么晚餐和其他形式的晚间或者周末的娱乐活动呢？

这些几乎是被禁止的。这可能有一个例外的特殊情况。如果这样的话，事先征询你的经理的意见。

(3) 回避利益冲突

你不允许在个人事务与本公司的业务之间存在着任何的冲突。

这意味着你不能与任何与本公司做业务的人、公司或者法人具有财务的利益、地位或者关系，这将影响到，或者被认为影响到他们对于公司的行为。

这也适用于雇员的妻子、丈夫、孩子或者居住在家里面的亲戚。所有在他们名义下的财务利益，也就是在你名义下的冲突。

如果你身处一个环境，而不能确定是否存在利益冲突的时候，尽可能快地与你的经理谈及此事。

(4) 保守机密信息

好的职业道德的一部分是保守机密业务信息。这适用于本公司的所有权信息，以及供应商提供给本公司的机密信息。必须保守本公司的信息包括：①专利和秘密的财产；②制造日程表；③产品信息；④价格；⑤其他专有信息。

供应商经常不得不暴露他们公司的业务专有信息。公司会重视这些机密信息，既为了供应商的利益，也是为了公司本身的长远利益。

(5) 遵守相关法律和规章

本公司遵守所有采购方面的法律和规章，无论是省、市、县还是国家的。一般来说，你的经理一直给你提供这些信息。如果没有的话，或者如果你对于一个行为过程的合法性或者适当性有任何问题的话，与你的经理或者公司的律师相协商。

(6) 反对任何形式的回扣

当涉及政府业务的时候，你要受到反回扣、贿赂的约束。回扣是接受任何有价值的东西，而给予与采购者相联系的供应商以优惠的待遇。贿赂与回扣是一项犯罪行为，参与的任何一方都要受到法律的惩罚。

(7) 履行你的义务

你为一个采购员，如果你可以决定采购的话，你必须承担责任和履行你的义务，并承担供应商的诱惑目标所带来的种种压力。

如果某些行为被别人认为是错误的，那么他们就可能真是错误的；如果外部世界认为某些行为是不道德的，则这些行为就应该被避免。

记住，如果你感觉你的行为或者你周围其他人的行为可能是不道德的，就应该对该行为采取行动，并报告你的上司一起采取行动。

作为一个采购员，公司希望你能够遵守这些原则。如果你在供应商处了解到别人的一些不道德行为的话，请告诉合适的采购经理，或者在必要的时候告诉本公司办公室。

任务三　设计采购作业流程

不同采购方式的作业程序有所不同，采购程序直接影响采购的效率和效益。采购的一般流程如图1-14所示。

一、采购的基本程序

并不是每个企业、每次采购的流程都这么复杂，有时简单的作业就可以完成采购，有时却需要站在企业的战略高度进行采购管理。在此，仅从采购的实际操作的角度考虑采购的作业流程。采购业务的基本程序如图1-15所示。

(一) 提出采购申请

采购申请是由企业的内部顾客提出来的，它包括确定需求和需求描述两部分内容。

1. 确定需求

需求是采购的依据，采购什么，采购多少，什么时候采购，都要根据需求确定。企业的采购部门的需要来源一般有三个方面，即客户订单、各部门请购单、采购部门预测。

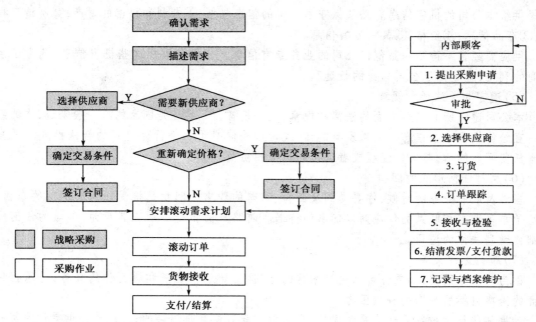

图1-14　采购的一般流程　　　　　图1-15　采购业务的基本程序

（1）客户订单

对于商业企业来说，客户订单是采购的重要需求来源。对于工业企业来说，客户订单决定产品的生产，生产决定物料需求，需求决定采购，因此，应将客户订单转换为需求，转换时要考虑物料需求定额。

（2）请购单

对于执行集中采购的团体来说，各部门物料需求往往是通过请购单来表现的。一般请购程序如下：

①填写请购单。一般由请购人根据本部门的需求情况填写。请购单、采购通知单见表1-1和表1-2。

请　购　单　　　　　　　　　　　表1-1

编号：　　　　　　　　　　　　　　　　　　　　　　　　　日期：

项次	料号	品名/规格	用途	单位	请购数量	库存量	需求日期	备注

遇有A问题通知：
特殊发送说明：
　　　　　　　　　　　　　　　　　　　　　　申请方：
说明：请购单一式两份，原件送采购部，申请者保留文件副本。

表 1-2

采 购 通 知 单

编号：　　　　　　　　　　　　　　　　　　　　　　　日期：

类别		物品名	
规格或要求		数量	
申请部门		部门负责人（签字）	
审批人（签字）：			
购买人（签字）：		入库接收入（签字）	

②部门审批。由请购人所在部门经理审批。

③需求汇总。各需求部门将请购单交给采购部门，由采购部门汇总。有的企业是将请购单交给计划部门汇总。

④部门核准。采购（或计划）部门经理核准汇总的请购单，作为采购计划。

⑤审批。主管采购（或计划）的副总经理审批，如果是企业的总经理直接负责采购（或计划）工作，就由总经理审批。

【友情提示】
　　采购人员只有在取得核准的采购申请单后，才可实施采购。没有经过审批的订单是不能实施采购的。

（3）预测

采购部门根据以往的需求数据及形势的发展情况，预测未来一段时间的需求情况，也是需求的重要来源。

2. 需求描述

采购前，必须准确描述所需产品或服务，这样，才能做到有的放矢。因此，掌握了企业需求后，紧接着就是充分调查，摸清需求品的品质、包装、售后服务、运输及检验方式等细节，并给予准确描述，以便使来源选择及价格谈判等作业流程能顺利进行。

需求说明一般以"采购需求说明书"的形式表现。企业经常购买的物品的《名词手册》是企业制定需求说明的有效工具，采购人员要善于使用并及时修正、补充。

对于需求来源于外部的采购来说，确定需求和需求说明被接受采购任务所代替。

（二）选择供应商

选择什么样的供应商，是采购成功的重要保证。企业可以根据需求描述，在原有供应商群体中选择供应业绩良好者，通知其报价，见表 1-3。也可以以刊登公告等方式公开征集供应商，甚至可以开发新的供应源。

××市政府采购中心询价通知单　　　　　　　　　表1-3

×××公司收:(盖章)

设备名称	数量	配置要求	报价单价	小计
戴尔笔电 D630（7700/160G）	1台	CPU:P7700 标配,内存 2G,硬盘:160G,屏幕尺寸(英寸):14.1,显卡:256M 独立显卡,配电脑包和鼠标,外观黑色		
戴尔笔电 D630（7250/120G）	1台	CPU:T7250 标配,内存(MB):1024,硬盘:120G,屏幕尺寸(英寸):14.1,显卡:256M 独立显卡,配电脑包和鼠标,外观黑色		
联想扬天 T4900V	11台	标准配置:双核酷睿 E2140,内存 512M,17 英寸液晶黑色,160G 硬盘,DVD 光驱		
联想扬天 M5700V	8台	标准配置:AMD4400＋双核,内存 1G,19 英寸液晶黑色,160G 硬盘,DVD 光驱,256M 独显		
总计报价(大写):				

交货时间:
售后服务及技术支持:
　　　　　请于 2013 年 10 月 5 日上午 10:30 时前,将报价单传真至采购中心(或密封交中心)。
　　　　　　　　××市政府采购中心　　传真电话:84865957
　　　　　　　　　　　　　2013 年 8 月 14 日

　　选择供应商需要企业明确标准,包括供应商能否满足自己需求的质量、数量、交付、价格及服务目标等。确定这些基本采购目标的重要因素是供应商品质,包括历史记录、设备与技术力量、财务状况、组织与管理、声誉、程序柔性及位置等。

(三)订货

　　订货包括确定交易条件和签订订货合同两方面的内容。确定交易条件是采购过程中的一项重要决策,主要包括确定商品质量、数量、价格、运输等内容。是否具备良好的议价能力,有时是衡量一个优秀采购者的首要标准。

　　从大的方面来说,取得价格的方法主要有询价谈判法、招标投标法和定价法。采购者必须具备在不同的形势下取得合量价格的技巧与方法。

　　订单和合同是具有法律效力的书面文件,规定了买卖双方的责任、权利和义务。价格谈妥后,应办理订货签约手续,是否签署订单或合同,是采购是否实现的标志。

　　采购订单的主要内容有:订单号、发单日期、接收订单的供应商的名称和地址、所需物品的数量和描述、发货日期、运输要求、价格、支付条款,以及对订单有约束的各种条件。

(四)订单的追踪与催货

　　为了促使供应商按期、按质、按量交货,应督促供应商按规定履约,这就是订单的追踪与催货。对于大型采购,应设专职的跟踪催货人员。通过跟踪,及时发现并解决问题,保证订单的正常履行。

　　跟踪通常需要经常询问和落实供应商的进度,跟踪的主要内容有:采购品的设计情况、供应商备料情况、生产进度、关键环节的控制、检验问题等,直至商品包装入库。跟踪活动一般仅用于关键的、大额的或提前期较长的采购事项。

跟踪一般通过电话进行,有时也制定"采购订单跟踪明细表",以查询订单完成情况。必要时,甚至要深入到供应商工厂督促检查。

在跟踪的过程中,如果发现供应商不能履行合约,应及时修改或取消订单,调整交易对象或交易数量,以免影响企业的供应。在货物匮乏的时候,跟踪催货具有更加重要的意义。

(五)货物的接收和检验

货物的正确接收有重要意义,大部分有经验的企业采用将所有货物的接收活动集中于一个部门的方法。由于收货部门和采购部门关系十分密切,所以许多公司中收货部门直接或间接地向采购部门负责。

货物接收的基本目的是为了确保以前发出的订单所采购的货物已经实际到达并检查是否完好无损,是否符合数量。这样才能将货物送往应该到达的下一个目的地以进行储存、检验或使用。接收部门要将与接收手续有关的文件进行登记并送交有关人员。

凡厂家所交货物与合约不符而验收不合格者,应依据合约规定退货,并立即办理重购。

(六)结清发票、支付货款

供应商交货验收合格后,随即开具发票,要求付清货款。采购部门应核查发票的内容是否正确,之后财务部门才能付清货款。

(七)结案、记录与档案维护

凡验收合格付款,或验收不合格退货,均须办理结案手续,查清各项书面资料有无缺失,绩效好坏等,签报高级管理部门或权责部门核阅批示。

结案后,采购过程中的各种案件均应列入档案,登记编号分类,予以保管,以备参阅或事后发生问题时查考。归档的文件应确定保管期限,例如,作为签订合同的证据的采购订单一般要保存7年,普通备忘录的保存期可以适当缩短。

要保存的记录有以下几种:

①采购订单目录。目录中所有的订单都应被编号并说明结案与否。

②采购订单卷宗。所有的采购订单副本都被顺序编号后保管在里面。

③商品文件。记录所有的主要商品或主要项目的采购情况(日期、供应商、数量、价格和采购订单编号)。

④供应商历史文件。列出与交易金额巨大的主要供应商进行的所有采购事项。

⑤劳务合约。指明所有主要供应商与工会所签合约的状况(合约期日)。

⑥投标历史文件。指明主要物料项目所邀请的投标商、投标额、不投标的次数、成功的中标者等信息。这一信息可以清楚反映供应商的投标习惯和供应商可能存在的私下串通现象。

⑦工具和寿命记录。指明采购的工具、使用寿命、使用历史、价格、所有权和存放位置。

二、采购业务流程设计的注意事项

企业规模越大,采购金额越高,管理者对程序的设计越重视。一般采购作业流程设计应注意的要点如下。

1. 设关键控制系统

企业应根据采购特点,在采购各关键环节设立控制点,这些控制点构成了采购的控制系统,以保证采购效率与效果的实现。采购关键控制点一般设在采购审批、采购方式的确定,合同条款和质量控制等环节,主要是设置管制要领或办理时限。

2. 注意划分权责或任务

企业应依据采购的重要程度划分权责或任务,对于重要的、金额大的、关键的物品的采购,应由采购经理等重量级人士负责,对于一般采购,由采购员负责就可以了。

对于权责及任务的划分,应注意以下要求:

① 货物的采购人不能同时担任货物的验收工作。
② 订单审批人和付款执行人不能同时负责寻找供应商和价格确定工作。
③ 货物的采购、储存和使用人不能担任账目的记录工作。
④ 货物审核人应同付款人职务分离。
⑤ 接受各种劳务的部门或主管这些业务的人应适当地同账务记录人分离。
⑥ 记录应付账款的人不能同时担任付款任务。

3. 注意流程的先后顺序及时效控制

应当注意作业流程的流畅性与一致性,并考虑作业流程所需时限。例如,避免同一主管对同一采购案件作多次签核;避免同一采购案件在不同部门有不同的作业方式;避免同一采购案件会签部门过多,影响实效。

4. 价值与程序繁简相适应

程序繁简或受重视的程度应与所处理业务或采购项目的重要性或价值大小相适应。凡涉及数量比较大、价值比较高或者易发生舞弊的作业,应有比较严密的监督;反之,则可略微予以放宽,以求提高工作效率。

5. 避免作业过程发生混乱

要注意变化性或弹性范围,以及偶发事件的因应法则。例如,在遇到"紧急采购"及"外部授权"时,应有权宜的办法或流程来特别处理。

6. 流程设计应适应现实环境

应当注意流程的及时改进,早期设计的处理流程,经过若干时间段后,应加以审视,不断改进,以适应组织变更或作业上的实际需要。

7. 配合作业方式的改善

例如,当手工的作业方式改变为计算机的作业方式时,流程就需要做相当程度的调整或重新设计。

【小资料1-5】

初次做采购该怎么做?

① 理解企业文化。了解企业各部门的职能,尤其是和采购有直接关联的部门。如,生产

部、仓管部、品管部、财务部等。

②熟悉采购规范。学习企业采购规章制度及采购操作规范,熟悉哪些可以做,哪些不能做,如何进行采购操作。

③熟悉企业的采购内容,尤其是你所负责的采购范畴。熟悉物料的规格、用途、技术要求、市场行情等。

④熟悉供应商。掌握各种物料的供应商的基本信息,熟悉各个供应商的交易情况。如,货物种类、质量、价格、付款条件、交货情况、服务情况、沟通情况等。

⑤熟练操作采购信息系统。如果企业使用了采购信息系统,应熟练掌握。如,ERP系统、EOS系统等。

案例分析

买 空 调

家庭主妇小马打电话给正在上班的丈夫,告诉他天气越来越热,她计划买两台空调。征得丈夫的同意后,小马首先确定买双制壁挂式的分体空调,然后她记下了房间面积和接线方式。

周末,她开车去一家电器商店,了解了该商店的空调的型号、性能和价格。在那里,正好遇到儿时的好友小丁。小丁告诉她,全市最大的电器连锁店光谷广场店举行建店20周年庆典,正在搞促销。于是,小马迅速驱车到光谷广场。

小马发现,光谷广场店的促销力度的确不小,她随即决定在该店购买两台空调。销售代表了解了房间的情况和基本要求,给小马提出了几点建议,在销售代表的帮助下,她确定了空调的功率、尺寸、电线和导风管的长度等参数。根据这些信息,销售代表向小马推荐了几款新式节能空调,小马选定了其中一款。

当天下午,光谷广场店就将空调配送上门。次日上午,厂家的安装人员将空调安装在小马指定的地点,调试正常。

(案例来源:http://www.8weapon.com/xgzl/sjxz/)

【思考】
根据此客户采购空调的案例,说明采购的流程。

自 测 练 习

1. 选择题

(1)下列( )不是采购作业应遵循的基本原则。
  A. 合理的价格 B. 合适的物料 C. 大量采购 D. 适当的数量

(2)良好的采购制度,应以下列( )为衡量标准。
  A. 价格便宜 B. 品质优良 C. 整体效益 D. 方便性

(3)采购是( )。
  A. 商流   B. 物流
  C. 商流与物流的统一   D. 既不是商流也不是物流

(4)下列不是外包的优势的是( )。

A. 能有效地增加资金的占用率,提高投入大量资金建造生产线所引起的高额投资风险
B. 可以大大缩短产品获利周期
C. 可以给企业的实际操作带来一定的灵活性和主动性
D. 可以让企业把更多的精力集中在核心业务上,从而提高企业的核心竞争力

2. 判断题
(1)企业采购是最重要、最主流的采购。   (   )
(2)所有采购都是从资源市场获取资源的过程。   (   )
(3)采购是一种经济活动,应遵循经济规律,追求经济效益。   (   )
(4)交换也是一种采购形式,通过交换不仅可以取得自己想要的东西,也可盘活自己闲置或多余的东西。交换操作中的难点在于确定双方欲交换的物品的价值。   (   )

3. 简答题
(1)简述采购组织在企业中的隶属关系及其特点。
(2)简述采购的基本程序。

4. 调查设计题
通过调查,设计出下列类型的企业的采购组织结构图:
(1)全球性连锁零售巨头。
(2)本地区知名百货企业。
(3)某知名汽车、家电、机电等生产企业。
(4)某小型零部件生产企业。

项目二　采购计划编制

【学习目标】
1. 熟悉采购需求的确定方法。
2. 学会编制采购计划。
3. 了解采购预算的编制方法。

引导案例

某企业的原材料、零部件采购

某企业生产某种机械设备,很多原材料及零部件都需要外购。但企业在生产过程中经常会出现原材料及零部件供应不足或库存积压现象。有时急需采购时,又出现资金困难等情况,严重地影响了企业生产的正常进行。经过分析,产生这种现象的主要原因是企业的采购计划与预算没有编制好,计划需求量与企业生产实际需求量差距较大。

由此可见,采购计划与预算对企业是非常重要的,企业必须重视这项工作。

那么,如何做好这项工作呢?

俗话说,不打无准备之仗。采购活动的实施与控制同样离不开科学合理的采购计划。采购计划给我们确定了采购的目标,并提出达到目标的途径和方法。采购计划是采购管理活动中人们一切行为的准则,它指导采购各个岗位的人员围绕一个总目标,秩序井然地去实现各自的分目标。行为如果没有计划指导,被管理者必然表现为无目的的盲动,管理者则表现为决策朝令夕改,随心所欲,自相矛盾。结果必然是采购组织秩序混乱,事倍功半,劳民伤财。

采购计划是为企业的生产/销售计划的实施服务的,采购计划有广义和狭义之分。广义的采购计划是指为了保证供应各项生产经营活动的物料需要量而编制的各种采购计划的总称。狭义的采购计划是指每个年度的采购计划,即对企业计划年度内生产经营活动所需采购的各种物料的数量和时间等所做的安排和部署。

因此,编制采购计划的前提是明确企业的需求。

任务一　确定需求

编制采购计划的前提是要清楚需要什么,需要多少,什么时候需要,需要的频度及需求的性质等。因此,企业采购部门应掌握需求的数量、特点和变化规律。

一、需求分析

(一)需求

需求是在一定的时期,在既定的价格水平下,消费者愿意并且能够购买的商品数量。需求显示了随着价格升降而其他因素不变的情况下,某个体在每段时间内所愿意买的某货物的数量。在某一价格下,消费者愿意购买的某一货物的总数量称为需求量。在不同价格下,需求量会不同。需求实际上就是价格与需求量的关系,这种关系以图形表示,就是需求曲线。

(二)需求规律

当影响商品需求量的其他因素不变时,商品的需求量随着商品价格的上升而减少,随着商品价格的下降而增加,这就是需求规律。需求曲线的特例如图2-1所示。

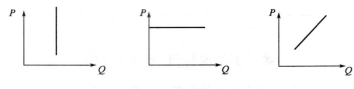

图2-1 需求曲线的特例

(三)影响需求量的因素

需求量受到很多因素的影响,下列因素就直接影响着需求量的变化:

①生产量及生产率。对于生产企业来说,生产量及生产率是影响需求量的直接因素,生产量越大,需求就越多;生产率越高,需求就越频繁。

②物料消耗定额。物料消耗定额决定了单位产品的需求量,也就直接影响着生产企业物料需求总量。

③商品的价格。对于商业企业来说,商品本身的价格与需求量呈反方向变动,即价格越高,需求越少,反之则越多;此外,相关商品的价格也会影响商品的需求,当一种商品本身价格不变,而其他相关商品价格发生变化时,这种商品的需求量也会发生变化。

④消费者的因素。当消费者的收入提高时,会增加商品的需求量,反之则会减少商品的需求量(劣等品除外);当消费者对某种商品的偏好程度增强时,该商品的需求量就会增加,反之需求量就会减少;当消费者预期某种商品的价格即将上升时,就会增加对该商品的现期需求量,反之会减少对该商品的预期需求量。

⑤人口规模。通常情况下,人口规模越大,需求量也越多,反之则越少。

(四)需求的类型

1.根据需求的相关性分类

依据需求的相关性,可以将需求分为独立需求和相关需求两类。

(1)独立需求

独立需求指外界或消费者对制成品或最终产品的市场需求,也就是企业所承接市场的订单需求。因为这种需求的需求量是由市场所决定,企业本身只能根据以往的经验法则予以预测,而无法加以控制或决定,表现出对这种物料库存需求的独立性,故称之为独立需求。

企业中独立需求的物料,包括大多数产成品形式的消费品和工业物料,它们无论在数量上还是在时间上,都有很大的不确定性,即具有随机性。这类物料的需求量,一般通过预测的方法进行粗略的估计。

（2）相关需求

相关需求是指与其他需求有内在相关性的需求,根据这种相关性,企业可以精确地计算出它的需求量和需求时间,故也将其称为非独立需求。相关需求是一种确定型需求,这些需求是计算出来的而不是预测的。

例如,用户对企业完成品的需求一旦确定,与该产品有关的零部件、原材料的需求就随之确定,对这些零部件、原材料的需求就是相关需求。助动车生产企业为了保证生产的正常进行,就需要获得一定量的车轮、车身、蓄电池等零部件,这些物料的需求之间具有一定的相关性。生产一辆助动车需要两个车轮、一个车身和一个蓄电池等,如果企业计划生产一万辆助动车,企业所需的车轮、车身和蓄电池等零部件的数量不需要预测,只需根据车辆与零部件之间的关联性就可以计算出来。

所以,一旦采购或制造计划确定下来,相关需求的物料的需求量就可以通过匹配关系确定下来,而不需要预测。

对于具体的物料项目来说,有时可能既有独立需求的部分又有非独立需求的部分。

2. 根据需求的连续性分类

依据需求的连续性,可以将需求分为连续需求和间断需求两类。

如果需求是连续的,就可以利用该物料过去一系列的需求数据,对未来的需求情况进行预测。但是,由于间断需求缺乏内在规律性,也就没有了预测的基础。

3. 根据需求的紧急程度分类

依据需求的紧急程度,可以将需求分为常规需求和紧急需求两类。

常规需求可以通过预测、提前计划、安全库存等满足企业需要;紧急需求则不然,紧急需求往往是和不可预见的紧急情况相联系,具有突发性,因此是不可预测的。紧急需求就会产生紧急订单,这种订单往往难以获得理想的价格及交货条件,增加企业的采购成本。因此,采购部门应尽可能减少紧急采购,控制采购成本。

二、确定需求的品种和数量

确定企业需求的品种和数量的方法主要有统计法、预测法和系统处理法。

（一）统计法

企业的传统做法是在上个季（年、月）末让企业内各个需求单位层层上报采购需求计划表、请购单或采购通知单,计划部综合汇总、落实,并且与仓管部核对,把所有需要采购的物资分类整理统计出来,这样就弄清了用户需求什么、需要多少、什么时候需要等问题。

统计法的优点是操作简单,各部门的需求时间都相同,表项汇总简单,相同品种的需求数量相加就可以得到下一季汇总的采购任务表。

统计法也存在以下缺点:

①操作烦琐。需求计划申报需要各部门统一行动,只要有一个单位的需求计划表没有报来,计划部就不能进行需求的整理统计,因而也就不能得出统一的需求计划,影响整个企业的采购工作进度;另外,由于报表受填表人个人素质的影响,所填报的数字不一定是准确可靠的,还需要计划部进一步核实、修正,也耽误了采购的进度。

②市场响应不灵敏。采用统计法往往是一个固定周期申报一次,如果在这段时间内市场需求发生了变化,企业采购就没有办法很快适应这种变化以满足企业的需要,甚至可能产生浪费。

③库存负担重,风险大。如果就按需求季一次将需要的物料全部采购回来,必然使采购的批量大,用以供应的时间长,引起物资库存量增大,加大库存成本。

统计法一般通过物料请购单(或物料采购通知单)进行信息传递。见表2-1。

物 料 请 购 单　　　　　　　　表2-1

日期:××××年××月××日

请购部门:_____　　　　　请购单编号:_____

序号	物资名称	规格/型号	单位	用途	库存量	需用量	请购数量	核准 数量	入库期限

审批:　　　　　　　　　　　　　　　　　　　　　　　　　　　制单:

(二)预测法

企业需求的确定可以采用预测法进行,预测法包括定性预测法和定量预测法两种。

预测法的操作步骤如图2-2所示。

利用预测法获得采购需求,事先必须收集到足够的信息资料,选用合适的预测方法。同一种预测方法对于一个企业比较适用,对于另一个企业不一定适用。

1.定性预测法

定性预测是指预测者依靠熟悉业务知识、具有丰富经验和综合分析能力的人员与专家,根据已掌握的历史资料和直观材料,运用个人的经验和分析判断能力,对事物的未来发展做出性质和程度上的判断,预测未来的需求。

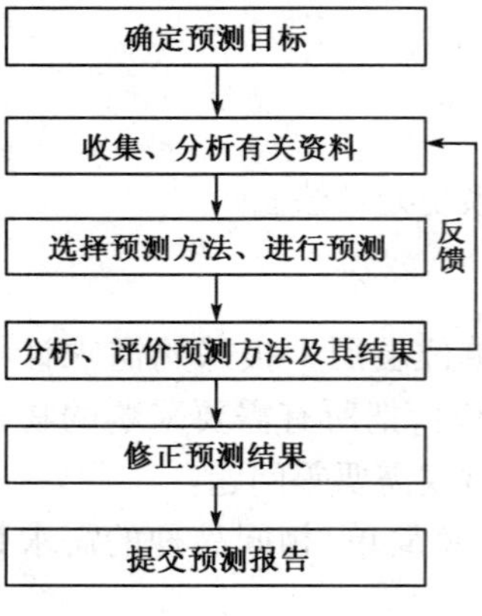

定性预测法适用于对预测对象的数据资料(包括历史的和现实的)掌握不充分,或影响因素复杂,难以用数字描述,或对主要影响因素难以进行数量分析等情况。

常用的定性预测法有市场调研法、销售人员(经理)意见法、历史类比法和德尔菲法。

(1)市场调研法

市场调研预测法是在调查顾客的潜在需求或未来购买计划的基础上,通过分析市场变化,预测未来市场需求的方法。调研的主要方法有电话调查法、网络调查法和调查表法等。

图2-2　预测法的操作步骤

来源于消费者的调查信息,直接反映了市场需求状况,针对性较强。市场调研预测法一般适用于新需求或缺乏记录的需求预测,以及长期需求的预测。

(2)销售人员意见法

销售员最接近消费者和用户,对商品是否畅销、滞销比较了解,熟悉消费者对所销商品规格、品种和式样的需求。所以,在做年度采购计划时,通过听取销售员的意见来预测市场需求。

具体操作步骤是,先让每个销售员对下年度的销售最高值、最可能值、最低值及其概率分别进行预测,提出书面意见;再据此求出平均销售预测值,推算出年度需求量。销售预测情况见表2-2。

销 售 预 测 情 况　　　　　表2-2

销售员	预测项目	销售量(件)	出现概率	销量×概率
A	最高销量	10000	0.3	300
	最可能销量	800	1.5	400
	最低销量	500	0.2	100
	期望值			800
B	最高销量	1000	0.2	200
	最可能销量	700	0.5	350
	最低销量	400	0.3	120
	期望值			670
C	最高销量	900	0.2	180
	最可能销量	600	0.6	360
	最低销量	400	0.2	80
	期望值			620

根据表2-2可算出销售量平均预测值为:

$$\overline{X} = \sum X/n = (800 + 670 + 620)/3 = 696.7 \text{ 件}$$

因为预测值源于市场,可靠性较大,能较实际地反映公司下季销售需求并且简单易行。至于销售员过高或过低的预测偏差,预测中会相互抵消,总值仍较理想。另外,有些预测偏差可以预先识别并及时纠正。

(3)经理意见法

由计划部或采购部负责人把与需求相关或者熟悉市场情况的各种负责人员和中层管理部门的负责人召集起来,让他们对未来的市场发展形势或某一种市场问题发表意见,做出判断;然后,将各种意见汇总起来,进行分析研究和综合处理;最后得出市场预测结果。

经理们掌握着企业内外各种信息,经验丰富,对企业及市场的观察比较全面,集相关部门经理们的集体智慧确定需求,往往能够取得较好的效果。

(4)历史类比法

根据本商品或相关商品的历史需求数据进行预测,如依据本商品往年同期的需求情况,预测本商品的未来需求量;根据商品的互补性,如乒乓球与乒乓球拍,汽车与汽油,牙刷与牙膏等,由互补商品的历史需求数据,预测本商品的未来需求量;依据竞争商品的替代关系,如合成橡胶与天然橡胶、传统照相机与电子照相机等,由替代商品的历史需求数据,预测本商品的未来需求量。

(5) 德尔菲法

指根据有专门知识的人的直接经验,对研究的问题进行判断、预测的一种方法。德尔菲法是专家调查法的一种,1946年兰德公司首次用来作经济预测,后来被广泛采用。它主要采用函询调查,依据系统程序由专家对所函询的问题独立判断;而后综合整理,匿名反馈过去,经过多次循环最后汇总成专家基本一致的看法,作为预测结果。这种方法具有广泛的代表性,较为可靠,但操作过程复杂,花费时间较长。

例如,为买断一项专利技术产品——新型墙体保温材料,应用德尔菲法进行论证、分析,最终做出经营决策。具体实施过程如下:

①组织专家小组。专家小组包括经销商,建筑师,开发商及节能办、墙体办人员,一般由十几人组成。

②形成调查问卷。提出所要预测的问题及要求,包括产品性能优势、同类产品市场占有率、本产品市场预测及具体目标值等,形成调查问卷,并附所有背景材料。

③专家答复。将调查问卷发给各个专家,请专家以无记名方式做出书面答复,每个专家根据已知材料提出本人预测意见及预测值。

④汇总对比再预测。将专家的预测情况汇总、列表、对比,形成新的预测问题及要求,再请专家形成新的预测意见。如此,经过3~4轮,直到各个专家不再改变自己意见为止。

⑤形成预测结论。综合处理专家意见,得出最终预测结论:该产品占有技术领先优势,适应节能保温政策要求,市场前景广阔,可以上马经营。

生产实践证明,该预测结论正确,当年销售额比预测值略高。

德尔菲法具有反馈性、匿名性和统计性特点,选择合适的专家是做好德尔菲预测的关键环节。

德尔菲法的优点是:可以加快预测速度,节约预测费用;可以获得各种不同但有价值的观点和意见;适用于长期预测和对新产品的预测,在历史资料不足或不可测因素较多时尤为适用。

德尔菲法的缺点是:对于分地区的顾客群或产品的预测可能不可靠;责任比较分散;专家的意见有时可能不完整或不切合实际。

2. 定量预测法

定量预测法是指借助统计资料和数学模型进行预测。定量预测法有时间序列预测法和因果关系预测法两类。这里主要介绍时间序列预测法。

时间序列预测法是以某种物品需求的历史数据的变化趋势,去寻找需求的演变规律,作为预测的依据,即把未来作为过去历史的延伸。常见的时间序列有六种情况,如图2-3所示。

图2-3a)、b)、c)表现出来的变动趋势属于长期趋势,即需求在较长时间内基本不变、持续增长、持续下降的趋势。如劳动生产率提高,物料需求的变动趋势就表现为向上发展。图2-3d)表现出来的需求是一种变速上升趋势,起初物料的需求增长较快,后来物料的需求增

长变慢。图2-3e)表现为需求一再发生于每年特定时期内的周期波动,属于季节变动,即这种变动上次出现后,每隔一年又再次出现。当然,不少时期物料的需求变化并无规则可循,属于不规则变动或随机变动,这种需求变动往往是由偶然事件(如自然灾害、政治运动等)引起的,不规则变动幅度往往较大,而且无法预测。

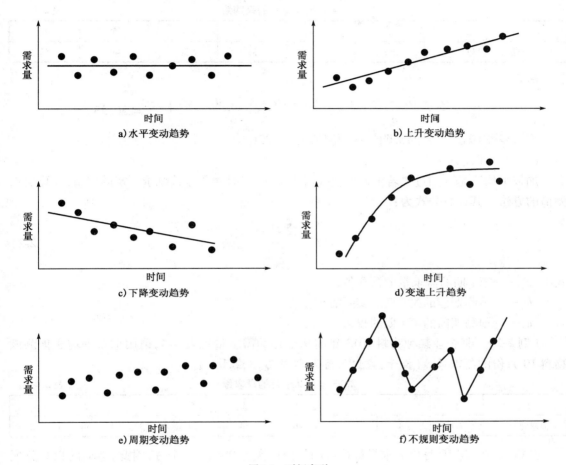

图 2-3　时间序列

利用需求的时间序列进行预测,首先要掌握需求的变化规律,在此基础上选择合适的预测方法。时间序列分析法对商品需求量的平均增长率的预测、季节性商品的供求预测、产品的生命周期预测等有着比较广泛的应用。利用时间序列进行预测的主要方法有全期平均法、加权平均法、移动平均法、指数平滑法等。

（1）全期平均法

全期平均法又称为算术平均法,是将一定观察期内实际需求的时间数列的算术平均数作为下期需求预测值的方法。全期平均法是对时间数列的过去数据全部加以同等利用,主要适用于一定时期内需求量变化不大的情况。其计算公式为：

$$F_t = \frac{1}{n}\sum_{i=1}^{n} D_i = \frac{D_1 + D_2 + \cdots + D_n}{n} \tag{2-1}$$

式中：F_t——t 期的预测值；

$D_1 \sim D_n$——预测前的 $1 \sim n$ 期的实际需求量。

[例 2-1]　某企业某种物料 2014 年前 6 个月的采购量见表 2-3，请用算术平均法求第 7 个月的采购量的预测值。

2014 年前 6 个月的采购量　　　　　　　　　　　　　　表 2-3

月份	1	2	3	4	5	6
采购量（D_t）（t）	50	49	51	50	49	53

解：

$$F_t = \frac{D_1 + D_2 + \cdots + D_n}{n} = \frac{50 + 49 + 51 + 50 + 49 + 53}{6} = 50.33$$

即，该物料第 7 个月的采购量的预测值为 50.33t。

（2）加权平均法

加权平均法是利用过去若干期的实际需求量，并以时间顺序数赋予一定的权重，计算出预测值的方法。其计算公式为：

$$F_t = \frac{\sum_{i=1}^{n} D_i w_i}{\sum_{i=1}^{n} w_i} \quad (2-2)$$

式中：F_t——第 t 期的需求量的预测值；

D_i——预测期前的第 i 期的实际需求量；

w_i——预测期前的第 i 期的权数。

[例 2-2]　某企业某种物料 2013 年前 9 个月的需求量见表 2-4，请用加权平均法预测该物料 10 月份的需求量。（提示：设组距为 3，权数为 {3,2,1}。）

2013 年前 9 个月的需求量　　　　　　　　　　　　　　表 2-4

月份	1	2	3	4	5	6	7	8	9
需求量（t）	60	48	45	40	58	31	37	38	52

分析： 显然，与 10 月份需求量最接近的月份依次为 9、8、7 三个月，因此，他们的权数分配分别为 3、2、1。

解：

$$F_t = \frac{\sum_{i=1}^{n} D_i w_i}{\sum_{i=1}^{n} w_i} = \frac{D_7 w_7 + D_8 w_8 + D_9 w_9}{w_7 + w_8 + w_9} = \frac{27 \times 1 + 38 \times 2 + 52 \times 3}{1 + 2 + 3} = 43.17$$

即，该物料第 10 个月的采购量的预测值为 43.17t。

（3）移动平均法

移动平均法是用一组最近的实际需求数据，预测未来一期或几期内需求量的方法。当需求量既不快速增长也不快速下降，且不存在季节性因素时，移动平均法能有效地消除预测中的随机波动，是一种常用的需求预测方法。移动平均法分为简单移动平均法和加权移动平均法两种。

①简单移动平均法是假设以前各期需求量的权重都相等,其计算公式为:

$$F_t = \frac{\sum_{i=1}^{n} D_{t-i}}{n} \tag{2-3}$$

式中:F_t——第 t 期的需求量的预测值;

D_{t-i}——预测期前的第 i 期的实际需求量;

n——移动的期数。

[例 2-3] 某企业某物品的采购记录见表 2-5,取 $n=3$、$n=4$,请用移动平均法预测该物品 10 月份的采购量。

采购记录　　　　　　　　　　　表 2-5

月　份	实际采购量(t)	$n=3$ 预测值	$n=4$ 预测值
6	27		
7	26		
8	25		
9	26		
10		25.67	26.00

分析:取 $n=3$ 时,10 月份该物品的采购量就是 7、8、9 三个月的算术平均值,不难计算出 10 月份该物品的采购量为 25.67t;同样,取 $n=4$ 时,10 月份该物品的采购量就是 6、7、8、9 四个月的算术平均值,这时计算出的 10 月份该物品的采购量就为 26.00t 了。

利用移动平均法将时间依次往后移动,还可以预测出 11 月、12 月等各月份的采购量。

②加权移动平均法是给固定跨越期限内的每个变量值以不同的权重。其原理是:历史各期产品需求的数据信息对预测未来期内的需求量的作用是不一样的。除了以 n 为周期的周期性变化外,远离目标期的变量值的影响力相对较低,故应给予较低的权重。

加权移动平均法的计算公式为:

$$F_t = W_1 D_{t-1} + W_2 D_{t-2} + \cdots + W_n D_{t-n} \tag{2-4}$$

式中:D_{t-1}、D_{t-2}…、D_{t-n}——第 $t-1$、第 $t-2$……第 $t-n$ 期的实际需求量;

W_1、W_2…、W_n——第 $t-1$、第 $t-2$……第 $t-n$ 期实际需求量的权重,

$W_1 + W_2 + \cdots + W_n = 1$;

n——预测的时期数。

[例 2-4] 某企业某物品各月的采购记录见表 2-6,当 $n=3$ 时,取 $W_1=3/6$,$W_2=2/6$,$W_3=1/6$,请用移动平均法预测该物品 10 月份的采购量。

各月的采购记录　　　　　　　　　　　表 2-6

月　份	实际采购量(t)	$n=3$ 预测值	月　份	实际采购量(t)	$n=3$ 预测值
6	44		9	43	
7	42		10		
8	45				

分析:将该物品7、8、9三个月的数据代入公式(2-4),很容易计算出该物品10月份的采购量的预测值:

$$F_{10} = 43 \times 3/6 + 45 \times 2/6 + 42 \times 1/6 = 43.5t$$

使用移动平均法进行预测能平滑掉需求的突然波动对预测结果的影响。但移动平均法运用时也存在着如下问题:

①加大移动平均法的期数(即加大 n 值)会使平滑波动效果更好,但会使预测值对数据实际变动更不敏感。

②移动平均值并不总能很好地反映出变化趋势。由于是平均值,预测值总是停留在过去的水平上而无法预计会导致将来更高或更低的波动。

③移动平均法要由大量的过去数据的记录为基础。

④它需要通过引进越来越多期的新数据,不断修改平均值,以其作为预测值。

【友情提示】

在运用加权平均法和加权移动平均法时,权重的选择是一个应该注意的问题,经验法和试算法是选择权重的最简单的方法。一般而言,最近期的数据最能预示未来的情况,因而权重应大些。但是,如果数据是季节性的,则权重也应是季节性的。

(4)指数平滑法

指数平滑法是在移动平均预测法的基础上发展起来的一种特殊的加权平均预测法。指数平滑法分为一次指数平滑法、二次指数平滑法和高次指数平滑法。本书仅介绍一次指数平滑法的应用。

一次指数平滑法又叫简单指数平滑法,其计算公式为:

$$F_t = F_{t-1} + \alpha(D_{t-1} - F_{t-1}) \tag{2-5}$$

式中: F_t ——新一期的指数平滑预测值;

F_{t-1} ——上一期的预测值;

D_{t-1} ——上一期的实际需求;

α ——平滑常数,$0 \leq \alpha \leq 1$。

[例2-5] 某企业对2013年1~9月某种物资的需求量统计见表2-7,假定 $\alpha = 0.9$,请用一次指数平滑法对该年10月份该物资的需求量进行预测。

2013年1~9月某种物资的需求量　　表2-7

月份	1	2	3	4	5	6	7	8	9	10
实际需求量 D_t	200	135	195	197	310	175	155	130	220	

解:假定 $F_1 = D_1 = 200$,依次代入公式(2-5)得到:

$$F_2 = F_1 + \alpha(D_1 - F_1) = 200 + 0.9(200 - 200) = 200$$

$$F_3 = F_2 + \alpha(D_2 - F_2) = 200 + 0.9(135 - 200) = 141.5$$

以此类推,得出各月的需求预测数据见表2-8。

需求预测数据　　　　　　　　　表2-8

月份	1	2	3	4	5	6	7	8	9	10
实际需求量 D_t	200	135	195	197	310	175	155	130	220	
需求预测值 F_{t-1}	(200)	200	141.5	189.7	196.7	298.7	187.4	158.2	132.8	211.3

实际需求量与其预测值之间的关系如图2-4所示。

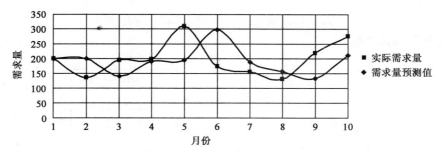

图2-4　需求量与预测值之间的关系

从图2-4中可以看出，需求量的预测值的变化略微迟于实际需求量的变化，当然，这种变化受α数值的大小影响。

利用指数平滑法进行预测的关键是确定 F_1 及 α 的数值。

①确定初始值 F_1。初始值 F_1 的确定方法有下列几种：

a. 由历史数据得到。通过将历史实际需求数据取算术平均值或加权平均值，将所得的数据作为初始值 F_1。

b. 定性预测估计。通过有经验的采购、生产或仓储管理人员的定性预测，估计一个相对合理的初始值 F_1。

c. 用第一期的实际值代替。由于预测值本来就是为实际采购服务的，在后期预测时，前期已经产生了实际需求。所以，可以用第一期的实际值代替初始值 F_1。

②合理选取平滑系数。平滑系数 α 取值的大小体现了不同时期的实际数据在预测中所占的比例大小。因此，预测者要通过多次测试，选取合适的 α 值，才能得到符合企业需求规律的预测值。

三、确定采购批量及时间

（一）确定采购批量

选择合适的采购批量，对于满足企业需求，控制采购成本具有重要意义。采购批量的确定需要根据企业的需求特点、市场特点及货物特征等因素综合考虑来确定。常见的确定采购批量的方法有下列几种。

1. 定量订货法

定量订货法是预先确定一个订货点和订货批量，当库存量下降到预定的最低库存量（订货点）时，按规定数量进行订货补充的一种库存控制方法。

定量订货法的基本原理是，当库存量下降到订货点 Q_B 时，即按预先确定的订购量 Q 发出订货单,经过交纳周期(订货至到货间隔时间)L,原库存用尽,采购物品到达以补充库存,如此反复。如图 2-5 所示。

定量订货法的作业流程如图 2-6 所示。

定量订货法主要靠控制订货点 Q_B 和订货批量 Q 两个参数来控制订货,达到既最好地满足库存需求,又能使总费用最低的目的。在需求为固定、均匀和订货交纳周期不变的条件下,订货点 Q_B 由下式确定:

$$Q_B = 日需求量 \times 订货提前期 = L \times D/365$$

式中,D 是每年的需要量。

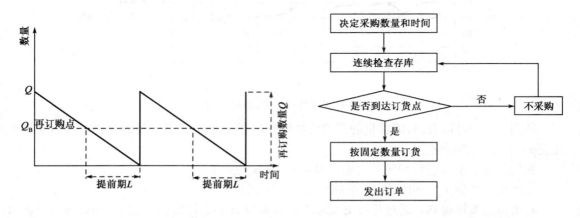

图 2-5　定量订货法的原理　　　　图 2-6　定量订货法的作业流程图

> **想一想**
>
> 如果企业离供应市场较远,供应市场存在着许多不可预见的问题,企业需要保有安全库存量 S,这个时候订货点的计算公式是什么?

定量订货法的主要优点是对库存量是连续的检查,能及时了解和掌握物资库存状况,而且每次订货都按经济订货批量订购,库存控制的手段和方法相对清晰和简单,因此适用于品种数目少、价值高的货物的订货。

定量订货法的主要缺点是必须连续核查仓库的库存量,工作量与检查成本高,而且由于一种货物的订货可能在任何时刻,这种情况就难以把若干货物合并到同一次订货中,由同一供应商来供应从而产生一定的费用节省。

订货量的确定依据条件不同,可以有多种方法。最常用的方法有以下两种:

（1）经济订货批量（EOQ）法

订货批量影响企业的订货次数。批量大,订货次数可以减少,采购的订货成本减少,但库存持有成本大;批量小,则订货次数多,采购的订货成本上升,但库存持有成本下降。经济订货批量法则可以平衡采购订货成本和库存持有成本,确定一个最佳的订货批量,按照这个批量订货,订货成本与库存持有成本的总和最小。按经济订货批量进行订货是企业常用的一种定量订货的方法。这种方法需要以下假设条件：

①物料需求均衡，且一定时期的需求量已知。

②物料补充瞬时完成。

③物料单价为常数，即不存在价格折扣。

④订货提前期确定，即不会发生缺货情况，意味着不考虑保险库存，缺货成本为零。

⑤物料储存成本与物料的平均存储量成正比。

⑥订货成本不因订货量大小而变动，即每次订货成本为已知常数。

经济订购批量的计算过程如下：

$$年库存总成本 = 购进成本 + 订购成本 + 储存成本$$

即

$$T_C = PD + \frac{D}{Q}C + \frac{Q}{2}H$$

式中：T_C——年总采购成本；

D——年需求量；

P——物料购买价格；

Q——每次订购批量；

C——每次订购成本；

H——单位货物库存持有成本。

对上式求导，并令导数为零，整理后得出使得 T_C 最小的批量，即经济订货批量(EOQ)。

$$Q = \sqrt{\frac{2DC}{H}}$$

利用图示法，可以看出，只有在订购成本与储存成本相等时，年采购总成本才最低，由此通过计算，也可以得到 EOQ 的计算公式。如图2-7所示。

在经济订货批量下，年订货次数 $N = D/EOQ$；平均订货间隔周期 $T = 365/N$。

上述经济模型是建立在许多假设条件之上的一种简单模型，但实际情况要比模型复杂得多。如数量折扣会引起采购的物料价格下降，缺货条件下的购买延后，价格上涨和多品种等情况，均要对经济订货批量模型进行修正。

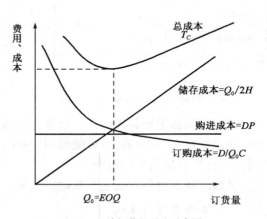

图2-7 经济订货批量法示意图

[例2-6] 某企业每年需某零件10000件。已知该零件每件进货成本为10元，每采购一次采购费250元，该零件的年保管费为价值的12.5%，该零件可在市场上立即购得，求该零件的最佳采购批量及每年的订货次数。

解：

$$Q = \sqrt{\frac{2DC}{H}} = \sqrt{\frac{2 \times 10000 \times 250}{10 \times 12.5\%}} = 2000 \text{ 件}$$

每年订货次数 $N = 10000/2000 = 5$ 次。

(2) 固定数量(FOQ)法

固定数量法也是企业确定采购批量的一种方法,其特点是每次订货的批量是一个固定值,采购批量的确定往往要考虑企业的需求规律、运输车辆的运量、包装单元、企业仓储容量的分配等因素。固定数量法采购见表2-9。

固定数量法采购　　　　　　　　　　　　　表2-9

时间(周)	1	2	3	4	5	6	7	8	9	10	11	12	合计
需求量		12	10		13		8	12	30	7	15	14	121
采购批量	25			25			25	25		25			125

注：订货提前期为1周。

利用固定数量法进行采购,操作简单,一目了然。

2. 批对批法

批对批法(LFL)是根据企业的需求量确定具体的采购量的采购方式,即企业每批需要多少就采购多少。需要的多就多采购,需要的少就少采购,不需要就不采购。批对批法采购见表2-10。

批　对　批　法　采　购　　　　　　　　　　表2-10

时间(周)	1	2	3	4	5	6	7	8	9	10	11	12	合计
需求量		12	10		13		8	12	30	7	15	14	121
采购批量	12	10		13		8	12	30	7	15	14		121

注：订货提前期为1周。

(二) 确定采购时间

采购时间的把握是采购的一项重要内容。采购太早,会增加企业的库存成本,难以适应企业的需求变化;采购太迟,有可能影响企业的生产与经营。有时,企业还要根据市场特点和季节特点,选取合适的采购时间。

采购时间的确定方法主要有以下几种。

1. 按需要的时间采购

按需要的时间进行采购,就是什么时候需要,就在什么时候采购。当然,按需要的时间进行采购需要考虑订货提前期。如果企业需求稳定,市场供应充足,供应商离企业的距离比较近,可以在需求即将发生时即时采购;如果企业需求不稳定,市场供应不充足,供应商离企业的距离比较远,甚至所需物品需要相当长的设计、生产、物流时间,那么,采购时就应该留下合理的订货提前期,以防缺货的发生。按需要时间采购见表2-11和表2-12。

按需要时间采购(一)   表2-11

时间(周)	1	2	3	4	5	6	7	8	9	10	11	12	合计
需求量		12	10		13		8	12	30	7	15	14	121
采购时间		12	10		13		8	12	30	7	15	14	121

注:无须提前订货。

按需要时间采购(二)   表2-12

时间/周	1	2	3	4	5	6	7	8	9	10	11	12	合计
需求量		12	10		13		8	12	30	7	15	14	121
采购时间	12	10		13		8	12	30	7	15	14		121

注:订货提前期为1周。

2. 定期订货法

定期订货法是按预先确定的订货时间间隔进行订货,以补充库存的一种库存控制方法。其决策思路是:每隔一个固定的时间周期检查库存项目的储备量,根据盘点结果与预定的目标库存水平的差额确定每次订购批量。

定期订货法的作业流程图如图2-8所示。

定期订货法的作业原理如图2-9所示。

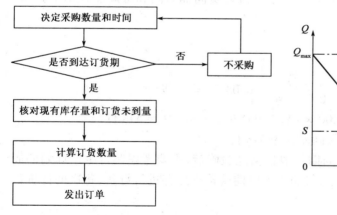

图2-8 定期订货法的作业流程图

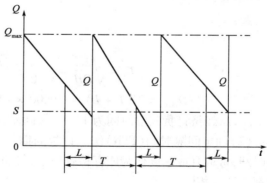

图2-9 定期订货法的作业原理图

定期订货法的优势在于:由于订货间隔周期一定,因此可以多种货物一同订货,降低订单处理成本,也可以节省运输费用。另外,这种方法不需要经常检查库存,节省这方面的费用。其劣势在于:由于订货周期固定,当期间需求突然增大时,库存满足不了需求,会造成缺货,从而导致缺货成本,而企业若要应付需求的突然增大,则往往需要设置较高的保险库存,从而导致较高的库存水平,增大库存持有成本。因此,定期订货法往往被用于企业品种数量大、占用资金较少的物资采购。

与定量订货法确定订货批量一样,定期订货法在确定订货时间时也有按经济订货间隔周期进行采购和按固定间隔时间进行采购两种方法。

(1) 经济订货间隔周期(EOI)法

与经济订货批量的确定相似,经济订货间隔周期的相关计算如下:

①确定最优订货周期。

$$T = \frac{EOQ}{D} = \sqrt{\frac{2C}{HD}}$$

②确定最高库存量。

$$Q_{\max} = \frac{D}{365}(T+L) + S$$

③确定每次订货的订货量。定期订货的订货量受企业确定的最高库存量的制约,也受到保险储备量的影响。订货数量的确定公式如下:

$$Q = Q_{\max} - Q_0 - Q_1 + Q_2 = \frac{D}{365}(T+L) + S - Q_0 - Q_1 + Q_2$$

式中:Q_0——现有库存量;
Q_1——订货未到量;
Q_2——售出未提货量。

定期订货法从时间上控制采购周期,可达到控制库存量的目的。只要订货周期控制得当,就可以既不造成缺货,又可以控制最高库存量,从而达到控制成本的目的。

【例2-7】 某企业每年需某商品10000件,单价10元,每次订购成本为18元,每单位商品每年的储存成本为4元。如果前置时间为9天,求经济订货间隔时间和最高库存水平。(提示:一年按365天计。)

解:

$$T_0 = \sqrt{\frac{2C}{DH}} = \sqrt{\frac{2 \times 18}{10000 \times 4}} = 0.03 \text{ 年} = 11 \text{ 天}$$

$$Q_{\max} = D(T+L) = 10000 \times (11+9)/365 = 547.9 \approx 548 \text{ 件}$$

所以,经济订货间隔时间为11天,最高库存为548件。

(2) 固定间隔时间(FPR)法 订货周期一般根据经验确定,主要考虑制订生产计划的周期时间,常取月或季度作为库存检查周期,每隔一个周期就检查库存进行订货,每次的订货数量都不一定相同。

3. 按季节采购

不少企业需要的物料具有很强的季节性,这时,企业就必须按季节采购。否则,错过季节,就难以采购到所需要的物料。例如,粮油公司需要采购的粮食、油料等原料,果汁饮料公司需要采购的水果,橡胶制品厂需要采购的天然橡胶等,都需要根据物料的生产季节,确定采购的时间。而具体采购量,则要根据企业实际进行预测。

4. 根据市场规律采购

作为商品,采购品同样具有商品的一般属性,具有商品所特有的市场波动规律。采购人员应该具有敏锐的经济眼光,及时洞察所需商品的价格变动规律,在物料价格较低的时候购入,为企业节约成本,提高利润。

任务二 编制采购计划

编制采购计划是采购员的基本技能,也是采购实施的起点。采购计划编制的重点在于,什么时候采购多少什么物料,也就是采购的批量和采购的时间问题。这些元素在上一任务中已经确定下来,现在需要做的工作就是将这些信息形成采购计划表,以指导采购工作的进行。

一、采购计划的概念

采购计划就是为了维持正常的产销活动,对在某一特定的期间内应在何时购入多少何种材料的一种预先安排。正确地编制企业物资采购计划,对于加强物资管理,保证生产所需,促进物资节约,降低产品成本,加速资金周转,有着重要的作用。

企业物资采购计划一定要以需要为依据,按照实际需要和资源供给的可能及"以销定购"的原则来编制采购计划,这样才有利于实现产销结合。同时,企业制订采购计划时还必须贯彻统筹安排、瞻前顾后的系统性原则,既要按时完成数量,又要品种规格齐全,更要保证产品质量,坚持数量、质量、品种、规格并重。

二、采购计划的类型

采购计划可以从不同的角度进行分类:

①按计划期的长短分类。按计划期的长短,可将采购计划分为年度物品采购计划,季度物品采购计划和月份物品采购划等。

②按物品的自然属性分类。按物品的自然属性,可将采购计划分为金属材料采购计划、机电产品采购计划和非金属材料采购计划等。

③按物品的使用方向分类。按物品的使用方向,可将采购计划分为生产用物品采购计划、维修用物品采购计划、基本建设用物品采购计划、技术改造措施用物品采购计划和科研用物品采购计划等。

④按采购层次分类。按采购层次,可将采购计划分为战略采购计划、业务采购计划和部门采购计划等。

常见采购计划见表2-13和表2-14所示。

表2-13

×××公司月度采购计划表

编号:　　　　　　共　　　页第　　　页　　　　　　2013年　　　月份

序号	采购单号	品名	规格/型号	采购量	单价	到货日期	结算方式	供应商	备注

制表:　　　　　　　　日期:　　　　　　　　审核:　　　　　　　　日期:

×××公司采购计划表　　　　　　　　　　　　表2-14

编号：　　　　　　　　　　　　　　　　　　2013年　　月份

序号	品名	规格/型号	计划数量	实购数量	计划到货日期	实际到货日期	结算方式	备注

制表：　　　　　　　日期：　　　　　　　审核：　　　　　　　日期：

采购计划除了按照一定的表式,用数据反映计划的实际安排情况外,必要时还需要附加文字说明,见表2-15。说明的内容主要包括：

①前期采购计划的完成情况,本计划中的突出问题。
②计划期货源形势的估计和计划的依据。
③说明安排物料采购计划,特别是组织紧缺物料采购方面的主要措施和建议。
④可能采用的采购方式和资金来源。
⑥向领导和企业有关部门提出的要求和建议。

××市月度政府采购计划　　　　　　　　　　表2-15

单位		联系人			联系电话				
采购代码	项目名称	规格/型号	数量	预算金额（元）	财政预算资金（元）	预算外资金（元）	单位自筹资金（元）	拟使用时间
合计								
预算总金额(人民币大写)：								
财政业务处室审核意见： （盖章） 年　月　日				市采购办审核意见： （盖章） 年　月　日				

注：1. 本月度采购计划适用于集中采购项目和部门无特殊要求的专用类的政府采购项目。
　　2. 应按采购品目和顺序编制,同类的采购项目应归并在一起。
　　3. 属于集中采购目录中货物类的办公用品是否填报,另行通知。
　　4. 交货期应充分考虑法定采购过程及设备投入安装所需时间(公开招标项目采购时间一般约40天左右)。
　　5. 本表由一级预算单位组织填写、汇总并细化到三级预算单位,一级预算单位的采购计划包含在本表中,本表一式5份。

三、制订采购计划

（一）编制采购计划的基础资料

1. 生产计划

生产计划规定企业在计划期(年度)内所生产产品的品种、质量、数量,生产进度及生产能力的利用程度。它是根据企业的销售计划、预期的期末存货与期初存货,以及人为判断制订的。生产计划决定采购计划,采购计划又对生产计划的实现起物料供应保证作用。

$$预计生产量 = 预计销售量 + 预计期末存货量 - 预计期初存货量$$

2. 设备维修计划和技术改造计划

设备维修计划规定企业在计划期(年度)内需要进行修理设备的数量、修理的时间和进度等。技术改造计划规定企业在计划期(年度)内要进行的各项技改项目的进度、预期的经济效果,以及实现技改所需要的人力、物资、费用和负责执行的单位。这两个计划提出的物料需求品种、规格、数量和需要时间,是编制物料采购计划的依据,采购计划要为这两个计划的实现提供物料保证。

3. 用料清单

一般生产计划只列出产成品的数量,而不能表示某一产品需用哪些物料,以及数量多少,因此必须借助用料清单。用料清单是由研究发展或产品设计部门制定的,根据用料清单可以精确地计算出制造每一种产品的物料需求数量。将用料清单上所列的耗用量即通称的标准用量,与实际用量相互比较,可作为用料管理的依据。

4. 存量卡

如果产成品有存货,那么生产数量不一定要等于销售数量。同理,若材料有库存,则材料采购数量也不一定要等于材料需用量。因此,必须建立物料的存量卡,用以记载某一物料的库存量,再依据需求数量,并考虑提前期和安全库存量,算出正确的采购数量,然后才开具请购单,进行采购活动。

(二)采购计划的编制程序

采购计划的编制过程如图 2-10 所示。

编制采购计划的要点是设关键控制系统,该系统主要由采购需求、采购预算及月度采购计划三方面组成。其中,月度采购计划是由年度采购计划分解得到,实际上就是采购的订单计划,也是采购计划的最后一个环节,订单计划做好之后就可以按照计划进行采购工作了。

订单的下单数量和下单时间的确定需要全面考虑相关因素:

下单数量 = 生产需求量 - 计划入库量 - 现有库存量 + 安全库存量

下单时间 = 要求到货时间 - 认证周期 - 订单周期 - 缓冲时间

采购订单计划表见表 2-16。

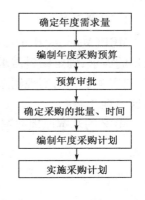

图 2-10 采购计划的编制过程

【小资料 2-1】

机械公司采购计划作业程序

① 营业部于每年度开始时,提供给主管单位有关各型机种的每季、每月的销售预测。销售预测经会议通过,并配合实际库存量、生产需要量、市场状况,由主管单位编制每月的采购计划。

② 主管单位编制采购计划的副本送至采购中心,据此编制采购预算,经会议审核通过,将

副本送交管理部财务单位编制每月的资金预算。

③营业部门变更销售计划或有临时销售决策（如紧急订单）时，应与生产单位和采购中心协商，以排定生产日程，并据以修改采购计划及采购预算。

（资料来源：http://www.docin.com/p-572094535.html。）

采购订单计划表　　　　　　　　　　　　　　　　　表2-16

序号	主　项					次　项						现存库存数量	订单环境容量	备注
	物资编码	名称	型号描述	年需求量	单位	开始日期	完成	样品图纸	技术规范	工艺路线	工艺指令	配料清单	巡回文档	隶属产品

（注：表格上方"主项"下含物资编码、名称、型号描述、年需求量、单位、开始日期、完成；"次项"下含样品图纸、技术规范、工艺路线、工艺指令、配料清单、巡回文档、隶属产品。）

序号														
1														
2														
3														
……														
合计														
制订		日期			审核		日期			批准			日期	

（三）系统处理法

利用信息系统可以科学准确地确定采购物料的作业时间、采购数量，以满足企业需求。企业的性质不同，用于确定物料需求量的信息系统也不同，较常运用的信息系统有MRP系统、DRP系统和ERP系统。

1．MRP系统

MRP（Material Requirement Planning，物料需求计划）是根据主生产计划规定的产品品种、数量的需求，确定物料需求数量的计划。MRP是被设计并用于制造业库存管理信息处理的系统，它解决了如何实现制造业库存管理目标——在正确的时间，按正确的数量，得到所需的物料这一难题。

MRP的基本原理如图2-11所示。

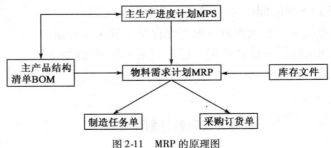

图2-11　MRP的原理图

（1）MRP的运行过程

①首先，企业的设计部门需要将主产品的结构进行分解，形成产品结构清单，即BOM（Bill of Materials）。BOM是描述企业产品组成的技术文件。在加工装配行业，它表明了产品的总装件、

分装件、组件、部件、零件和原材料之间的结构关系,以及所需的数量。在化工、制药和食品行业,产品组成则是对主要原料、中间体、辅助材料及其配方和所需数量的说明。如图2-12所示。

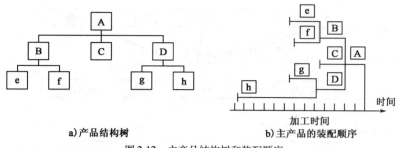

图2-12 主产品结构树和装配顺序

②其次,企业的生产部门将主产品的生产计划输入MRP系统。主生产进度计划(MPS)描述了主产品及其结构文件BOM决定的零部件的出产进度,表现为各时间段内的生产量。依据生产量的多少,就可以推测出各时间段内生产所需物料的数量。

③企业的仓储部门将目前仓库的库存情况输入MRP系统。这里的库存包括主产品和其所有的零部件的库存。

$$库存量 = 现有库存量 + 已订未到量 - 待提货数量$$

企业应该优先从库存物资中供应物料,只有当库存数量不够时,才安排不够部分的生产或采购。

④MRP系统通过计算,得到生产主产品的过程中,各时间段内尚需取得的物料的品种、数量。这些物料有的是企业可以生产的,MRP系统就输出这些物料的生产加工计划,包括开工日期、完工日期、生产量等;有的物料是企业不能生产,需要对外采购的,MRP系统就输出这些物料的采购进货计划,包括订货日期、到货日期、订货量等。

(2)MRP的作用

由于MRP是依据主产品的结构文件、主产品的生产计划和库存文件严密推理形成的,所以,可以保证产品在装配时不发生缺货,从而可以保障企业生产的正常进行,保证采购的物料的库存量恰到好处。这样,可以使库存管理井井有条,节省保管费用、计划人员等,提高采购的科学性。

(3)MRP的适用范围

应用MRP时,一定要注意其适应范围。MRP只适用于相关需求的物品的需求量及需求时间的确定,如装配型的生产企业,有严格配方的医药企业、化工企业等。

2. DRP系统

DRP(Distribution Resource Planning,分销需求计划)系统是管理企业的分销网络系统,它能使企业具有对订单和供货作出快速反应和持续补充库存的能力。

(1)DRP的运行过程

DRP是MRP的原理在配送、分销环节的应用。因此,它的运行过程如同MRP一样,所不同的是其中的输入、输出数据的差异。如图2-13所示。

显然,DRP的输入文件是社会需求文件、供应资源文件及库存文件。计算机计算后,输出订货进货计划和送货配送计划。就是说,在企业库存不能满足客户需要的情况下,就应该及时向供应商订货;如果库存足以满足客户需要,就应该直接根据送货配送计划进行配送。

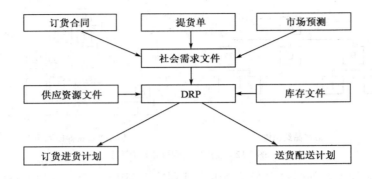

图 2-13　DRP 的基本原理图

输入文件:
①社会需求文件。包括所有用户的订货单、提货单和供货合同,以及下属子公司、企业的订货单,必要时还要进行市场预测,确定部分物品的需求量。所有需求按品种和需求时间进行统计,整理成社会需求文件。

②供应资源文件。包括可供应的物资品种和供应商(一般指生产厂)的地理位置等,地理位置和订货提前期有关。

③库存文件。对自有库存物资进行统计,以便针对社会需求量确定必要的进货量。

输出文件:
①送货配送计划。对用户的送货配送计划,为了保证按时送达,要考虑作业时间和路程远近,提前一定时间开始作业,对于大批量需求可实行直送,对于数量众多的小批量需求可以进行配送。

②订货进货计划。是指从供应商处订货的计划,对于需求物资,如果仓库内无货或者库存不足,则需要向生产厂订货。当然,也要考虑一定的订货提前期。送货配送计划和订货进货计划是 DRP 的输出结果,是组织物流的指导文件。

(2) DRP 的适用范围

凡是需要进行销售、流通的领域都有 DRP 的用武之地。因此,DRP 一是应用于企业中承担分销业务的流通部门,具体组织进销存等活动,如商业企业、制造企业的销售部。二是应用于流通企业,如储运公司、配送中心、物流中心、流通中心等。这些企业的基本特征是,不一定搞销售,但一定有储存和运输的业务,它们的目标是在满足用户需要的原则下,追求资源(如车辆等)有效利用,使总费用既用于生产又用于流通,产品全部或一部分自己销售。

流通企业通过互联网将供应商与经销商有机地联系在一起,DRP 为企业的业务经营及与贸易伙伴的合作提供了一种全新的模式。供应商和经销商之间可以实时地提交订单,查询产品供应和库存状况,并获得市场、销售信息及客户支持,实现了供应商与销商之间端到端的供应链管理,有效地缩短了供销链。

3. ERP 系统

ERP 是企业资源计划(Enterprise Resource Planning)的简称,它将企业的财务、采购、生产、销售、库存和其他业务功能整合到一个信息管理平台上,从而实现信息数据标准化,系统运行集成化,业务流程合理化,绩效监控动态化,管理改善持续化。

ERP 软件是将物资资源管理(物流)、人力资源管理(人流)、财务资源管理(财流)、信息资源管理(信息流)集成一体化的企业管理软件。利用这一软件,可以很好地将企业的供应、生产、销售等有机结合,对于确定企业需求的时间、数量具有很好的作用

ERP 系统是指建立在信息技术基础上,以系统化的管理思想,为企业决策层及员工提供决策运行手段的管理平台。它是从 MRP 系统发展而来的新一代集成化管理信息系统,它扩展了 MRP 的功能,其核心思想是供应链管理。它跳出了传统企业边界,从供应链范围去优化企业的资源。ERP 系统集信息技术与先进管理思想于一身,成为现代企业的运行模式,反映时代对企业合理调配资源,最大化地创造社会财富的要求,成为企业在信息时代生存、发展的基石。它对于改善企业业务流程、提高企业核心竞争力具有显著作用。ERP 行业人才稀缺成为 SAP 发展的制约因素之一,鉴于此,国内的 ERP 培训行业逐渐开始发展。

四、采购计划实施与控制

物品的采购数量、采购时间等确定以后,一般可以通过示意图将采购计划描述出来,以便指导采购作业的实施,控制采购计划的执行。直观显示采购进度的是采购计划表或采购计划图,采购计划图一般采用甘特图如图 2-14 所示。

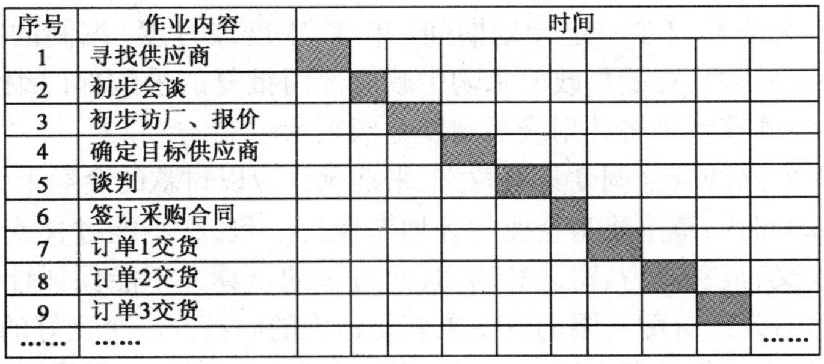

序号	作业内容	时间								
1	寻找供应商	■								
2	初步会谈		■							
3	初步访厂、报价			■						
4	确定目标供应商				■					
5	谈判					■				
6	签订采购合同						■			
7	订单1交货							■		
8	订单2交货								■	
9	订单3交货									■
……	……									……

图 2-14 采购计划甘特图

绘制甘特图的步骤:

①明确项目涉及的各项活动、项目。内容包括项目名称(包括顺序)、开始时间、工期,任务类型(依赖/决定性)和依赖于哪一项任务。

②创建甘特图草图。将所有的项目按照开始时间、工期标注到甘特图上。

③确定项目活动依赖关系及时序进度。使用草图,并且按照项目的类型将项目联系起来,并且安排。此步骤将保证在未来计划有所调整的情况下,各项活动仍然能够按照正确的时序进行。

④计算单项活动任务的工时量。

⑤确定活动任务的执行人员并适时按需调整工时。

⑥计算整个项目时间

【小资料2-2】

甘 特 图

甘特图(Gantt chart)又叫横道图、条状图(Bar chart)。它是在第一次世界大战期间发明的,以亨利·L·甘特先生的名字命名,他制定了一个完整地用条形图表示进度的标志系统。甘特图内在思想简单,即以图示的方式通过活动列表和时间刻度形象地表示出任何特定项目的活动顺序与持续时间。甘特图基本是一条线条图,横轴表示时间,纵轴表示活动(项目),线条表示在整个期间上计划和实际的活动完成情况。它直观地表明任务计划在什么时候进行,以及实际进展与计划要求的对比。管理者由此可便利地弄清一项任务(项目)还剩下哪些工作要做,并可评估工作进度。

任务三　编制采购预算

预算是一种用数量来表示的计划,是将企业未来一定时期内经营决策的目标通过有关数据系统地反映出来,是经营决策具体化、数量化的表现。

一、了解采购预算

1. 采购预算的概念

采购预算是指采购部门在一定计划期间(年度、季度或月度)编制的物料采购的用款计划。在政府采购中,采购预算是指政府采购中政府部门批复的采购部门编制的采购项目的用款计划。简单地说,预算就是将计划或活动以金额表示。

为了使预算对实际的资金调度具有意义,采购预算应以付款的金额来编制,而不以采购的金额来编制。预算的时间范围要与企业的计划期保持一致,绝不能过长或过短。长于计划期的预算没有实际意义,浪费人力、财力和物力,而过短的预算又不能保证计划的顺利执行。企业管理者必须通过有效地分配有限的资源来获得最大的收益。一个良好的企业不仅要赚取合理的利润,还要保证有良好的资金流,良好的预算既要注重实际,又要强调财务业绩。

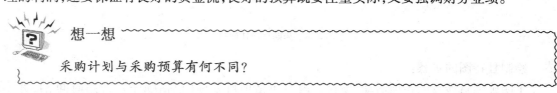

想一想

采购计划与采购预算有何不同?

2. 采购预算的作用

①保障企业战略计划和作业计划的执行,确保企业组织目标一致。通过编制采购预算,采购部门及相关职能部门在计划期内的工作目标就确定下来了,也明确了部门和个人的责、权、利,促使大家努力完成采购目标,保证企业战略计划和作业计划的实现。

②协调企业各部门之间的合作经营。采购预算使各部门的工作有机结合在一起,各部门通过执行预算,明确各自的地位和作用,协调各自的工作步伐,从全局出发,统筹兼顾、全面安排,争取全局计划的最优化。

③在企业各部门之间合理安排有限的资源,保证资源分配的效率。企业所拥有的资源是有限的,通过编制预算,考虑各部门的资源需求,合理安排,保证资源能够得到合理利用,实现以最小的投入,获得最大的经济效益的目标。

④对企业物流成本进行控制、监督。预算是分析、控制各项经济活动的尺度,各部门通过编制并执行切实可行的预算,可以避免不必要的开支,降低物流成本,保证预定目标的顺利完成。

3. 采购预算的内容

①原材料预算。生产企业在整个经营过程中,需要大量的原材料,其数量决定于生产产品的产销量和对外服务量。原材料预算的时间通常是一年或更短。预算的依据是生产或销售的预期水平、提供服务的预期水平及未来原材料的估计价格,这就意味着实际费用有可能偏离预算。因此,在编制预算时应根据外界条件的变化做出灵活的调整。

【小资料2-3】

采购管理中的预算

为了控制采购成本,许多公司都要进行预算。目前主要有两种预算方式,即目的在于控制材料成本的预算和目的在于控制采购部门成本的预算。对前一种预算方式主要有下面一些类型:

采购材料预算。它主要指每一类型的产品在下一个计划期(通常是一年)内需要的数量及特定产品的期望价格水平。需求总量是从生产计划中估算出来的,而需支付的价格是根据客户来估算的。最终的估算结果一般要通过同资深的客户或采购部经理进行详细讨论后,才能决定,以保证价格目标确立在一个合理的水平上。

然而,价格目标有时是由生产管理来确定的。目前制造商正在大幅度削减生产成本,这意味着它们需要制订一项计划来确定特定的成本降低幅度(如8%)。当采购占用了全部成本价格的60%时,这就表示材料采购的成本需要减少4.8%。这一目标由采购部门负责。在这种情况下,为了满足采购部门的整体目标,每个客户都应当向采购部门提交一份有关每类产品的计划和目标。

通过定期揭示客户情况的差异报告,可以严密地监督违背采购预算的活动。因此,当要评估客户行为时,差异报告是应当考虑的重要因素。一些公司通过剔除外部因素(如现行汇率的波动、通货膨胀等)对价格的影响,将它们从报告程序中提取出来,单独报告。

工具预算。这种预算主要是指制造商生产某种商品所需要的与特定工具有关的耗费(如铸造模子)。大型公司为了维持某种设备的合法所有权,通常要购买各种特定工具。在一些公司中,客户们必须指明他们需要什么样的工具预算,哪些产品或供应商需要这样的预算;这些预算不能超支。

采购部门的预算由于很容易决定,因此经常使用。采购预算表明了与工资报酬、社会保障、自动化系统、差旅、培训有关的是些什么费用,这时差异报告要定时监控。

(资料来源:《采购与供应链管理:分析、规划及其实践》)

②MRO预算。MRO采购包含在经营管理过程中,但它们并没有成为生产运作中的一部分。MRO项目主要有:办公用品、润滑油、机器修理用零部件等。MRO项目的数目可能很大,

对每一项都做出预算并不可行。MRO预算通常按以往的比例来确定,然后根据库存和一般价格水平的预期变化来进行调整。

③资产预算　企业的固定资产通常费用较高,占采购支出的较大部分,固定资产的预算不仅要考虑初始成本,还要考虑包括维护、能源消耗及辅助零部件成本等的生命周期总费用。由于这些支出的长期性,通常用净现值算法进行预算并做出决策。

④采购费用预算。采购费用预算的内容包括采购业务中发生的各项费用。通常,这项预算是根据预期的业务和行政工作量来制定的。这些花费包括工资、福利费用、供热费、电费、通信费、教育培训费、差旅费,以及购买办公用品等的费用。合理的采购费用有利于采购工作的进行,在制定采购预算时必须把此项支出考虑在内。可比照上年计划与实际支出情况,做好本年采购费用预算。采购部门应定期对比计划与实际支出情况,控制采购费用并及时解决发现的问题。

二、采购预算的编制

1. 采购预算的编制原则

①实事求是。编制采购预算应该本着实事求是的原则,一般以企业所制定的经营目标为前提,不要盲目确定目标值,更不能哄抬目标值。要先确定销售计划,再确定生产计划,然后才能确定采购计划,最后才编制采购预算,顺序不可颠倒。

②积极稳妥、留有余地。采购目标既不能盲目抬高,也不能消极压低。采购预算既要具有先进性,也要具有可操作性,充分发挥采购预算指标的指导和控制作用。当然,为了适应千变万化的市场,采购预算应该留有余地,具有一定的发展空间,以免发生意外时处于被动,影响企业的正常生产经营。

③比质比价。编制采购预算前,要广泛地收集采购物料的质量、价格、运输等市场信息,掌握物料的供应商情况。在比质、比价的基础上编制的采购预算,才具有针对性和可操作性。

2. 采购预算的阶段形式

采购预算最常见的形式有四种:一是按每个季度进行预算,每年划分为4个预算期;二是按每个月进行预算,每年划分为12个预算期;三是每四个周作为一个预算期,每年按13个阶段进行预算;四是每周作为一个预算期,每年按52个阶段进行预算。

3. 采购预算的编制流程

对制造业而言,通常业务部门的行销计划是年度经营计划的起点,然后生产计划才随之制订。生产预算包括采购预算、直接人工预算及制造费用预算。由此可见,采购预算乃是采购部门为配合年度的销售预测或生产数量,对需求的原料、物料、零件等的数量及成本作详实的估计,以利于整个企业目标的达成。换句话说,采购预算如果单独编制,不但缺乏实际的应用价值,也失去了其他部门的配合,所以必须以企业整体预算制度为依据。

企业预算的编制流程如图2-15所示。

作为企业预算的重要内容,采购预算的编制流程如图2-16所示。

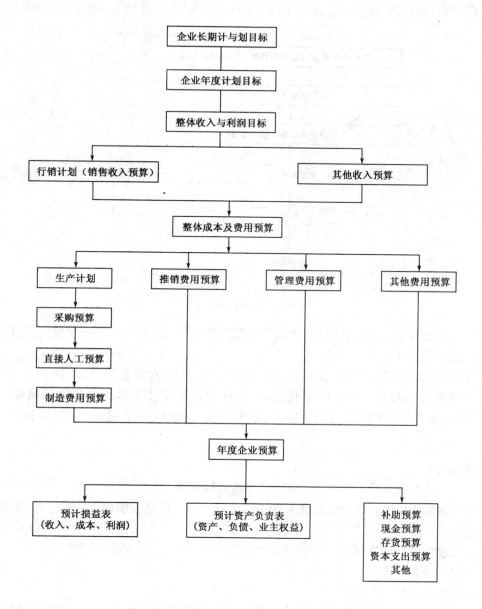

图 2-15 企业预算的编制流程

各步骤要求如下：

①审查企业以及部门的战略目标。预算的最终目的是保证企业目标的实现，所以，在编制预算前，首先要审查本部门和企业的目标，确保他们之间相互协调。

②制订明确的工作计划。预算是在计划的基础上进行的，因此，管理者应该首先制订出详细的工作计划表，才能确定实施这些计划的产出，为预算打下基础。

③确定所需的资源。有了工作计划表，才能估计出实现工作目标所需要的人力、物力和财力资源。

④提出准确的预算数字。预算是计划实施的基本保证,预算的方法要恰当,预算的数字要准确。

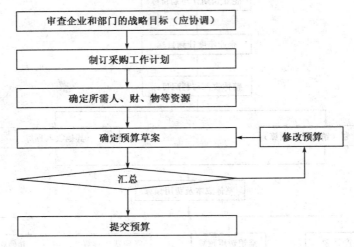

图 2-16 采购预算的编制流程

⑤汇总。预算总是来源于基层,然后通过层层提交,汇总各部门、各分单位的预算,才能形成最后的总预算。

⑥提交预算。预算是关于预计收入和可能支出之间的动态模型,反映的是未来的事情。由于外在环境总是处于不断变化之中,实际情况的变化要求预算必须不断修正,最大限度地接近现实,反映实际支出。所以,预算有必要选择一个偏差范围,以便控制业务进展。

【友情提示】

采购预算的编制要求

采购预算应该以付款金额而非采购金额编制。为了保证采购预算的指导性,编制预算时应注意:
①采取合理的预算形式。采购预算重点放在现金流上,而非收入、利润上。
②建立趋势模型。
③用滚动预算的方法。
④预算的时间范围应该与企业计划期时间范围相同。时间过短,不能保证计划顺利执行;过长没有实际意义。

三、采购预算编制的方法

1. 按业务量的数量特征分类编制

按业务量的数量特征编制预算,可以分为固定预算和弹性预算两种编制方法。
(1)固定预算

固定预算也称为静态预算,是按固定不变的业务水平编制预算。这种预算的优点是简便易行、直观。缺点是机械呆板,可比性差,不利于正确地控制、考核和评价采购预算的执行情况。固定预算一般适用于下列几种情况:

①非营利组织和一定范围内业务水平较为稳定的企业。

②支出金额变化很小的项目,如企业的汽车保险。

③支出金额变化难以估计的项目,如企业的小车燃油费和修理费、会议费等,这些项目通常按定额标准进行测算。

④预算前已经确定的采购支出项目。

(2)弹性预算

弹性预算又称为变动预算,是根据预算期内一系列可能达到的预算业务量水平编制的,能适应多种情况的预算。由于业务量是变动的,可充分发挥预算在管理中的控制和考核作用。

弹性预算是以某个"相关范围"为编制基础,而非以某个单一业务水准为基础。由于业务量是"动态"的,所以,编制的预算也是变动的。弹性预算的编制步骤如下:

①确定与预算内容相关的业务量计量标准和范围。包括企业产品的产销量、材料消耗量、直接人工小时、机器工时、价格等。

②计算各经济变量之间的数量关系,预测计划期或预算期可能达到的各种经营活动业务量。

③预测随业务量增减变化而变化的变动成本,应计算每单位业务量所负担的某种成本费用。

④计算各种业务量的财务预算数额,并以列表、图示或公式等方式表示。

[例2-8] 某企业生产某种产品,在正常生产能力为10000~16000直接人工小时的相关范围内,该产品制造费用的有关资料见表2-17。请在某产品生产能力为10000~14500直接人工小时的限度内,编制制造费用弹性预算(生产能力间隔为1500小时)。

产品制造费用　　　　　　　　　　　　　　　表2-17

项　目	固定费用	变动费用分配率(元/小时)
水费		0.15
电费		0.10
折旧费	10000	
劳保费	6000	
间接人工费	1000	0.16
间接材料费	500	0.25
机修费用	1500	0.18

解:根据产品的生产能力与各种费用的关系,得到预算表,见表2-18。

例 2-8 预 算 表   表 2-18

直 接	人工工时	10000	11500	13000	14500
固定成本项目	折旧费	10000	10000	10000	10000
	劳保费	6000	6000	6000	6000
变动成本项目	水费	1500	1725	1950	2175
	电费	1000	1150	1300	1450
混合成本项目	间接人工费	2600	2840	3080	3320
	间接材料费	3000	3375	3750	4125
	机修费用	3300	3570	3840	4110
制造费用弹性预算		27400	28660	29920	31180

弹性预算的编制技巧如下：

①所选项目必须与企业制造费用的变动有因果关系。也就是说，制造费用变动应随所选项目数值的变动而变动。

②选定的项目应尽量以单位数表示，而不以金额表示。若不得不以金额表示，则应使用标准金额，而不用实际金额。使用金额的缺点是容易受物价变动的影响而导致所选定的项目发生"歪曲"现象。

③所采用的项目力求简明易懂。若所采用的项目不易为人所了解，则不但不能作为财务管理的工具，反而会造成许多混乱及误解。

2. 按预算期的时间特征分类编制

根据预算期的时间特征编制预算，可以分为定期预算和滚动预算两种编制方法。

(1) 定期预算

定期预算指在编制预算时以不变的会计期间(如日历年度)作为预算期的一种预算编制的方法。这种编制方法的优点是，能够使预算期与会计年度相配合，便于考核和评价预算的执行结果。但是，由于时间的确定性，这种预算方法的远期指导性差、灵活性差且连续性差。

(2) 滚动预算

滚动预算又称为连续预算或永续预算，是指预算期随着时间的推移自行延伸，始终保持一定的期限(通常为一年)。每过一个月，就应对本月预算执行情况进行差异分析，根据变化的情况修改后几个月的预算，并增加一个月的新的预算。

滚动预算可以保持预算的完整性和连续性，从动态预算中把握企业未来的发展趋势；可以使企业管理人员对未来一定时期的生产经营活动作更长远、更周密的考虑和规划，保证企业工作有条不紊地进行；可以随情况的变化，不断修改预算，使预算更切实可行。

由于要考虑预算的指导性和实时性，在编制滚动预算时，要注意近期的实施预算要具体，远期的展望预算可以粗略。例如，滚动期为一年(四个季度)的预算，第一季度的预算要具体，第二季度的预算较细，后两个季度的预算可较粗略。滚动预算编制方法见表 2-19 和表 2-20。

2013 年预算（2012 年底编制） 表 2-19

第一季度			第二季度	第三季度	第四季度
1月	2月	3月	总额	总额	总额

2013 年第二季度~2014 年第一季度预算（2013 年 3 月底编制） 表 2-20

第二季度			第三季度	第四季度	2014 年第一季度
4月	5月	6月	总额	总额	总额

3. 按编制预算的出发点的特征分类编制

按编制预算的出发点的特征，可以把预算分为增量预算和零基预算。

（1）增量预算

增量预算是以基期成本费用水平为基础，结合预算期业务量水平及有关影响成本因素的未来变动情况，通过调整有关原有费用项目而编制的预算。所以，增量预算又称为调整预算。

编制增量预算的前提是：现有的业务活动是企业必需的；原有的各项开支都是合理的；增加费用预算是值得的。

增量预算存在着以下缺点：一是受原有费用项目限制，可能导致保护落后；二是滋生预算中的"平均主义"和"简单化"；三是不利于企业未来发展。

（2）零基预算

零基预算是指不考虑过去的预算项目和收支水平，以零为基点编制的预算。零基预算的编制要求一切从实际需要与可能出发，逐项审议预算期内各项费用的内容及其开支标准是否合理，在综合平衡的基础上编制预算。零基预算编制有以下五个步骤：

①依据企业总目标，编制预算方案。由企业提出总体目标，各基层预算单位根据企业的总目标和自身的责任目标出发，编制本单位为实现上述目标的费用预算方案，在方案中必须详细说明提出项目的目的、性质、作用，以及需要开支的费用数额。

②进行成本—效益分析。基层预算单位按下达的"预算年度业务活动计划"，确认预算期内需要进行的业务项目及其费用开支后，管理层对每一个项目的所需费用和所得收益进行比较分析，权衡轻重，区分层次，划出等级，挑出先后。基层预算单位的业务项目一般分为三个层次：第一层次是必要项目，即非进行不可的项目；第二层次是需要项目，即有助于提高质量、效益的项目；第三层次是改善工作条件的项目。进行成本效益分析的目的在于判断基层预算单位各个项目费用开支的合理程度、先后顺序以及对本单位业务活动的影响。

③审核分配资金。根据预算项目的层次、等级和次序，按照预算期可动用的资金及其来源，依据项目的轻重缓急次序，分配资金，落实预算。

④编制并执行预算。资金分配方案确定后，就制定零基预算正式稿，经批准后下达执行。执行中遇有偏离预算的地方要及时纠正，遇有特殊情况要及时修正，遇有预算本身问题要找出原因，总结经验加以提高。

与传统预算相比，零基预算具有以下优点：

①有利于提高员工的"投入—产出"意识。传统的预算编制方法，主要是由专业人员完成的，零基预算是以"零"为起点观察和分析所有业务活动，并且不考虑过去的支出水平，因此，需要动员企业的全体员工参与预算编制，这样使得不合理的因素不能继续保留下去，从投入开

始减少浪费,通过成本—效益分析,提高产出水平,从而能使投入—产出意识得以增强。

②有利于合理分配资金。每项业务经过成本—效益分析,对每个业务项目是否应该存在、支出金额若干,都要进行分析计算,精打细算,量力而行,能使有限的资金流向富有成效的项目,所分配的资金能更加合理。

③有利于发挥基层单位参与预算编制的创造性。零基预算的编制过程,企业内部情况易于沟通和协调,企业整体目标更趋明确,多业务项目的轻重缓急容易达成共识,有助于调动基层单位参与预算编制的主动性、积极性和创造性。

④有利于提高预算管理水平。零基预算极大地增加了预算的透明度,预算支出中的人头经费和专项经费一目了然,各级之间争吵的现象可能缓解,预算会更加切合实际,会更好地起到控制作用,整个预算的编制和执行也能逐步规范,预算管理水平会得以提高。

零基预算在实际运用中仍存在一些"瓶颈":

①由于一切工作从"零"做起,因此采用零基预算法编制工作量大、费用相对较高。

②分层、排序和资金分配时,可能有主观影响,容易引起部门之间的矛盾。

③任何单位工作项目的"轻重缓急"都是相对的,过分强调项目,可能是有关人员只注重短期利益,忽视本单位作为一个整体的长远利益。

在实际应用中,一般几年进行一次零基预算,这几年期间仅对预算的基点进行微调。这样,既减少了预算的工作量,又与企业及市场的实际更加贴切,提高预算的针对性。

4. 按预算期内预算构成条件的确定性分类编制

按照预算期内预算构成条件的确定性,可以将预算分为确定预算和概率预算。一般的预算都是确定预算,在此不在详述。

概率预算是指通过对影响预算对象的若干不确定因素进行分析、计算,然后确定一个预算期间该项预算对象的最有可能实现值所进行的预算。概率预算属于不确定预算,一般适用于难以准确预测变动趋势的预算项目,如开拓新业务等。

由于概率预算的影响因素具有不确定性,因而存在着多种发展可能性,预算只能估计出其变化的趋势、范围和结果;由于预算时对影响预算对象的变量的所有可能都作了客观的估计和测算,因而开阔了变量的范围,改善了预算指标的准确程度,使所得结果更符合客观实际情况。

概率预算的编制程序如下:

①确定有关变量预计发生的水平,并为每一个变量的不同水平的发生估计一个概率(可根据历史资料或经验进行判断)。

②根据估计的概率及条件价值,编制预期价值分析表。

③根据预期价值表,计算期望值,编制预算。一般只对变量的一个或几个确定的值进行分析,而未考虑变量有可能出现的值以及出现的可能性大小。

[例2-9] 某企业计划明年投产一种新产品,单位售价为9元,经市场调研,预计该产品在明年的销售量有三种可能,分别是50000件、55000件和60000件,概率分别为0.2、0.5和0.3。单位产品变动性制造成本可能是5元、6元和7元,各成本水平出现的概率分别为0.2、0.6和0.2。单位变动性销售费用为0.5元,约束性固定成本为10000元。当销售量分别为50000件、55000件和60000件时,酌量性固定成本在不同产量水平下分别为30000元、35000元和40000元。根据上述资料,编制该公司在明年的利润概率预算。

解:利润概率预算见表2-21。

利润概率预算

表2-21

组合	销售量	销售量概率	单位变动制造成本	单位变动销售费用	酌量性固定成本	约束性固定成本	利润	联合概率	利润期望值
1	50000	0.2	5($p=0.2$)	0.5	30000	10000	135000	0.04	5400
2	50000	0.2	6($p=0.6$)	0.5	30000	10000	85000	0.12	10200
3	50000	0.2	7($p=0.2$)	0.5	30000	10000	35000	0.04	1400
4	55000	0.5	5($p=0.2$)	0.5	35000	10000	147500	0.1	14750
5	55000	0.5	6($p=0.6$)	0.5	35000	10000	92500	0.3	27750
6	55000	0.5	7($p=0.2$)	0.5	35000	10000	37500	0.1	3750
7	60000	0.3	5($p=0.2$)	0.5	40000	10000	160000	0.06	9600
8	60000	0.3	6($p=0.6$)	0.5	40000	10000	100000	0.18	18000
9	60000	0.3	7($p=0.2$)	0.5	40000	10000	40000	0.06	2400
Σ								1.00	93250

所以,该公司税前利润的概率预算为93250元。

四、编制采购预算应避免的问题

采购预算编制应避免过繁过细,限制采购部门的自主性;避免预算目标与企业目标不协调;避免采购预算一成不变,应该随着企业生产经营情况及社会经济形势的变化而适当调整。

案例分析

DHL快递采购计划的编制

DHL主要通过市场采购取得所需物资,因此,编制物资采购计划,是一项很复杂很细致的工作,它大体分为三个阶段。

1.准备阶段

当接到上级物资主管部门布置编制物资采购计划的通知以后,或按惯例到达该编制下期物资采购计划的时候,编报部门就要结合DHL快递的实际情况,进行多项准备工作。

(1)发动员工(特别是采购员、推销员这些了解市场情况的员工)

群策群力,把经济责任、经济效果和经济效益紧密地结合起来,共同为完成DHL快递生产任务,降低成本,增加利润而编好计划。参加编制计划的人员,一定要在保证使用功能的前提下,以努力降低物资费用成本为原则,审定所要购买的物资。

(2)做好内部资料的搜集、准备工作

向有关车间和科室了解物资的需求情况,包括从生产部门了解年度生产计划及季度、月份各种产品的生产进度和安排;从技术部门了解产品加工工艺、物资消耗定额及外购件的种类和数量,确定所需物资品种规格,编制或修订物资供应目录;从技术、经济和供应三方面了解过去所选物资品种是否合理。分析上期物资采购计划执行情况,总结经验教训。同时,发动员工挖掘物资潜力,修订物资消耗定额;预计期末库存,以利于做好物资平衡。

(3)向外部搜集有关资料

了解如产品样本、出厂价格、产品质量、运费、市场货源、市场价格、产地、规格、数量等情况,以便有选择地安排计划。正确地选择物资品种,应考虑以下几个因素:

①选用的物资必须能保证生产的产品质量,或符合国家技术标准,或符合合同中规定的技术标准。

②选用的物资品种规格,应尽量立足于国内,且充分考虑就近取材的可能性。

③尽量选用资源丰富、价格低廉的材料代替稀缺、贵重材料,用工业原料代替农业原料。

④充分考虑物资的规格化、标准化,尽可能减少物资选用的品种、规格。

⑤物资规格、尺寸,要有利于减少生产中的废料数量。

⑥选用的物资,应尽可能保证生产中有较高的劳动生产率和设备利用率。

(4)对选定的物资进行审查

主要是研究每项决定在技术、经济和供应条件方面是否合理。

2. 平衡阶段

物资平衡主要是指资源与需要在数量、品种、规格上的平衡,以及各类物资之间的平衡衔接。一般企业的物资平衡的实质就是企业最后确定的采购(申请)量,即通过计算企业计划期内各物资的需用量和计划期初库存量、期末储备量来确定企业计划期内的采购量。

某种物资的平衡余缺 = 该种物资的需用量 + 期末储备量 − 期初储备量 − 企业内部可利用的资源。

3. 编制采购计划

物资采购计划都是由下而上地进行编制,各级物资申请单位可按生产、基建、市场需要等不同情况,提出计划期需用量,编制出物资申请计划,并按规定时间、要求逐级汇总上报。基础单位的物资申请计划是上一级单位申请采购计划的基础,所以一定要如实填报。

物资采购计划作为各物资申请单位的物资采购量的汇总,其表格形式类似于物资平衡表,只是两者的目标不同。

物资平衡表强调的目标仅仅是如何确定物资的平衡余缺,而物资采购计划更侧重于采购量的确定和各项物资的品种规格。物资采购计划经企业领导审批后,可作为采购物资的依据。

物资采购计划除了按一定的表式用数字反映计划指标的安排外,还必须以文字说明,这就是采购计划的编制说明。通过编制说明的编写,可以使企业领导和上级机关更具体地了解计划的安排情况和依据;可以把计划的指导思想和依据,以及执行计划的措施,作进一步分析归纳,使之条理化、系统化。采购计划编制说明所应用的材料,数据要准确,文字应力求条理清楚、简明扼要。同时,要防止只是罗列数字或简单地解释指标。编制说明的主要内容包括:

①前期采购计划的预计完成情况,执行计划中的突出问题。这是编制本期计划的参考依据,因此在编制说明中要作简要的说明。

②计划期资源形式的估计和计划安排的依据。这是编制说明的主要部分,在深入分析资源和市场供求变化的基础上,结合各项政策,说明编写计划的指导思想、各主要采购指标、主要物资安排的原则和依据,以及国民经济有关部门衔接平衡的问题。

③根据加速物资周转和提高 DHL 快递经济效益的要求,提出组织采购计划实施的主要措

施和建议。同时,也可以对领导提出要求和建议,以保证本期采购计划的顺利实现。

【思考】

(1) 简要说明 DHL 采购计划编制的基本内容。

(2) 简要说明 DHL 采购计划编制的流程。

(3) DHL 在编制采购计划过程中有哪些可取之处?存在哪些问题?

自 测 练 习

1. 选择题

(1) 下列不是定性预测法的是(　　)。

　　A. 市场调研法　　B. 销售人员意见法　　C. 指数平滑法　　D. 德尔菲法

(2) 定量订货法预先确定的指标是(　　)。

　　A. 订货点　　B. 订货批量　　C. 安全库存量　　D. 最高库存量

(3) MRP 系统输出的,用于指导采购工作的数据是(　　)。

　　A. 主生产计划　　B. 制造任务单　　C. 外购订单　　D. 配送计划

2. 判断题

(1) 独立需求是企业各部门的需求,相关需求是与企业生产经营相关的需求。　(　　)

(2) 采购预算就是将采购计划用金额表示。　(　　)

(3) 定期订货法比定量订货法好。因为,定期订货法不需要经常检查库存,可以节约企业的成本,是最经济的订货方法。　(　　)

3. 简答题

(1) 简述德尔菲法的特点和步骤。

(2) 简述采购数量确定的方法。

(3) 简述采购批量、采购时间确定的方法。

4. 计算题

(1) 某机械厂每年需甲零件 30000 个,该零件的单位购买成本是 20 元,每次订购成本是 240 元,每个零件的年储存保管成本为 10 元。求该零件的经济订购批量及每年订货次数。

(2) 某制造公司每年需采购某零件 8000 件,该零件的单位购买成本是 10 元,每次订货的订购成本为 24 元,每件零件每年的储存成本为 3 元。如订货提前期为 10 天,一年有 250 个工作日,求经济订货周期和最高库存量。

项目三　交易条件决策

【学习目标】
1. 理解采购交易条件控制的关键点。
2. 熟悉采购商品质量管理的保证措施。
3. 能够确定商品质量标准,掌握商品质量检验的常用方法。
4. 熟悉供应商定价策略,能够制定采购价格。
5. 能够选择合适的采购进货方式。

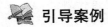引导案例

采购害了齐二药

2006年4月,广州中山大学附属三院65名陆续使用齐齐哈尔第二制药有限公司(以下简称齐二药)生产的亮菌甲素注射液的患者,部分出现了肾衰竭等严重症状,其中13名患者最终死亡。

原来,齐二药的物料采购出了问题:

2005年10月,负责采购的钮忠仁和副总经理郭兴平,违反物料采购应派人对供货方进行实地考察和要求供货方提供样品进行检验等相关规定,在未确切核实供应商王桂平的供货资质的情况下,经郭兴平同意,决定向王桂平采购。在交易中,由于商品质量控制不当,钮忠仁向王桂平购入了1吨由二甘醇冒充的丙二醇。

化验室主任陈桂芬说:"我发现药品相对密度有问题,与药典标准不符。主管领导朱传华指示按药典的'高限'开合格证书。我以为相对密度高就是里面可能有杂质,会含点水,根本没想到它不是丙二醇,而是别的东西。"

2008年6月,"齐二药假药案"宣判,齐二药倒闭。

(案例来源:http://www.gd.xinhuanet.com/ztbd/gzqeyl,并作改编。)

在采购中,采购方作为有主动权的一方必须清楚双方的交易条件。这些交易条件既有商品本身的条件,如商品品种、型号、规格、数量、商标、外形、款式、色彩、质量标准、包装等;也有商务方面的条件,如价格、交货时间与方式、付款方式、违约责任和仲裁等条件。这些条件构成了采购合同的主要条款,是交易的基础。

本项目主要就影响交易的主要条件,即采购商品的质量、价格及进货等条件进行分析。其他条件随采购对象的不同而有较大的差异,在此不予赘述。

任务一 采购质量控制

质量是企业生存发展的命脉,而采购正是把握好企业生产、销售质量关的源头。

一、采购商品的质量

随着社会经济、科学技术和生产技术的发展,人们对质量的认识也在不断地完善和深化。国际标准化组织发布的 ISO9000:2000 标准《质量管理体系——基本原则和术语》,比较科学、严格地把质量定义为"一组固有特性满足要求的程度"。

1. 采购商品的类型

"采购产品(或商品)"不仅包括有形产品,还包括无形产品。ISO9000:2000 标准从质量管理的角度,把产品划分为以下 4 种类别:

①硬件。具有特定形状的可分离的有形产品,一般由制造的、建造的或装配的零件、部件或组件组成,如机床、家用电器、木材等。硬件通常是有形产品,并具有计数的特性。

②软件。通过承载媒体表达的信息组成的一种知识产物,如概念、知识、驾驶手册、计算机软件等。软件通常是无形产品,并可以以方法、记录和程序的形式存在。

③流程性材料。通过将原材料转化为某一预定状态所形成的有形产品,如燃料、润滑油、冷却液等。其状态可以是固体、液体或气体,并具有计量的特性。

④服务。为满足顾客的需要,供方和顾客之间接触的活动,即从供方内部活动所产生的结果,如运输服务等。服务是一种无形产品,在提供服务的过程中,有形产品也常成为服务的组成部分。

值得注意的是,当产品由其他不同类别的产品(或材料)构成时,产品类别取决于其主导成分。例如,外供产品"汽车"是由硬件(如发动机)、流程性材料(如汽油、冷却液)、软件(如发动机控制软件、驾驶员手册)和服务(如销售人员所做的操作说明)所组成的,汽车的主导成分是硬件,所以,常把其作为硬件产品。

2. 商品的质量特性

商品的质量特性有多种,每种质量特性对产品质量都有贡献,但其重要性不同,而且会由于用途不同而发生变化;产品的类别不同质量特性也不同。硬件和流程性材料的产品质量特性大致有 7 个方面:

①性能。指产品能满足用户使用目的所具有的技术特性,它综合反映了顾客和社会对产品功能的要求。如载货汽车的载重量、速度、功率;金属切削刀具的硬度、强度、切削效率等。它一般包括使用性能和外观性能。

②可信性。它是一个集合性术语,是与时间有关的质量特性,反映产品的可用程度,具体表现为可用性、可靠性、维修性和维修保障性。

③安全性。反映产品在储存、流通和使用过程中不发生由于产品质量而导致的人员伤亡、财产损失和环境污染的能力。它是一个最具刚性的指标,一般要严格加以保证。

④适应性。反映产品适应外界环境变化的能力。

⑤经济性。反映产品合理的寿命周期费用。

⑥时间性。反映在规定时间内满足顾客对产品交货期和数量要求的能力,以及满足顾客要求随时间变化而变化的能力。

⑦可追溯性。追溯所考虑产品的历史、应用情况或所处场所的能力,一般涉及原材料和零部件的来源;加工历史、产品交付后的分布和场所。

商品的质量有明示和隐含之分。明示的质量符合法律法规、文件或合同中阐明的要求;隐含的质量符合一般惯例或习惯的要求。采购方可以根据需要提出自己的要求。

3. 采购商品的质量要求

采购商品质量的好坏,直接影响到企业最终产品的质量。按照朱兰的质量管理理论:"质量是一种合用性","合用"就是产品在使用期间能满足使用者的需求。所以,采购品的质量并不是越高越好,合用是采购质量的基础。

【小资料3-1】

"质量控制"中的"控制"表示一种管理手段,包括制定质量标准,评价标准的执行情况,偏离标准时采取的纠正措施,安排改善标准的计划四个步骤。

二、确定采购商品的质量标准

质量标准是产品生产、检验和评定质量的技术依据。商品的质量标准有不同的等级,具体使用什么标准,可以在交易合同中明示,如果合同没有指出具体标准,商品的质量应该符合国家或国际通用标准。

【小资料3-2】

质 量 标 准

产品的质量标准有不同等级,从标准的适用范围和领域来看,主要包括:国际标准、国家标准、行业标准(或部颁标准)和企业标准等。

1. 国际标准

国际标准是指国际标准化组织(ISO)、国际电工委员会(IEC),以及其他国际组织所制定的标准。其中 ISO 是目前世界上最大的国际标准化组织,它成立于1947年。ISO 现已制定了10300多个标准,涉及各个行业绝大多数的产品。IEC 也是比较大的国际标准化组织,它主要负责电工、电子领域的标准化活动。

2. 国家标准

国家标准是针对需要在全国范围内统一的技术要求,由国务院标准化行政主管部门制定的标准。国家标准分为强制性标准(GB)和推荐性标准(GB/T)。强制性国家标准是保障人体健康、人身、财产安全的标准,以及法律和行政法规规定强制执行的标准;推荐性国家标准是指生产、检验、使用等方面,通过经济手段或市场调节而自愿采用的标准。但推荐性国家标准一经接受并采用,或各方商定同意纳入经济合同中,就成为各方必须共同遵守的技术依据,具有法律约束性。

3. 行业标准

行业标准又称为部颁标准,由国务院有关行政主管部门制定并报国务院标准行政主管部门备案,在公布国家标准之后,该项行业标准即行废止。当某些产品没有国家标准而又需要在全国某个行业范围内统一技术要求,则可以制定行业标准。

4. 企业标准

企业标准主要是针对企业生产的产品没有国家标准和行业标准的,制定标准作为组织生产的依据而产生的。企业的产品标准须报当地政府标准化行政主管部门和有关行政主管部门备案。已有国家标准或者行业标准的,国家鼓励企业制定严于国家标准或者行业标准的企业标准。企业标准只能在企业内部使用。

三、确定采购商品的质量检验方法

质量检验是保证采购商品质量的控制环节。根据检验结果,按照规定的判断准则,判定整批商品是否合格,是决定接收还是拒收该批产品的重要依据。质量检验的方式较多,可以根据需要,选择适合采购需要的质量检验方法。

1. 全数检验与抽样检验

根据检验的数量特征,交易中可以选择全数检验,也可以选择抽样检验。

(1) 全数检验

全数检验是对一批待检产品全部进行检验,简称为全检。这种检验方式能够提供较全面的质量信息,比较可靠。如果不考虑漏检和错检,希望得到100%合格品的唯一可行办法就是进行全检,甚至一次以上的全检。所以,实施全检的商品一般是精度要求高,或批量不大,质量无可靠保证的商品。

全检的缺点是:检验工作量大、周期长、成本高,对检验人员和检验设备要求较多,存在较大的漏检率和错检率,不适合破坏性的检验项目。

【小资料3-3】

漏检错检的产生

由于检验人员长期重复检验的疲劳,工作枯燥,检验人员技术检验水平的限制,检验工具的迅速磨损,可能导致较高的漏检率和错检率。据国外统计,这种漏检率和错检率有时可能会达到10%~15%。

(2) 抽样检验

抽样检验是从交验的一批商品中随机抽取部分样品进行检验。抽样检验可以节约检验的工作量、费用,缩短检验周期,减少检验人员和设备。选择有代表性的样本是抽样检验的关键。

抽样检验存在一定的错判风险,其适用范围是:生产批量大,自动化程度高,产品质量比较稳定的商品;带有破坏性检验的商品;外协件、外购件成批的验收检验;某些生产效率高,检验时间长的商品;检验成本太高的商品;少量不合格漏检不会引起重大损失的商品。

2. 感官检验、理化检验与生物学检验

(1) 感官检验

感官检验是凭借人的感觉器官对商品的质量进行评价和判断。例如,检验商品的形状、颜色、味道、气味、伤痕、老化程度等,可以凭借人的视觉、听觉、触觉和嗅觉等感觉器官进行检查。感官检验法简单、快速、有效、成本低,尤其是对于那些还不能用仪器检验的商品更加实用。例如,食物原料可使用感官检验,见表3-1。

食物原料感官检验表 表3-1

检验方法	检验内容	判断原料的品质	实例
视觉检验	原料的形态、色泽、清洁程度	判断原料的新鲜程度、成熟度及是否有不良改变	新鲜的蔬菜茎叶挺直、脆嫩、饱满、表皮光滑、形状整齐;不新鲜的蔬菜干缩萎蔫、脱水变老
嗅觉检验	鉴别原料的气味	判断原料是否腐败变质	核桃仁变质后产生哈喇味;西瓜变质带有馊味
味觉检验	检验原料的滋味	判断原料品质的好坏,尤其是对调味品和水果	新鲜柑橘柔嫩多汁;滋味酸甜可口;受冻变质的柑橘绵软浮水,口味苦涩
听觉检验	鉴别原料的振动声音	判断原料内部结构的改变及品质	根据手摇鸡蛋的声音,确定鸡蛋的品质好坏;检验西瓜的成熟度
触觉检验	检验原料的重量、弹性、硬度	判断原料的质量	根据鱼体肌肉的硬度和弹性,判断鱼是否新鲜

影响感官检验法准确性的因素较多,检验者的经验、身体状况,检验环境的光线、噪声等都会影响检验的准确度。

(2)理化检验

理化检验是借助物理、化学的方法,使用某种测量工具或仪器设备(如千分尺、游标卡尺、显微镜等)进行检验。理化检验能够得到具体的数值,人为误差小,因而有条件时,要尽可能地采用理化检验。

(3)生物学检验

生物学检验是指使用组织学分析法、生物实验法、显微镜观察法等手段检验商品的成分、结构等技术指标。生物学检验大量运用于食品、药品、化妆品和冷冻品等商品的检验与鉴定。

【小资料3-4】

真假矿泉水识别

随着人们生活水平和保健意识的提高,矿泉水作为日常饮料已成趋势。有不少厂家经营者为了赚钱,用浅井水或自来水加糖精、水果香精、色素配制成"三精水"假冒天然矿泉水、果汁矿泉水和人参矿泉水等。正宗的饮用天然矿泉水,应是无色、透明、无异物(允许有少量矿物盐沉淀)、无异味,并具有该种矿泉水的特征口味。

同时,瓶身都必须标有品名、产地、厂名、注册商标、生产日期、批号、容量、主要成分及含量、保质期或保存期限、监制单位等。而假冒矿泉水大都加了着色添加剂,商标标识也比较简单,缺乏矿泉水清凉爽口、无味(碳酸型矿泉水略有苦涩味)的特征口味。

3.破坏性检验与非破坏性检验

根据检验后检验对象的完整性特点,可以选择破坏性检验或非破坏性检验。

(1)破坏性检验

有些产品的检验带有破坏性,产品检验后本身不复存在或是被破坏得不能再使用了。例如,炮弹等军工用品的爆炸试验、电子管或其他元件的寿命试验、布匹材料的强度试验等都属于破坏性检验。破坏性检验只能采用抽检的形式,其主要矛盾是如何实现可靠性和经济性的统一,也就是寻求一定可靠又使检验数量最少的抽检方案。

(2)非破坏性检验

非破坏性检验就是检查对象被检查后仍然完整无缺,丝毫不影响其使用性能。例如,机械零件的尺寸等大多数检验,都属于非破坏性检验。现在由于无损检测的发展,非破坏性检验的范围在不断扩大。

四、采购商品的质量保证措施

采购商品的质量控制,要抓好交易前、交易中和交易后三大环节。

1. 培植现代质量管理理念,强化采购质量意识

随着经济一体化进程的加快及ISO9000族标准的普遍采用,质量管理领域发生了观念上的变革。为此,企业应培植现代质量管理理念,强化采购质量意识,树立"质量第一"、"预防为主"、"持续改进"、"协作精神"、"注重质量效益"、"顾客至上"等理念,增强关心采购质量的自觉性。

(1)增强领导层的质量意识

提高全员质量意识关键在于企业领导层的质量意识,只有领导决策层有了强烈的质量意识,高度重视采购质量工作,把质量管理作为企业经营中心工作,真抓实干,才能提高全员质量意识,形成强大的内在动力,不断提高采购质量。

(2)强化采购员质量意识

通过各种形式的学习、宣传,提高采购人员对采购商品质量重要性的认识,提高其学法守法的自觉性,使其严格按质量法规、质量标准做好有关工作,树立以质量为核心的职业道德,明确没有质量,企业就没有效益,个人就没有利益,从而不断增强质量意识。

2. 加强采购全过程质量管理

采购过程是商流和物流活动的完整结合,把控采购商品的质量,必须对采购的每一个环节进行控制,实行全过程质量管理。

(1)明确各部门的质量职责,建立相应的质量控制程序

采购质量并不仅仅是采购部门的事,还与设计技术、质量管理、检验及企业上层管理等部门有关。因此,应结合企业实际,明确质量职责,在分工的基础上配合与协作。一般来说,采购部门负责制订采购计划,实施采购质量管理与控制程序,确保供应商评价、采购资料、采购商品验证等活动均处于受控状态。质量管理部门负责采购商品质量认证、供应商质量管理水平与质量保证能力的审定、采购商品的进货检验及合格供应商资格的定期复审工作。设计技术部门根据采购商品对产品质量的影响程度进行分类,提供检验、试验规范,并负责合格供应商名单的批准。检验部门对送检的样品根据委托内容进行检验、试验和鉴定,并出具检测、鉴定报告。企业上层管理部门主要制定采购政策,和有关部门一起确定货源,制定不合格品的处理程

序,对供应商进行评级等。

(2)建立健全采购质量管理制度

保证采购商品质量必须制定严格的质量管理制度,以规范、约束与采购有关的人员行为,防止暗箱操作。对做出突出成绩的部门和人员应给予奖励,对个别有章不循、损公肥私、订人情货、采购质次价高甚至假冒伪劣商品给企业带来经济损失的人,应坚决处理,情节严重的应送司法机关处理,以保障采购质量管理工作有章可循,树立质量监督的权威性。

①实施"三统一分"制度。"三统"指所有采购商品统一采购验收、统一审核结算、统一转账付款;"一分"指费用分开控制。

②实施"五到位一到底"制度。"五到位"就是采购的每批商品必须由采购人、验收人、证明人、批准人、财务审核人在凭证上签字才算手续齐全;"一到底"即谁采购谁负责到底,包括价格、质量、使用效果都记录在案并经得起检查。

③建立起较完善的供应商质量管理制度。对供应商的选择、评定、审核都应建立完善的程序,严格按要求和标准执行。

④建立采购商品质量档案制度。建立采购商品质量档案有利于全面、动态地掌握采购商品质量,便于及时向供应商进行信息反馈,不断改进和提高商品质量。因此,采购方可以根据自身情况,有重点、有选择地对大宗、关键、技术性强的采购商品建立相应的质量档案。质量档案的内容要全面,主要包括商品的合格证、试验报告、化验单、使用说明书、验收记录、保管保养记录、出库检验记录、使用中发现的问题的处理意见等。要建立质量档案的管理制度,设置专人对质量档案进行管理,以供选择、优化供应商时参考。

⑤建立全过程、全方位质量监管制度。计划、审批、询价、招标、核算等所有采购环节都有监督,重点是对制订采购计划、供应商选择、供应商质量控制、质量验收四个环节的监管,以保证对供应商的选择和验收不降低标准,不弄虚作假。全方位监管是指行政监察、财务审计、制度考核三管齐下。

(3)加强对供应商的动态管理

提高采购商品的质量,需保证在合格的供应商名单范围内采购。为此,企业应按照采购要求,定期对供应商的质量稳定性、售后服务水平、供货及时性和供货保证能力进行综合评价,以确定供应商等级。对优秀的供应商继续保留或提高等级,对不好的供应商进行降级处理或从供应商名单中剔除,实现供应商质量管理的良好循环。

(4)严格把好质量检验关

采购商品的到货验收与检验是把好采购质量关的重要手段。

①质量检验人员应熟知质量采购标准、试验方法和质量评定规程,对于新标准,应认真宣传贯彻,弄清其技术原理。

②质量检验人员应按照采购标准中的取制样方法来取制样,确保选取样品的代表性。

③质量检验人员应按照采购标准中有关试验方法的各项要求,对采购商品进行检验。

④检验人员应将检验结果与采购标准中的技术指标进行比较,做出合格与否的判定,并根据检验结果签发合格证明。

⑤加强不合格品的控制。发现不合格品应及时记录,并采取标示、隔离、评审、处置、预防等措施。

3. 努力做好采购商品质量管理的基础工作

（1）做好采购品重要性分级

对采购商品进行重要性分级，可以对供应商采取不同程度的控制。分级的基本原则是采购商品对产品品质的影响程度，同时还应考虑对流动资金的占有量等因素。

①关键类（A类）产品。对产品质量有直接影响，对产品性能起决定作用。

②重要类（B类）产品。对产品质量有间接影响，对产品性能有一定影响。

③一般类（C类）产品。除以上两类以外的采购产品。

（2）做好信息管理工作

采购商品质量信息是进行采购质量决策的依据，是改进采购商品质量、改善采购各环节工作质量的最直接的原始数据，也是进行质量控制的基本依据。企业应做好采购商品质量信息的搜集、加工、存储和传递工作。

（3）提高采购人员的素质

采购工作是一项技术性和业务性都比较强的工作，采购商品的质量与采购人员的素质有一定的关系。采购人员不但要有高度的事业心和责任感，遵纪守法、坚持原则、秉公办事，而且要熟悉采购业务，掌握一定的商品学、材料学方面的知识，具有一定的"识货"技能。

采购员岗位应作为企业的关键岗位来对待。对采购员要有明确、严格的要求。例如，政治思想表现、职业道德、业务能力、技术水平、文化程度、工作年限、社交能力等都应达到一定的要求。对采购员应进行岗位培训，经考核合格，方能上岗。对采购员的聘用应引入竞争机制和激励机制，能者上，庸者下。对采购中及时发现质量问题并妥善处理，避免造成重大经济损失的人员，应予以奖励，对由于不负责或内外勾结采购假冒伪劣商品者给予惩罚并解聘。

4. 签订质量保证承诺书

通过签订质量保证承诺书来明确供需双方的义务，增强供货单位的责任感，消除进货单位对产品质量的担心，增强对自己利益的保障。质量保证承诺书可以由供需双方签订；通常，供应商为了增强自身的信誉也会单方面自觉承诺。

【小资料3-5】

质量保证承诺书

供货单位：_____（简称甲方）

进货单位：_____（简称乙方）

1. 甲方义务

①甲方应为具有药品经营（生产）许可证、营业执照及具有履行合同能力的法定企业，并应提供加盖签章的"一证一照"复印件给乙方。

②甲方所供药品必须符合国家药品法律、法规的规定。

③甲方应提供所销药品每个批号的检验报告书。

④甲方所供药品整件包装应具有合格证。

⑤进口药品应提供《进口药品检验报告书》及进口药品注册证复印件,并加盖甲方质管机构印章。

2. 乙方义务

①乙方提供加盖印章的药品经营许可证、营业执照复印件以证明本身的法定资格。

②到货验收合格后,乙方按规定期限付款。

3. 协议说明

①甲方提供的商品质量不符合规定,乙方有权拒收,并暂时代管,甲方应积极处理善后工作。在药品有效期内:甲方对其所销药品质量负责,如果质量不合格,甲方应承担全部经济损失,但由于因乙方储藏不当而造成的质量问题,由乙方承担损失。

②本协议与合同具有同等法律效力,一方违约,协商解决;协商不成,由当地人民法院裁决。

③本协议一式_____份,甲、乙双方各留_____份。本协议适用于电话购货、合同购货。

④本协议有效期_____年。

甲方(签章):　　　　　　　　　　　　　乙方(签章):
_____年_____月_____日　　　　　　_____年_____月_____日

【小资料3-6】

质量保证承诺书

本设备有限公司严格遵循ISO9001质量保证体系,产品完全按照先进的国际标准进行设计、制造、检验,并一贯秉承"质量第一、服务第一"的宗旨,从合同评审、原材料采购到产品出厂测试,层层把关,层层有记录,产品生产的各个质量控制环节记录具有可追溯性,决不让不合格的零件流入下一道工序,做到每台出厂产品100%合格。而在未来的合作过程中,将以优质、热忱、周到的售前、售中、售后服务让您感到物有所值。我公司郑重承诺,提供给的产品均为合格产品。

1. 组织保证措施

公司对本项目,专门抽调公司骨干人员组成项目小组,由销售部总经理负责本项目实施过程中全部生产进度和商务事宜;由技术总监负责生产技术、质量和产品开发事宜。

2. 合同货期保证措施

(1)设计进度控制

设计均采用CAD技术,并采用计算机选型软件,可迅速完成图纸设计。

(2)生产进度控制

现在,公司的生产组织已采用先进的GT、ERP系统,生产进度完全能满足项目要求。

3. 合同质量保证措施

公司多年来秉承"精心设计、严格生产、竭诚服务、确保质量、优化空间"的质量方针,视产品质量为公司的生命,并形成了一套独特的质量控制系统,包括对生产过程的控制、产品实体质量的控制和售后服务质量的控制。

(1) 生产过程的控制

按照 ISO9001 标准建立了科学的质量保证体系，以确保产品生产过程的工作质量。

(2) 产品实体质量

具体到设计阶段，设计图纸采用"三级审核制"，并在生产前请客户最后确认，确保不合格的设计图纸不投入生产；在制造过程的各个工序，均实行严格的质量检验制度，由专职质检员进行质量检验，保证不合格品不流入下道工序；在产品出厂前，专职检查员对产品进行严格的出厂检查，保证出厂产品的合格率为 100%。

(3) 售后服务质量

公司设有专门的售后服务部，人员有工程师和高级技师，并配有专用车辆和工具，凡有任何售后服务要求，可迅速到现场提供优质服务。

×××设备有限公司
二〇一四年六月十八日

5. 抓好采购质量控制的关键环节

(1) 采购质量控制必须从源头抓起

在选择合作伙伴时要慎之又慎，要对供应商经营规模、经营业绩、信誉程度、资质合法性等进行详细的调查、了解，在掌握其基本情况时再决定是否与之合作；如果仍不确定选用时，可采用样品试用或先签小部分订单方式，对供应商资信、质量进行深入了解后，再建立长期合作关系。

(2) 签订采购合同时要严谨

采购合同中必须明确所采购物资质量的特性要求、验收标准及出现不合格品的解决方法，必须预见到可能出现的任何问题，合同中应约定的事项必须要齐全，不能怕麻烦、怕啰唆，以免出现问题时不能有效地沟通解决，受制于供应商，给公司造成损失。尤其是验收标准及方法必须明确，出现不合格品的处理方法必须严格、可量化，这样才能确保供应商重视供货过程，确保物资采购质量。

(3) 严格把住验收关

验收是企业利益得失的一道闸门，必须严格控制。验收人员要明确相关的验收标准、方法，并掌握相关的技能，根据物资特性的不同通过检斤、检尺、化验、试验、外观检查、核对说明书等方法进行检验。有合同约定的，必须严格按照合同约定条款进行验收。发现不合格或不符合时应立即向采购部门汇报，采购部门应立即与供应商沟通，对不合格事实进行确认后按合同条款处理。同时，采购部门应对供应商供货质量进行统计，经常出现供货质量事件的供应商可考虑将其剔除供方名录。

(4) 采用竞争机制，建立战略合作供应商队伍

供应商选用是一个动态的过程，要建立相关的考核机制，对供应商队伍不断进行更新，优胜劣汰。要对订单进行有效分解，通过供货过程，发现优秀的、适合企业的供应商，以稳定采购质量。久而久之，便能建立起一支与采购方同呼吸、共命运，能够伴随采购方共同成长的战略合作供应商队伍。

任务二　采购价格控制

在交易条件中,双方谈判的价格决定了采购成本的高低。所以,在保证采购质量前提下,降低采购成本的关键就是控制采购价格。

一、采购价格概述

1. 采购价格构成

采购价格是指企业进行采购作业时,通过某种方式与供应商之间确定的所需物品和服务的价格。它由所购物品的生产成本、流通费用、税金和利润四个部分构成。

(1)生产成本

生产成本主要指在生产过程中使用的机器设备等固定资本折旧、原材料、辅助材料、电力等费用,以及生产工人、管理人员等的劳动报酬。

(2)商品流通费用

商品流通费用是发生在商品流通环节的费用,它参与不同环节商品价格的形成。如果由供应商送货,这一部分费用就构成商品的购进价格;如果不由供应商送货,这一部分费用就不构成商品的购进价格。

(3)税金

税金是按照《税法》向国家缴纳的一部分企业利润,是国家积累资金的一种重要形式。无论经营是否盈利,企业都必须足额上缴应纳税金。

(4)利润

利润是企业创造的纯收入,是国家积累资金的另一种形式,其中一部分留作企业生产基金,作为企业发展的基础;一部分用于福利,以提高企业职工的生活水平。

2. 采购价格种类

交易条件不同,采购价格也不同。交易中常见的价格形式有送达价、出厂价、现金价、期票价、现货价、合约价、净价、毛价等。它们各有各的特点,见表3-2。

采购价格分类及特点　　　　　　　　　　　　　　　　　　表3-2

采购种类	概　念	特　点
送达价	是指供应商报价中包含负责将商品送达企业仓库或指定地点的各种费用	包括了货物抵达买方之前的一切运输费、保险费、进口关税、报关费等
出厂价	供应商的报价中不包括运送责任,采购商需自提货	通常在供应商不提供免费运送服务或运费偏高时采用
现金价	以现金或相等的方式支付货款。即一手交钱,一手交货	可使供应商免除交易风险,享受现金折扣
期票价	采购方以期票或延期付款的方式采购商品	通常供应商会把延期付款期间的利息加在售价中

续上表

采购种类	概　念	特　点
现货价	每次交易时,由供需双方重新议定价格	此方式采用最为频繁,可避免价格波动的风险
合约价	买卖双方按照事先议定的价格进行交易	价格议定在先,会造成合约价与现货价的差异,发生利害冲突
净价	又称为实价,采购方实际支付的代价	采购方不再支付任何货款以外的交易费用
毛价	供应商的报价,可以因某些因素加以折让	如采购空调设备时,供应商的报价已包含货物税

二、采购价格影响因素

影响采购价格的因素主要有以下7个方面:

(1)供应商成本的高低

这是影响采购成本最根本、最直接的因素。供应商生产经营的目的是获得一定的利润,因此,采购价格一般在供应商的成本之上,两者之间的差额即为供应商的利润,供应商的成本是采购价格的底线。

(2)规格和品质

采购方对采购品的规格要求越复杂,采购价格就越高。同规格的物品,质量越好,价格就越高。

(3)采购品的供需关系

当采购品为紧俏物资时,供应商处于主动地位,便会乘机抬高价格;当采购品供过于求时,采购方处于主动地位,可以获得最优的价格。

(4)生产季节与采购时机

当企业处于生产旺季时,对原材料需求紧急,因此不得不承受较高的价格。避免这种情况的最好办法是提前做好生产计划,并根据生产计划制订出相应的采购计划,为生产旺季的到来提前做好准备。

(5)采购数量多少

采购数量具有杠杆效应,采购数量越大,对供应商的吸引力就越强,采购方享受的数量折扣就会越多,从而降低采购的价格。

(6)交货条件和付款条件

非价格因素也是影响采购价格的重要因素,如交货条件和付款条件。交货条件主要包括运输方式、交货期的缓急等,不同的交货时间、交货地点直接影响着采购费用及风险,决定着采购价格的高低。在付款条件上,是否有折扣,现金还是期票交易等都会影响采购价格。

(7)采购方的议价能力

根据波特的五力分析模型,采购方的议价能力既决定交易双方竞争能力的强弱,又决定采购价格的高低。采购方的议价能力受内部需求和外部市场的直接影响。

此外,市场的类型、经济环境、卖方的定价战略、供应地区的差异及包装情况也都或多或少地影响着采购价格。

三、理解供应商的定价策略

1. 成本导向定价法

成本导向定价法又叫成本加成定价法,是指供应商以产品的成本为基础,再加上一定的利润和税金而形成价格的一种定价方法。成本导向定价法简便易行,是现阶段最基本、最普遍的定价方法。由于作为定价基础的成本分类繁多,因此以成本为基础的定价方法也多种多样,主要包括以下几种:

(1)完全成本导向定价法

完全成本导向定价法是将产品的完全成本(固定成本+变动成本),加上一定的目标利润(不考虑税金),然后除以产品产量,从而得出单位产品的价格。

$$商品价格 = (固定成本 + 变动成本 + 目标利润)/产量$$

或 $$商品价格 = 单位产品的完全成本 \times (1 + 目标利润率)$$

[例3-1] 某电视机厂生产2000台彩色电视机,总固定成本为600万元,每台彩电的变动成本为1000元,确定目标利润率为25%。请用总成本加成定价法确定其价格。

解:

$$单位产品固定成本 = 6000000 \div 2000 = 3000 元$$
$$单位产品变动成本 = 1000 元$$
$$单位产品总成本 = 3000 + 1000 = 4000 元$$
$$单位产品价格 = 4000 \times (1 + 25\%) = 5000 元$$

完全成本导向定价法计算简单,可以让供应商预先了解利润的数量,有利于核算、补偿劳动消耗,在正常情况下,能够获得预期收益。但这种定价方法以个别成本为基础,忽视产品市场供求状况,缺乏灵活性,通常不大适应复杂多变的市场供求。当利润不变时如果供应商个别成本高于社会平均成本,产品价格就会高于市场平均价格,势必影响其销售;如果供应商的个别成本低于社会平均成本,则产品价格低于市场平均价格,又无形中抛弃了部分可以实现的利润。

(2)边际成本导向定价法

边际成本导向定价法,又叫边际贡献导向定价法,是抛开固定成本,仅计算变动成本,并以预期的边际贡献补偿固定成本以获得收益的定价方式。边际贡献是指供应商增加一个产品的销售,所获得的收入减去边际成本后的数值。如果边际贡献不足以补偿固定成本,则出现亏损。

$$价格 = 变动成本 + 边际贡献$$
$$边际贡献 = 价格 - 变动成本$$
$$利润 = 边际贡献 - 固定成本$$

边际成本导向定价法适用于竞争十分激烈、市场形势严重恶化等情况,目的是减少供应商损失。在供过于求时,若坚持以完全成本价格出售,就难以为采购方所接受,会出现滞销、积压,甚至导致减产、停产,不仅固定成本无法补偿,就连变动成本也难以收回;若舍去固定成本,尽力维持生产,以高于变动成本的价格出售产品,则可用边际贡献来补偿固定成本。

(3)目标成本导向定价法

目标成本导向定价法是以企业期望可达到的成本目标作为定价基础的定价方法。目标成本是指供应商依据自身条件,在考察市场营销环境,分析并测算有关因素对成本的影响程度的基础上,为实现目标利润而规划的未来某一时间的成本。目标成本加上目标利润(不考虑税金),然后除以产品产量便是产品单价。

$$价格 = (目标成本 + 目标利润)/总产量$$

$$价格 = 目标成本 \times (1 + 成本加成率)/总产量$$

[例3-2] 企业的生产能力为100万个产品,估计未来时期能保证80%的生产能力,生产、出售商品的总成本估计为1000万元,公司的目标利润率为20%。求公司产品定价。

解:

$$可生产产品 = 100 \times 80\% = 80 万个$$
$$目标利润 = 总成本 \times 目标利润率 = 1000 \times 20\% = 200 万元$$
$$总收入 = 总成本 + 目标利润 = 1000 + 200 = 1200 万元$$
$$目标价格 = 总收入/总产量 = 1200 万元/80 万 = 15 元$$

目标成本是供应商在一定时期内需经过努力才能实现的成本。因此,以此为导向的定价方法有助于供应商以积极的综合措施控制并降低成本,比较符合供应商的长远利益。但目标成本是预测的,在具体实施过程中,若对影响成本的目标因素预测不准,极易导致定价工作失败。

2. 需求导向定价法

需求导向定价法以消费者的需求强度及对价格的承受能力为依据定价,是供应商根据市场需求状况和采购方的不同反应分别确定产品价格的一种定价方式。其特点是平均成本相同的同一产品价格随需求变化而变化。

需求导向定价法一般是以该产品的历史价格为基础,根据市场需求变化情况,在一定的幅度内变动价格,使同一产品可以按两种或两种以上价格销售。这种差价可以因采购方的采购能力、对产品的需求情况、产品的型号和式样,以及时间、地点等因素而采用不同的形式。

3. 竞争导向定价法

竞争导向定价法以同类竞争产品的价格为基本依据,是供应商根据市场竞争状况确定产品价格的一种定价方式。其特点是价格与成本和需求不发生直接关系。

竞争导向定价法的具体做法是:供应商在制定价格时,主要以竞争对手的价格为基础,与竞争品价格保持一定的比例。只要竞争品价格未变,即使产品成本或市场需求变动了,也应维持原价;竞争品价格变动,即使产品成本和市场需求未变,也要相应调整价格。

4. 生存导向定价法

当环境恶化时,企业的生存比利润更重要。为了保持企业继续开工,使存货减少,企业必须制定一个低价以保证企业生存下来。

5. 生命周期定价法

产品的市场生命周期可分为进入期、成长期、成熟期和衰退期。不同时期,供应商的定价策略也不同。

(1)进入期

若新产品具有品质高且不易被模仿的特点,供应商常选择撇脂定价策略,即高价打入市场,迅速收回投资成本;若新产品的需求弹性较大,供应商常选择渗透性定价策略,即低价薄利多销,尽快使产品打入市场,迅速占领市场份额。

(2)成长期

规模大的知名企业可选择价格略有提高的策略,继续获取高额利润;而规模较小的企业应以实现预期利润为目标,选择目标价格策略。

(3)成熟期

市场需求趋于饱和,竞争趋于白热化,供应商宜选择竞争价格策略,即采用降价的方法达到抑制竞争、保持销量的目的。

(4)衰退期

产品面临被更优品质、性能的新型产品取代的危险,供应商可选择小幅逐渐降价,平稳过渡的价格策略,同时辅之馈赠、奖励等非价格手段促销;若产品技术更新程度高,甚至可以选择一次性大幅降价策略,迅速退出市场。

6. 随行就市定价法

随行就市定价法是指供应商按照行业的现行价格水平来定价。该方法适用于两种情况:一是供应商难以估算成本;二是供应商打算与同行和平共处。不论是完全竞争型市场,还是寡头竞争型市场,随行就市定价都是同质产品市场的惯用定价方法。

理解供应商的定价策略,可以为我们确定价格基点,进行价格谈判打下基础。

四、采购价格折扣

为了鼓励顾客及早付清货款、大量购买、淡季购买,供应商往往会给予一定的价格折扣。

1. 现金折扣

现金折扣又称付款期限折扣,是卖方为了鼓励买方在规定期限内早日付款,而按原价给予一定折扣的价格削减方式。交易条件应包括:折扣期限、折扣率、付清全部货款时间等规定。

例如,"2/10,1/20,n/30",意思是支付期限或信用期是 30 天,但如果对方在 10 天内付款,就可以给予 2% 的折扣,20 天内付款给予 1% 的折扣,20 天以后付款没有现金折扣,最迟的付款期为 30 天。

这种做法,主要是为了鼓励顾客按期或提前支付款项,提高企业的收款率,加快企业的资金周转,减少公司的收款成本,预防坏账。当然,这类折扣必须向所有符合条件的顾客提供,以体现公平性。

2. 数量折扣

数量折扣是用来鼓励顾客大量购买的让价行为,销售商根据顾客购买数量和金额总数的差异而给予其不同的价格折扣。

例如,商家经常打出量大薄利多销的策略:购买 1000 件以内,100 元一件;购买 1000～1500 件,95 元一件;购买 1500 件以上,90 元一件。

数量折扣是由较低的单位成本而形成的价格的减少,它通常与大量采购联系在一起。作为采购方,通常利用价格的这种减少来形成生产的规模经济,如在较长的生产期内分摊生产准备成本。数量折扣在供应商价格表上反映为"间断性价格",价格表取决于订购的数量。

3. 季节折扣

季节折扣又称季节差价,是公司对在淡季购买产品或服务的顾客的一种让利行为。主要适用于具有明显淡旺季的商品。另外,有些商品的生产是连续的,而其消费具有明显的季节性。为了调节供需矛盾,这些商品的生产企业便采用季节折扣的方式,对在淡季购买商品的顾客给予一定的优惠,使企业的生产和销售在一年四季能保持相对稳定。例如,啤酒生产厂家对在冬季进货的商业单位给予大幅度让利,羽绒服生产企业则为夏季购买其产品的客户提供折扣。

季节折扣比例的确定,应考虑成本、储存费用、基价和资金利息等因素。季节折扣有利于减轻库存,加速商品流通,迅速收回资金,促进企业均衡生产,充分发挥生产和销售潜力,避免因季节需求变化所带来的市场风险。

4. 折让

折让是另一种类型的价目表价格的减价。折让有两种常用形式:推广折让和运费折让。

(1) 推广折让

当中间商采取积极措施推广产品,促进产品的销售时,生产商也会对其提供一定的价格折让,鼓励其行为,这就是推广折让。

例如,"50/99%,100/95%,150/90%",即中间商推广出去50件产品时,生产商就为其返回1%的折扣,原有产品就以99%的进价销售给中间商;同样地,当中间商推广出去100件产品时,生产商就为其返回5%的折扣,原有产品就以95%的进价销售给中间商;中间商推广出去150件产品时,生产商就为其返回10%的折扣,原有产品就以90%的进价销售给中间商。

(2) 运费折让

一个企业的产品,不仅销售给当地顾客,同时也有外地的消费市场。销售给外地时,就需要把产品从产地运到顾客所在地,此时就需要一定的运输费用。运费折让是当购买者承担产品部分或全部的运输费用时,生产商在价位上给予其一定让利的行为。当产品需要销往较远地区或国际市场时,产品的运输成本很高,此时如果购买者有自己的采购部门与运输设备,愿意自行解决运输问题时,那么销售商就可以在价格上进行折让,来弥补对方的运输费用。

当然,销售商的折让幅度要适当,不能低于产品最低的运输成本,也不能高于公司减少产品运输环节所节省的成本。

5. 交易折扣

交易折扣是由某些价格表带来的成本的减少。这种价格表允许采购方对他们行使的特定的营销功能进行补偿。如交易成本"25-10-5"表明零售商获得了价格表上25%的折扣,批发商从零售商的采购价格中取得10%的折扣,制造商价格是批发商采购价格折扣5%。

例如,以100元的零售价为基础的"25-10-5"一系列折扣如下所示:

零售商折扣是100元×0.25=25元,采购价格是75元;

批发商折扣是75元×0.10=7.50元,采购价格是67.50元;

制造商折扣是67.50元×0.05=3.38元,采购价格是64.12元。

6. 功能性折扣

功能性折扣通常是企业对营销渠道中的成员因其所扮演的特殊功能与角色所给予的折扣。例如,中间商在产品分销过程中所处的环节不同,其所承担的功能、责任和风险也不同,企业据此给予不同的折扣,这种折扣就是功能折扣。对生产性用户的价格折扣也属于功能折扣。功能折扣的比例,主要考虑中间商在分销渠道中的地位、对生产企业产品销售的重要性、购买批量、完成的促销功能、承担的风险、服务水平、履行的商业责任,以及产品在分销中所经历的层次和在市场上的最终售价等。功能折扣的结果是形成购销差价和批零差价。

鼓励中间商大批量订货,扩大销售,争取顾客,并与生产企业建立长期、稳定、良好的合作关系是实行功能折扣的一个主要目标。功能折扣的另一个目的是对中间商经营的有关产品的成本和费用进行补偿,并让中间商有一定的盈利。

7. 不退货折扣

不退货折扣实际是买断商品的价格,是供应商对实行买断商品、不再退货的商场给予的价格优惠。

五、确定采购价格

无论是谈判还是招标,无论是比价还是定价,采购方都应该事先确定好自己的目标价位。采购方确定价格过程如图 3-1 所示。

图 3-1 采购价格的确定过程

1. 需求分析

需求的性质不同,对价格的敏感度也不同。因此,进行需求分析是采购方确定价格前的必修课。有的物料对采购方非常重要,缺少该物料将会对企业带来致命打击,而另外一些物料则不然。所以,采购方应该根据 80/20 规则、Kraljic 定位模型等理论,详细分析需求对企业的重要程度、紧急程度,以确定该物料的价格对采购的重要性。同时,需求所处的生命周期直接影响着供应商的定价策略。

2. 市场分析

市场分析是在市场调查的基础上进行的,市场调查既要掌握市场的性质,又要询价、比价,了解物品的价格。市场类型通常分为竞争型、垄断型、不完全竞争型和寡头垄断型,不同类型的市场对于采购价格的影响也不同,采购方必须清楚采购品的市场类型。

3. 预估底价

估价前,首先必须了解供应商定价方法,做到知己知彼。在此基础上进行价格分析,常用的分析方法有:来自其他供应商的竞争性方案、与公布的价格的对比、历史对比、基于折扣的价格分析和成本内部估算。尤其对于工业领域标准的原材料和组件的价格获取,采用这些方法效果较好。最后,预估底价,确定商品价格底线、期望值及最佳交易点,以便在谈判、招标中做到有的放矢。

4. 确定价格

价格的确定形式较多,询价比价法、谈判法、招标法、定价法甚至反向拍卖法都是可选方式。采购方应该在双赢的前提下,与供应商确定双方都能接受的合理价格。

案例分析

<h3 style="text-align:center">一味压低采购价格,问题随之而来</h3>

前不久,某公司将一位采购员提升为供应链业务经理。没过多久,就听到这位经理到处宣扬,他将一些零件从一家供应商转移到另一家,价格降低了多少幅度,每年能节省采购成本多少幅度。他还准备调整整个供应商群,将节省采购成本多少幅度。新官上任三把火,本来也没什么值得非议的,但其方式和方法却值得商榷。

首先来看看这位经理的降价方法:他专挑那些用量最大的零件,重新进行询价,这样的方法当然会得到好的价钱。但是他忘了,原供应商还有很多其他的零件在该公司使用,用量很低但价钱还维持在高用量时的水平,毫无疑问供应商在亏本,只能靠那些大用量的零件来弥补。

调整的直接结果是供应商的整体盈利大幅下降,该公司成为他们不盈利或少盈利的客户,其经营重心转移到其他更盈利的客户,导致供应商对该公司的按时交货率、质量和服务水平大幅降低。例如,在新经理上任之前,所有供应商的季度按时交货率都在96%以上;而新经理上任后没几个月,有好几家供应商的按时交货率均跌破90%。

其次,就是供应商对该公司失去信任。以前负责机箱制造商的供应链经理在接手这一块业务时发现,几个主要供应商基本处于亏本的状态:一方面是因为整体经济低迷,另一方面是由于多年来赤裸裸的压价。结果导致供应商既没经济能力、也没有动力负担工程技术力量,因为,开发出的新零件很可能在下一轮询价中转入竞争对手,这样直接影响公司开发新产品。

为提高供应商服务的积极性,前任经理采取的政策是:新零件在开发阶段经过一轮竞价后,进入量产阶段不再进行第二轮竞价。这样,供应商就不用担心辛辛苦苦帮助开发的成果转入到竞争对手手中,因此,在开发阶段都非常乐意投入工程技术支持,新产品的按时交货率也大幅度提高。有的供应商还替该公司专门设立技术人员,随时提供技术支持。新的供应链业务经理进行第二轮竞价,打破了这一政策的连续性,直接破坏了买卖双方的信任基础。

更典型的一个例子是,有一家供应商的部件没法转移给其他供应商来做,因为这组零件对最终产品的性能影响很大,更换供应商的风险大,需要重新进行供应商资格认证,而产品设计部门不愿花费时间和承担风险。那该怎么办?这位新上任的供应链经理采用了强势态度对待现有供应商:不管怎么样,降价15%,至于怎么降,那是供应商自己的事。

供应商没法在人工成本上省,那就只能在材料上下功夫。但是,主要原材料镍的价格在一年内翻了两倍,该供应商已经多次提出涨价要求。材料利用率上也没潜力可挖,因为供应商已经是多个零件一起加工,边角料的浪费也已经降到了最低。于是,找便宜材料成了供应商生存的唯一出路。

问题就出在这里。原来用的镍合金产自德国,价钱高,但质量好。法国产的同类镍合金价钱低,但技术性能与德国产的不一样。供应商为达到15%的降价目标,就采购法国产的镍合金。等零件装配到最终产品上,运给客户,客户反映性能不达标。这是大问题,影响到客户自己的生产线,耽误工时。这巨大的损失,即便是将这家供应商卖了也都不够赔。

产品部门兴师问罪,几百个产品已经发到全球各地,若更换零件,光零件的成本就是几十万,还有巨大的物流成本,同时客户的信任危机和未来生意损失等都是无法估量的。而有趣的是，这位供应链业务经理却认为通过降低采购价格帮助公司省了那么多钱，应该得到晋升才对。至于这么大的质量事故，他觉得这是质量部门的事，跟自己无关。

这问题表面上是质量事故，其实是个采购问题。采购的失职在于三个方面：

第一，制定15%的降价指标欠斟酌。干采购的人不会不知道供应商的大致利润率，尤其是在主要原材料价格翻倍的情况下。该供应商虽然是独家供货，但价格已经是最低了。当年发标，多家供应商竞标，找不到比这家供应商更低的价格。

第二，如此大幅度的降价，意味着存在很大的风险。采购部门需要分析风险，让公司当事人理解这些潜在风险，督促质量把关。采购为达到自己晋升的目标出此险招，又假定别的部门都知道是错上加错。用一位专业人士的话来说，不要把别人都当成神，认为他们都具有先知先觉的能力，而是要使自己尽量靠近神。

第三，最关键的是，采购部门没有试图与供应商合作来解决问题，而是把问题推给供应商。他的问题解决了，这家供应商的问题就来了，最后还是由采购方来买单。采购经理制造的问题多于解决的问题，这正是采购经理失职的地方。

降低成本是供应商管理的一大任务，但关键是要会适可而止。大公司对小供应商，降价往往就像海绵里的水，要挤大部分时候都能再挤出来，但是挤到极点，其他的问题就会出现。强势推行不是共同解决问题的方法，而是将把问题推给对方。偶然用之未尝不可，但系统地用，偶然性就成了必然性，供应商出问题也是迟早的事了。

此外，思量着晋升没什么错，"不想当将军的士兵不是好士兵"，但是还是要讲方式方法。正如一位专业人士所说，做一名优秀的采购员，最重要的是要战胜心魔，不为钱财出卖自己的良心，不为升官损害供应商的应得利益。算是说到点子上了。

（案例来源：http://www.chinawuliu.com.cn/zixun/201105/19/123626.shtml。）

【思考】

(1) 如果你是采购部门经理，你在采购过程中如何正确看待采购价格的高低？

(2) 你认为采购价格在供需双方担任什么样的角色？

任务三　采购进货管理

进货是将采购订货成交的物资由供应商仓库运输转移到采购方指定地点的过程。进货管理涉及进货方式的选择、采购风险的转移和采购成本的降低。把好进货管理关是采购风险控制的关键环节。

一、采购进货类型

采购进货方式主要有自提进货、委托外包进货和供应商送货三种方式。

1. 自提进货

自提进货是在供应商的仓库里交货，交货以后的进货过程全由采购方独家负责管理。自提进货的工作步骤主要有：

(1) 货物清点

即对货物的品种、规格、包装、数量和质量进行检验。检验的工作量很大,一旦疏忽,没有当面点清,事后供应商可以不负任何责任,造成的损失就全部由采购方承担。所以,进行此项工作时一定要认真、谨慎。

(2)包装、装卸、搬运上车

接收了货物,需要进行运输包装,然后搬运装车。包装形式及包装层次需要考虑货品的物理、化学性质,装卸搬运方式要求,运输方式要求,储存保管方式要求等。搬运装车质量的好坏,不仅直接影响货品安全和受损程度,还直接影响下一个运输环节的安全和运输质量。

(3)运输环节管理

该环节主要做好运输方式的选择,确定运输路径、运输时间、运输安全等方面的工作。

(4)中转环节的管理

中转包括不同运输方式之间的转接,不同运输路段的转接,中转地点的选择。中转增加了物流工作量、时间和费用,一般情况下尽量不中转或少中转。但是,良好的中转,也可以衔接长距离、大批量运输与近距离、小批量运输,节约成本。

(5)验收入库环节的管理

验收入库是进货环节的结束和保管环节的开始,存在采购工作和仓库保管工作之间的交接和责任划分的问题。该环节包括确定检验日期、通知检验人员检验物料、处理检验问题、采购物料的接收等。检验合格的物料交由仓库保管员接收入库,不合格的物料要及时报领导处理,以便做好责任划分和善后事宜。

2. 委托外包进货

委托外包进货是把进货管理的任务和进货途中的风险都转移给第三方物流公司。这时,供应方和采购商都得到了解脱,对供需双方都是一种最好最轻松的进货方式。该方式有利于发挥第三方物流公司的自主处理、联合处理和系统化处理的特点,可以提高物流运作效率、降低物流运作成本。

委托外包进货的关键主要是抓好"两次三方"的交接管理和合同签订管理控制工作,即:第一次交接是供应商和第三方物流公司的交接;第二次交接是第三方物流公司与采购方保管员之间的交接。

3. 供应商送货

供应商送货是由供应商将采购成交的货物送达采购方指定的地点。对采购方来说,供应商送货是一种最简单轻松的采购进货管理方式。它基本上省去了整个进货管理环节,把整个进货管理的任务及进货途中的风险都转移给了供应商,只剩下一个入库验收环节。而入库验收也主要是供应商和保管员之间的交接,采购员只提供相关协助。

二、进货过程管理

1. 采购进货的方式选择

进货方式要根据进货难度和风险的大小等具体情况来选择。

(1)进货难度大、风险大的进货任务

首选委托第三方物流公司进货的方式,次选供应商送货方式,最好不选用户自提进货方式。委托第三方物流公司进货,可以充分利用物流公司的专业化优势、资源优势、技术优势,提高进货效率和进货质量,降低进货成本,又可以减轻供应商在进货上的工作量和进货风险,这对各方都有利。例如,天然气、易燃易爆化学品等危险品的采购,要用特殊的运输车辆来装运,就必须采用委托第三方物流公司进货的方式或供应商送货的方式,而不能选用自提进货方式。否则,不但会加大采购的进货成本,而且会增加采购的风险,给采购方造成很大的经济负担。

(2)进货难度小、风险小的进货任务

首选供应商送货的方式。例如,同城进货和短距离进货,均可以发挥这种方式环节最少、效率最高,最节省采购方工作量,最大限度地降低采购方进货风险的长处,是一种最好的进货方式。其次,在采购方自己具备运输条件和装卸技术等相关条件下,进货难度和风险已经可以说不存在了,这时完全可以选择自提进货方式。

2. 采购进货管理的基本原则

进货管理要坚持四项基本原则。

(1)选择合适的进货方式

选择供应商送货方式,自提进货方式,还是委托进货方式,应根据采购方的实际需求而定,还要考虑进货难度和进货风险大小。当然,其中一个很重要的因素就是对采购进货成本的认识。采购方应在全面考虑影响采购因素的情况下,选择采购总成本最低的方案,达到安全、高效、低成本采购的目的。

(2)安全第一原则

进货管理中,始终要把安全问题贯穿始终。货物安全、运输安全、人身安全是进货管理考虑的首要因素,其次才是对货物数量、质量、规格型号等是否验收合格的考虑。要把安全第一原则落实到包装、装卸、运输、储存的各个具体环节中去,并制定相应措施,严格进行监督管理,保证做到整个进货过程不出现安全事故。

(3)成本效益统一原则

进货管理中,也要追求成本和效益的统一。这个效益包括运输的经济效益,也包括社会效益,还包括运输安全。其中社会效益,就是要维护社会生态平衡,减少污染,减少社会交通紧张的压力等。不要片面地追求成本低而盲目超载,不要追求路程短而违反交通规则、破坏城市公共交通等。

(4)总成本最低的原则

进货过程中存在多个环节、多个利益主体,每个环节都会发生相应的成本费用。由于进货方案的变动,可能会导致某个环节费用的节省,却有可能导致另一个环节费用的增加。所以考虑成本,不能够只孤立地考虑某一个环节、某一个利益主体,而是要综合考虑各个环节、各个利益主体的成本之和,也就是总成本。所以,进货方案的好坏,进货管理效果的好坏,也应当以总成本最小作为评价的标准。

 知识拓展

<h3 style="text-align:center">支付方式的选择及售后服务</h3>

在交易条件控制中涉及支付方式的选择、售后服务等条件的控制。

1. 支付方式选择

常见的支付方式见表3-3。

常 见 支 付 方 式　　　　　表3-3

序号	名称	定义	范围	期限	分类
1	银行汇票	出票银行签发,在其见票时按实际结算金额无条件支付给收款人或持票人的票据	同城(同一票据交换区)异地	自出票日起1个月	实际金额大于票面金额时汇票无效,小于时按实际金额结算
2	银行本票	银行签发,承诺自己在见票时无条件支付确定金额给收款人或持票人的票据	同城	自出票日起2个月	定额:1000元、5000元、10000元、50000元、不定额
3	支票	出票人签发,委托银行见票时无条件支付确定金额给收款人或持票人的票据。签发空头支票者处以5%但不低于1000元的罚款,企业赔偿2%	同城	自出票日起10天	现金支票、转账支票、普通支票(画线支票只能转账)
4	信用卡	商业银行向个人和单位发行凭以向特约单位购物消费、存取现金载体	同城异地		贷记卡、准贷记卡
5	汇兑	汇款人委托银行将款支付给收款人的结算方式	异地		电汇、信汇
6	托收承付	根据购销合同由收款人发货后委托银行向异地付款人收取款项,由付款人向银行承认付款的结算方式	异地	验货:10天验单:3天	10000元起(书店1000元起)
7	委托收款	收款人委托银行向付款人收取款项的结算方式	同城异地		邮寄、电报
8	商业汇票	由存款人或付款人签发,由付款人承兑,在指定日期向收款人或背书人支付款项的票据(个人不得使用)。因承兑人不同分为商业承兑汇票和银行承兑汇票。	同城异地	出票日起1个月;到期日起10天;最长6个月	出票后定期付款、见票后定期付款、定日付款。

2. 售后服务

售后服务,是指生产企业、经销商把产品(或服务)销售给消费者之后,为消费者提供的一系列服务,包括产品介绍、送货、安装、调试、维修、技术培训、上门服务等。售后服务是产品生产单位对消费者负责的一项重要措施,也是增强产品竞争能力的一个办法。

售后服务的内容包括:代为消费者安装、调试产品;根据消费者要求,进行有关使用等方面的技术指导;保证维修零配件的供应;负责维修服务;对产品实行"三包",即包修、包换、包退。现在许多人认为产品售后服务就是为"三包",这是一种狭义的理解。售后服务也包括处理消费者来信来访,解答消费者的咨询;同时,用各种方式征集消费者对产品质量的意见,并根据情况及时改进。

售后服务策略包括全面售后服务策略、特殊售后服务策略和适当售后服务策略。

全面售后服务策略指企业为消费者提供所需要的产品售后全过程的所有服务。这种策略几乎适用于所有经济价值高、寿命周期长、结构复杂和技术性强的产品;同时,能够最大范围地获得消费者的满意,增强企业的竞争能力,扩大市场占有率,给企业带来良好的经济效益和社会效益。

特殊售后服务策略指企业向消费者提供大多数其他企业所没有的售后服务,最大限度地满足消费者的需要。这种策略适用于经济价值比较高、寿命周期不太长的产品,特别是季节性和专利性产品。这种策略往往具有这样几个特点:

(1)反映企业优良的产品特色和独特的服务项目,在满足顾客物质需要的同时,在心理上也获得充分地享受。

(2)满足特殊消费者的特殊需要。由于生理、心理和文化背景的不同,一部分消费者具有特殊服务的要求,企业应通过特殊服务来予以满足。产品售后服务的竞争,是经营者智慧和创新的竞争,精于思考,独出心裁,必然使产品销路不断拓宽,赢得消费者的欢迎。

适当售后服务策略指企业根据经营目标、市场环境,产品特点和消费者需求,仅仅对购买者的某些服务项目提供特定的服务,这种策略普遍适合中小型企业采用。这些企业由于受到人力、物力、财力的限制,为了控制生产成本和服务成本,只能为大多数消费者提供适当的售后服务项目,否则产品的服务成本和价格将会大幅度提高,产品的销售量和企业的经济效益将会下降。

 案例分析

7-11的进货管理

7-11是有着先进物流系统的连锁便利店集团。7-11在美国成名之后,被日本的主要零售商伊藤洋华堂引入。日本7-11作为下属公司成立于1973年,后由台湾统一集团代理进入港台地区和中国大陆。

日本7-11把各单体商店按7-11的统一模式管理。自营的小型零售业,例如小杂货店或小酒店在经日本7-11许可后,按日本7-11的指导原则改建为7-11门店,日本7-11随之提供独特的标准化销售技术给各门店,并决定每个门店的销售品类。7-11连锁店作为新兴零售商特别受到年青一代的欢迎,从而急速扩张。全日本有4000多家7-11商店。

便利店依靠的是小批量的频繁进货,只有利用先进的物流系统才有可能发展连锁便利店,因为它使小批量的频繁进货得以实现。

典型的7-11便利店非常小,场地面积平均仅100m² 左右,但就是这样的门店提供的日常生活用品达3000多种。虽然便利店供应的商品品种广泛,通常却没有储存场所,为提高商品销量,售卖场地原则上应尽量大。这样,所有商品必须能通过配送中心得到及时补充。如果一个消费者光顾商店时不能买到本应有的商品,商店就会失去一次销售机会,并使便利店的形象受损。所有的零售企业都认为这是必须首先避免的事情。

为了保证有效率地供应商品,日本7-11对旧有分销渠道进行合理化改造。许多日本批发商过去常常把自己定性为某特定制造商的专门代理商,只允许经营一家制造商的产品。在这种体系下,零售商要经营一系列商品的话,就必须和许多不同的批发商打交道,每个批发商都要单独用卡车向零售商送货,送货效率极低,而且送货时间不确定,但人们往往忽视了配送系统的低效率。

日本7-11在整合及重组分销渠道上进行改革。在新的分销系统下,一个受委托的批发商被指定负责若干销售活动区域,授权经营来自不同制造商的产品。此外,7-11通过和批发商、制造商签署销售协议,能够开发有效率的分销渠道与所有门店连接。

批发商是配送中心的管理者,为便利店的门店送货。而日本7-11本身并没在配送中心上投资,即使他们成了分销渠道的核心。批发商自筹资金建设配送中心,然后在日本7-11的指导下进行管理。通过这种协议,日本7-11无须承受任何沉重的投资负担就能为其门店建立一个有效率的分销系统。为了与日本7-11合作,许多批发商也愿意在配送中心上做必要的投资;作为回报,批发商得以进入一个广阔的市场。

日本7-11重组了批发商与零售商,改变了原有的分销渠道,由此,配合先进的物流系统,使各种各样的商品库存适当,保管良好,并有效率地配送到所有的连锁门店。

(案例来源:http://baike.baidu.com/view/1037.html。)

【思考】
(1)7-11便利店选择什么样的进货方式?
(2)7-11便利店选择这样的方式,有什么优势?
(3)7-11进货方式选择的依据是什么?

自 测 练 习

1. 选择题
(1)在下列选项中,进货管理的基本原则有( )。
　　A. 进货方式选择原则　　　　　　　B. 安全第一原则
　　C. 成本效益统一原则　　　　　　　D. 总成本最低的原则
(2)在下列选项中,采购方的进货方式一般包括( )。
　　A. 自提进货　　　　　　　　　　　B. 委托和外包进货
　　C. 供应商送货　　　　　　　　　　D. 采购方和供应方合作
(3)在采购价格控制过程中,采购折扣包括( )。
　　A. 现金折扣　　B. 数量折扣　　C. 季节折扣　　D. 折让
(4)一般来说,采购价格包括( )。
　　A. 生产成本　　B. 商品流通费用　　C. 税金　　D. 生产企业利润
2. 判断题
(1)送达价是指供应商报价中包含负责将商品送达企业仓库或指定地点的各种费用。
( )
(2)对于进货难度小和风险小的进货任务,首选是自提进货方式。 ( )
(3)一般情况下,采购方要根据进货难度和风险的大小等具体情况选择合适的进货方式。
( )

(4)生命周期成本就是产品的购置或生产成本。（　　）
(5)数量折扣是鼓励买主在规定期限内早日付款,而按原价格给予一定折扣的价格削减方式。（　　）
(6)送达价包括了货物抵达买方之前的一切运输费、保险费、进口关税、报关费等。
（　　）

3. 简答题
(1)采购价格和采购成本有什么不同？
(2)影响采购价格的因素有哪些？
(3)采购定价方法有哪些？你比较喜欢哪一种？为什么？
(4)一般来说,按照交易条件不同采购价格分为哪些种类？
(5)你是如何理解采购商品质量的内涵的？对商品质量如何控制？

4. 论述题
结合所学知识,谈谈你认为采购价格在采购交易条件中占有什么样的地位,为什么？

项目四　供应商管理

【学习目标】
1. 理解企业与供应商的关系类型。
2. 掌握供应商选择、开发、评估技能。
3. 掌握供应商管理与控制的基本方法,理解双赢供应关系的建立。

引导案例

供应商管理案例

A 企业属于中小企业,其产品以出口为主,故相关产品均有 UL 或 CE 等方面的要求。供应商 B 是大型企业,其为 A 提供核心部件——电机。相对而言,尽管 A 的所有物料需求中,对 B 的电机需求量是最大的,且双方合作已经有近 6 年左右的历史,但因为地位的不对称,A 作为客户,在 B 面前处于劣势地位。原因有二:其一,B 的生意做得很大,它并不是非常在意 A 的订单,自然 A 就享受不到 VIP 待遇,此谓店大欺客。其二,A 迄今为止没有找到合适的替代者。所以当某一种资源处于垄断市场的时候,卖方才是真正的上帝。A 之所以迟迟没有开发成功的替代供应商,在于其电机均要求有 UL 认证,从供应商开发,到完全成功,周期比较长,费用也比较高。

A 与供应商沟通的模式采取的是多向沟通,技术问题由工程研发部门跟对方的对应人员沟通,物料交期由物料采购部门与供应商销售人员沟通,质量问题由 QA 部门与对方的质量部门沟通。B 供应商宣称它提供给的一系列电机均有 UL 认证,并且电机标签上也有 UL 证书号码,可是,在 3 月份的某一天,供应商突然说,他们的电机被 UL 机构查出,不符合 UL 认证的要求,故不能发货给客户。

面对 B 的口头通知,A 企业内部物料、QA、工程研发部门都给出了自己的反应,但并没有实质性的举措。也没有一个部门牵头主导这个事故的处理。此举导致 A 面临非常尴尬的境地。A 面临的尴尬是,如果书面通知国外客户,除了面临要被取消订单的结果,还有一种可能是之前出去的订单也有可能面临着高额索赔。另外,A 目前由于没有成功的替代者,A 根本没有牌出手与 B 进行实质性的谈判。

最终 A 做出的决定和措施是:

①郑重地告知客户(其客户实际上是国外母公司)。此举真的导致所有的订单均被取消。

②对于供应商,要求供应商采取纠正措施,并给出改善计划。供应商给出的计划是至少要 2 个月。

③加快第二家供应商开发的力度。目前尚无确切的进度。

【思考】

(1) 面对 B 的行为,A 是否应该采取相应的索赔程序?

(2) 类似 UL 的问题,应该如何界定责任范围?内部由质量部门还是什么部门来牵头?

(3) 在供应链环节中处于劣势地位的中小企业,如何控制和管理供应商?

任务一 理解供应商管理

在当今合作共赢的市场经济环境下,供应商管理已经成为采购管理中的一项重要内容,它关系到企业的生产、销售保障和持续稳定发展,关系到企业采购成本的降低和利润的实现,在企业管理中的地位越来越重要。

要做好供应商管理,需要具备相关的基本理论知识,了解供应商和供应商管理的概念,熟悉供应商管理的基本环节,掌握供应商关系分类,学会对双赢供应关系的管理。

一、供应商

供应商是指可以为采购方提供原材料、设备、工具及其他资源的企业。任何供应商,不管与采购企业有无直接关系,都是资源市场的组成部分。资源市场中物资的供应总量、供应价格、竞争态势、技术水平等,都是由资源市场的所有成员共同形成的。所以,采购物资的质量水平、价格水平都必然受到资源市场成员的共同影响。

供应商也是追求利益最大化的利益主体。传统观念中,供应商和购买者是利益相互冲突的矛盾对立体,供应商希望从购买者手中多得一点,而购买者希望向供应商少付一点。为此双方常常斤斤计较,甚至供应商在物资商品的质量和数量上做文章,以劣充优、降低质量标准、减少数量、制造假冒伪劣产品坑害购买者。购买者为了防止伪劣质次产品入库,需要花费很多人力、物力加强物资检验,大大增加了物资采购检验的成本。因此供应商和购买者之间,既互相依赖,又互相对立,彼此相处总是一种提心吊胆、精心设防的紧张关系。这种紧张关系,对双方都不利。这些都直接影响企业生产和成本效益。

相反,如果我们找到一个好的供应商,不但物资供应稳定可靠,质优价廉,准时供货,而且双方关系融洽,互相支持,共同协调。这样,对我们的采购管理以及企业的生产和成本效益都会有很多好处。

二、供应商管理

(一)供应商管理的概念

供应商管理就是对供应商的了解、选择、开发、使用和控制等综合性的管理工作总称。其中,了解是基础,选择、开发、控制是手段,使用是目的。供应商管理的目的就是要建立起一个稳定可靠的供应商队伍,为企业生产提供可靠的物资供应。

企业在供应链管理环境下与供应商的关系是一种战略性合作关系,提倡一种双赢(Win-

Win)机制。企业在采购过程中要想有效地实施采购策略,充分发挥供应商的作用就显得非常重要。采购策略的一个重要方面就是要搞好供应商的关系管理,逐步建立起与供应商的合作伙伴关系。

供应商管理的重要性早在20世纪40年代就受到发达国家的重视,70多年来随着经济环境的变化,不断地出现新的内容,现在供应商管理已经有了很多优秀的理论和实践成果。供应商管理在采购管理中是一个极其重要的问题,我们有必要注重供应商的管理工作,通过多方面持续努力,去了解、选择、开发供应商,合理使用和控制供应商,建立起一支可靠的供应商队伍,为企业生产提供稳定可靠的物资供应保障。

(二)供应商管理的意义

供应商管理的重要意义可以从两个层面来考虑,即技术层面和战略层面。

1. 从技术层面分析供应商管理的意义

①有利于降低商品采购成本。据美国先进制造研究报告表明,采购成本在企业总成本中占据着相当大的比重,对美国制造企业而言,原材料采购成本一般占产品单位成本的40%~60%,大型汽车制造企业更高。研究报告指出,采购成本所占比例将随着核心能力的集中和业务外包比例的增加而增加,因此,供应商作为供应链中的结盟企业直接关系着产品的最终成本。美国采购经理们预测,未来5年,竞争压力将迫使制造商们每年降低5%~8%的产品成本(除去通货膨胀因素)。但这仅仅依靠制造商是无法实现的,制造商必须与供应链另一生产型企业——供应商联合才能实现产品成本的降低。

②有利于提高产品质量。有研究表明,30%的质量问题是由供应商引起的。因此,提高原材料、零配件的质量是改进产品质量的有效手段。

③有利于降低库存。减少库存的压力使制造商将前端库存转嫁到供应商身上,将后端库存转嫁到销售商身上,不利于合作伙伴关系的建立,供应商管理可以进行协调库存管理。

④供应商管理有利于缩短交货期。据统计,80%的产品交货期延长是由供应商引起的,缩短产品交货期应从源头做起。

⑤有利于实现制造资源的集成。信息技术和计算机网络技术,尤其是全球性网络Internet的迅速发展为现代制造企业跨地域、跨行业实现信息和技术的实时传递与交换,提供了必要条件。制造业面临的是全球性的市场、资源、技术和人员的竞争,制造资源市场已成为一个开放型的大市场。制造资源应被集成起来发挥作用早已是人们在制造生产中得到的共识。

2. 从战略层面分析供应商管理的意义

①从集成供应链的角度。即将供应商放在供应链网络结构模型中考虑,供应链是由节点企业组成的,节点企业在需求信息的驱动下,通过职能分工与合作实现供应链的价值过程。从系统论的角度来看,制造资源是整个制造系统的输入,而供应商的行为和要素市场的规范与制造资源的质、量密切相关,所以供应商管理问题是制造的出发点,也是制造成败的关键之一。

②从提升核心能力的角度。随着企业越来越注重于核心能力的培养和核心业务的开拓,从外部获取资源,通过供应商介入进行新产品开发以提升自身的核心能力的情况也逐渐增多。

③从新产品开发的角度。据美国采购经理们预测,未来5年,新产品上市时间将缩短

40%~60%，仅仅依靠制造商或核心企业的能力是远远不够的，与供应商合作已势在必行。

三、供应商分类

采购企业将供应商类别细分，可以根据不同情况，实行不同的供应商管理策略。供应商主要分类方法有以下几种。

1. 按供应商对采购方的重要程度分类

按供应商的重要程度不同可将供应商分为商业型供应商、优先型供应商、重点型供应商和伙伴型供应商。如图4-1所示。

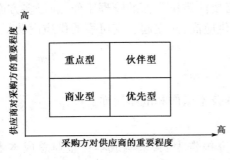

图4-1 按供应商的重要程度分类

① "商业型供应商"是指交易业务对供应商和采购方均不是很重要，供应商与采购方互相都不认为对方很重要，相应的供应商可以很方便地选择和更换，供应商的转换成本很低，这些供应商就是"商业型供应商"。

② "优先型供应商"是指交易业务对供应商非常重要，但是对采购方并不重要，这样的供应商无疑有利于本单位，我们被称之为"优先型供应商"。

③ "重点型供应商"是指交易业务对供应商无关紧要，对采购方十分重要，采购方非常注意与供应商改进提高关系，这样的供应商称为"重点型供应商"。

④ "伙伴型供应商"是指交易业务对于供应商和采购方都非常重要，双方互相认为对方非常重要，都有发展长期友好关系的愿望，这些供应商就是"伙伴型供应商"。各种供应商的特点与管理策略见表4-1。

供应商关系的特点与管理策略　　　　表4-1

供应商类型	商业型供应商	优先型供应商	重点型供应商	伙伴型供应商
关系特征	运作联系	运作联系	战术考虑	战略考虑
时间跨度	1年以下	1年左右	1~3年	1~5年
质量	按顾客要求并选择	顾客要求；顾客与供应商共同控制质量	(1)供应商保证； (2)顾客审核	(1)供应商保证； (2)供应商早期介入设计及产品质量标准； (3)顾客审核
供应	订单订货	年度协议+交货订单	顾客定期向供应商提供物料需求计划	电子数据交换系统
合约	按订单变化	年度协议	(1)年度协议(1年) (2)质量协议	(1)设计合同； (2)质量协议等
成本价格	市场价格	价格+折扣	价格+降价目标	(1)公开价格与成本构成； (2)不断改进，降低成本

2. 按供应商为企业带来的价值大小分类

按采购物品的价值大小不同可将供应商分为重点供应商和普通供应商。

虽然采购企业的供应商很多,但是,根据 80/20 规则,这些供应商的重要度不同。其中,20%的重要的供应商能够为采购方带来 80%的价值;另外 80%的普通供应商,却只能为采购方带来 20%的价值。如图 4-2 所示。

对于重点供应商,采购方应投入 80%的时间和精力进行管理与改进,这些供应商提供的物品为企业的战略物品或需集中采购的物品。而对于普通供应商则只需要投入 20%的时间和精力进行管理,因为这类供应商所提供的物品的运作对企业的成本、质量和生产的影响较小。例如汽车厂需要采购的发动机和变速器,电视机厂需要采购的彩色显像管等物品的供应商就属于重点供应商,而这些厂家需要的办公用品、维修备件、标准件等物品的供应商则为普通供应商。

3. 按供应商的规模和经营品种分类

按供应商的规模和经营品种不同,可将供应商分为"低量无规模型"供应商、"量小品种多型"供应商、"专家型"供应商和"行业领袖型"供应商。如图 4-3 所示。

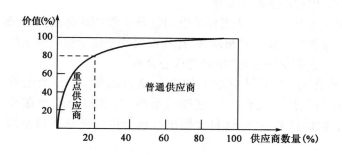

图 4-2 按供应商为企业带来的价值大小分类

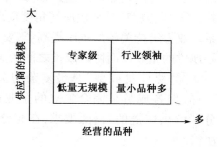

图 4-3 按供应商的规模和经营品种分类

① "低量无规模型"供应商是指那些经营规模小、经营品种也少的供应商,这类供应商生产经营比较灵活,可以向各方向发展,但是增长潜力有限,其目标仅是定位于本地市场。

② "量小品种多型"供应商虽然生产规模小,但是其经营品种多,这类供应商的财务状况虽然不是很好,但是其潜力可培养。

③ "专家级"供应商是指那些生产规模大、经验丰富、技术成熟,但经营品种相对少的供应商,这类供应商的目标是通过竞争来占领扩大市场。

④ "行业领袖型"供应商是指那些生产规模大、经营品种也多的供应商,这类供应商在同行业的多个方面发展都很好,财务状况比较好,其目标为立足本地市场,并且积极拓展国际市场。

4. 按采购方与供应商的关系目标分类

按采购方与供应商的关系目标不同,可将供应商分为"短期目标型"供应商、"长期目标型"供应商、"渗透型"供应商、"联盟型"供应商、"纵向集成型"供应商。

①"短期目标型"的最主要特征是双方之间的关系为交易关系。双方所做的努力只停留在短期的交易合同上,各自关注的是如何谈判,如何提高自己的谈判技巧,不使自己吃亏,而不是在双赢的基础上使得双方的关系获得进一步的发展。当买卖完成时,双方关系也终止了。双方只有供销人员有联系。

②"长期目标型"是指采购方与供应商保持长期的关系,双方为了共同利益而改进各自的工作,并在此基础上建立起超越买卖关系的合作。"长期目标型"的特征是从长远利益出发,相互配合,不断改进产品质量与服务水平,共同降低成本,提高供应链的竞争力。合作的范围遍及公司内的多个部门。例如,由于是长期合作,可以对供应商提出新的技术要求,而如果供应商目前还没有这种能力,采购方可以对供应商提供技术、资金等方面的支持,从而实现双方的长期合作。

③"渗透型"是在长期目标型基础上发展起来的。其指导思想是把对方公司看成自己公司的一部分,对对方的关心程度大大提高。为了能够参与对方的业务活动,有时会在产权关系上采取适当的措施,如互相投资、参股等,以保证双方利益的一致性。在组织上也采取相应的措施,保证双方派员加入对方的有关业务活动。这样做的优点是可以更好地了解对方的情况,供应商可以了解自己的产品在对方是怎样起作用的,所以容易发现改进的方向;而采购方也可以知道供应商是如何制造的,对此可以提出相应的改进要求。

④"联盟型"是从供应链角度提出的,它的特点是从更长的纵向链条上管理成员之间的关系。双方维持关系的难度提高了,要求也更高。由于成员增加,往往需要一个处于供应链上核心地位的企业出面协调成员之间的关系,它常常被称为"供应链核心企业"。

⑤"纵向集成型"是最复杂的关系类型,即把供应链上的成员整合起来,像一个企业一样,但各成员是完全独立的企业,决策权属于自己。在这种关系中,要求每个企业在充分了解供应链的目标、要求,在充分掌握信息的条件下,自觉做出有利于供应链整体利益的决策。

任务二 供应商选择

引导案例

C集团公司的供应商选择

C集团公司的采购员老王,正面临着一项困难的供应商抉择——复印机租赁合同的竞争者只剩下最后A和B这两家公司。A公司给出了更为有利的报价,但是老王对与A公司以前的合作并不满意。

C集团使用的225台复印机,其中的100台是根据一份4年期的合同从A复印机公司租赁的。4年前,C集团与A复印机公司供应商签订了一份为期4年的租赁复印机合同。A复印机公司是一家大型的跨国公司,在市场中占主导地位,它以每次复印大约0.07元的投标价格获得了合同。但在合同的执行过程中,A公司表现得很一般。它所提供的所有复印机不仅都没有放大功能,而且不能保证及时的维修。

4年后,合同期满,需要重新签订合同。这一次当地一家小公司B获得了合同。激烈的竞争和生产复印机成本的降低,使B公司提供了复印每次0.05元的价格。另外,B公司提供了多种规格和适应性很强的机型,有放大、缩小等多种功能。老王对B公司比较满意,并准备与其总经理签订4年的合同,该总经理承诺将提供关于每一台复印机的服务记录,而且还允许老王决定何时更换同类型的复印机,即老王有权决定可随时更换掉经常出故障的复印机。

在C集团与A公司过去的4年合作期间,A复印机公司曾不断地向C集团介绍A公司的其他系列产品,老王对此很反感,这是因为:

①老王从事采购工作的6年间,A公司曾先后更换了13位销售代表。

②C集团明确规定所有采购都要由采购总部来完成,而A公司的代表虽然也明知这项规定,却有时仍直接与最终的使用者进行联系而不通过C集团的采购总部。

老王曾进行过招标,共收到了19份复印机租赁合同的投标。老王把范围缩小到5家,其中包括A和B,最后再经筛选,确定为A和B两家公司。

淘汰其他投标者的主要理由是:

①那些供应商缺乏供应的历史记录,不能满足C集团的业务要求。

②没有计算机化的服务系统,也没有计划要安装。

这次A公司的投标中包括了重新装备的复印机,并提供了与B公司相似的服务,而且价格竟比B公司还要低20%。

老王在考虑这些影响他短期内做出决策的因素时,感到有些忧虑:

显然A公司提供了一个在价格方面很有吸引力的投标,但在其他方面又会如何呢?另外又很难根据过去的表现来确定A公司的投标合理性。同时,B公司虽然是家小公司,对老王来说又是新的供应商,又没有足够的事实能确定它的确能提供它所承诺的服务。

如果签订的采购合同不公平,很可能会带来日后势必出现一些消极的影响。老王必须权衡许多问题,并被要求在3天内向采购部提出一份大家都能接受的建议。

【思考】

如果你是老王,你最终会采用什么样的采购方案?

有的采购项目,社会上能够为采购方提供资源的供应商很多。一项采购业务向谁采购,由企业的哪个部门提出供应商名单,这是采购是否成功的基础。

一、供应商选择方法

选择供应商的方法很多,采购方应根据具体的情况采用合适的方法。常用的方法主要有直观判断法、招标选择法、协商选择法、采购成本比较法、线性权重法和层次分析法等。

1. 直观判断法

直观判断法属于定性选择的方法,是依据征询和调查所得的资料,并结合采购人员的分析判断,对供应商进行分析、评价的一种方法。主要是倾听和采纳有经验的采购人员的意见,或者直接由采购人员凭经验做出判断。这种方法的质量取决于对供应商资料掌握得是否正确、齐全和决策者的分析判断能力与经验。这种方法运作简单、快速、方便,但是缺乏科学性,受掌握信息的详尽程度限制,常用于选择企业非主要原材料的供应商。

> **想一想**
> 如果你是采购部经理,现企业需要采购某一种原材料,该原材料为企业生产的辅助材料,你想采用直观判断法选择供应商,请问你该怎么做?

2. 招标选择法

招标选择法是采购企业采用招标的方式,吸引多个有实力的供应商来投标竞争,然后经过评标小组分析评比而选择最优供应商的方法。当采购物资数量大、供应市场竞争激烈时,可以采用招标方法来选择供应商。详见第七章。

3. 协商选择法

协商选择法是由采购单位选出供应条件较为有利的几个供应商,同他们分别进行协商,再确定合适的供应商。协商选择法的优点是双方能通过充分协商来确定更为合适的供应商,因而在商品质量、交货日期和售后服务等方面较有保证,但由于选择范围有限,不一定能得到最便宜、供应条件最有利的供应商。当采购时间紧迫,投标单位少,供应商竞争不激烈,订购物资规格和技术条件比较复杂时,协商选择方法比较适用。

4. 采购成本比较法

采购成本一般包括售价、采购费用、运输费用等各项支出。采购成本比较法是通过计算分析针对各个不同合作伙伴的采购成本,选择采购成本较低的合作伙伴的一种方法。在质量与交期得到满足的前提下,常进行成本比较,选择成本最低的供应商。

应用采购成本比较法选择供应商时,经验不足的采购员往往被"价格"这个表象所蒙蔽,因此,科学、完整地分析和计算采购价格就显得尤其重要。对于有的物品来说,甚至考虑利用"寿命周期成本"进行比较采购。

【小资料 4-1】

供应商选择

某一家公司采购某种设备,现有甲、乙两家供应商可供选择,甲的价格为 1100 元,包含运输和软件安装,乙的价格为 800 元,但需另付运输费 200 元和软件及安装费 150 元。

请问应该买哪一家的产品?

5. 线性权重法

线性权重方法是目前供应商定量选择最常使用的方法,其基本原理是给每个准则分配一个权重,每个供应商的定量选择结果为该供应商各项准则的得分与相应准则权重的乘积的和。通过对各候选供应商定量选择结果的比较,实现对供应商的选择。

权重法的实施步骤如图 4-4 所示。

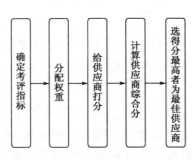

图 4-4 权重法实施步骤图

①确定考评指标。采购方可以根据需求及市场分析,确定能够代表供应商业绩好坏的几个可以量化的主要指标作为考评项目。

②分配权重。根据各项考评指标的重要程度,确定各主要指标占总分的多少或比例大小。不同企业的权重设定有所差异,见表4-2。

不同公司的权重设定表   表4-2

Walker Manufacturing		AT&T		S. C. Johnson's Wax		GTE		Cummins Engine	
因素	权重	因素	权重	因素	权重	因素	权重	因素	权重
质量	35%	质量/可靠性	8%	质量	35%	质量	25%	质量	35%
交付	35%	交付	25%	交付	35%	价格	10%	交付	25%
价格	20%	经营问题	15%	价格	20%	客户服务	25%	价格	25%
支持	10%	认证	10%	支持	10%	产品质量	25%	主观	25%
		质量管理	12%						
		供应商合作	20%						

③给供应商打分。根据收集到的供应商的资料及供应商的报价与承诺,给各个供应商打分。

④计算供应商综合分。综合得分计算公式如下:

$$Z_i = \sum y_{ij} \cdot W_j \tag{4-1}$$

式中:Z_i——第 i 个供应商综合评价值;

y_{ij}——第 i 个供应商第 j 项指标的评价值;

W_j——第 j 项指标的权重。

综合评价值 Z_i 越高,说明供应商总体绩效越好。

⑤确定合格供应商。

6. 层次分析法

该方法是20世纪70年代由著名运筹学家赛惕(T. L. Satty)提出的,韦伯(Weber)等人提出将层次分析法用于合作伙伴的选择。它的基本原理是根据具有递阶结构的目标、子目标(准则)、约束条件、部门等来评价方案,采用两两比较的方法确定判断矩阵,然后把判断矩阵的最大特征相对应的特征向量的分量作为相应的系数,最后综合给出各方案的权重(优先程度)。由于该方法让评价者对照相对重要性函数表,给出因素两两比较的重要性等级,因而可靠性高、误差小,不足之处是遇到因素众多、规模较大的问题时,该方法容易出现问题,如判断矩阵难以满足一致性要求,往往难于进一步对其分组。它作为一种定性和定量相结合的工具,目前已在许多领域得到了广泛的应用。

【小资料4-2】

通用电气对供应商的要求

通用电气(GE)公司是有着悠久历史的一家全球性公司,其采购模式不考虑国别限制,对全球各国的供应商的要求都是一样的,各个国家的供应商都要达到同样的标准、同样的程序、同样的操作方式。

GE 对供应商有四个最基本的要求:价格、质量、交货和诚信。

首先,在价格方面,GE 是全球采购,这种全球的竞争会将供应商的价格压得很低。因为全球范围内有很多的公司相互竞争。如果供应商连续三年不怎么降低价格,GE 就要考虑选择新的供应商。

在质量方面,如果供应商有一年质量非常差,他就有可能不能再和 GE 合作了,在质量上就没有任何商量。

GE 对全球供应链的要求非常严格,供应商一定要准时交货,如果不能准时交货,就要用飞机运输,而不是用船,成本就一下上去了。它对供应商的要求不仅是质量和价格,还包括供应商整体的质量水平。如果供应商有一个程序错误,就会被 GE 取消供应商资格,包括供应商对哪的人行贿,供应商自己人员的管理等。

很多供应商通过和 GE 合作,不仅和 GE 的交易越做越大,而且提高了企业的整体竞争力。
(资料来源:《采购管理》,鞠颂东、徐杰主编,机械工业出版社,2009。)

二、供应商选择步骤

供应商选择应考虑多方面因素,遵循以下步骤,如图 4-5 所示。

1. 分析市场竞争环境

若要建立基于信任、合作、开放性交流的供应链长期合作关系,采购方首先必须分析市场竞争环境。这样做的目的在于找到针对某些产品的市场来开发供应链合作关系。

企业必须知道现在的产品需要是什么,产品的类型和特征是什么,这样就弄清了用户需求什么、需要多少、什么时候需要的问题,确认是否有建立基于供应链的合作关系的必要。

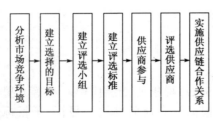

图 4-5 供应商选择步骤

如果已建立了供应链合作关系,采购方则需要根据需求的变化确认供应链合作关系变化的必要性,同时了解现有供应商的现状,分析、总结企业存在的问题,企业内部采购需求状况,即企业究竟需求什么、需求多少、什么时候需要等问题,进一步了解掌握整个资源市场的基本情况和基本性质,为选择供应商做必要的准备。

2. 建立供应商选择的目标

企业在选择供应商时,必须建立实质性的、实际的目标,不同的企业,其供应商管理的目的是不同的,只有明确选择目的,才能更好地选择供应商。主要选择目标有以下几种:

① 获得优质服务,保证及时供应。
② 降低采购成本。
③ 建立稳定的合作关系。
④ 获得某种特殊的原材料、零部件。

⑤维护和发展良好的、长期稳定的供需关系,实施有效的供应链管理。

【小资料 4-3】

选择合适的供应商

所有咖啡生产企业都遇到了一个同样的问题:怎样降低不含咖啡因的咖啡的生产成本。富有创造性的方法是增加不含咖啡因的咖啡豆的产量,这就是世界一流速溶咖啡制造商瑞士雀巢食品公司决定采用的方法。雀巢公司与 Forbio 公司——精于生物基因的澳大利亚生物集团公司合资进行生产,Forbio 公司知道怎样改变咖啡的基因来生长出不含咖啡因的咖啡豆。雀巢特许咖啡生产商种植基因已经改变的咖啡豆,在市场中取得了独占的地位。Forbio 也通过收取特许费得到了属于自己的经济利益。

上述案例说明,企业必须明确选择供应商的目的是什么,做到有的放矢,这样才能避免盲目,而更加有针对性地为企业选择合适的供应商。

(案例来源:《采购物流学》,郝渊晓等主编,中山大学出版社,2007。)

3.组建供应商评选小组

供应商的选择,绝不是采购员个人的事,而是一个集体的决策,企业必须建立一个由各部门有关人员参加的小组以控制和实施供应商评价。组员以来自采购部、生产部、市场部、计划部、技术支持部、研究开发部、物流管理部等与供应商合作关系密切的部门的成员为主,组员必须有团队合作精神,具有一定的专业技能。评价小组必须同时得到制造商企业和供应商企业最高领导层的支持。

4.确立供应商的评价标准

供应商评价的指标体系是企业对供应商进行综合评价的依据和标准,可以根据系统性、科学性、稳定性、灵活性的原则建立供应商的评价指标体系。不同行业、企业的产品需求和不同环境下的供应商的评价应是一样的。总体说来,主要有价格、质量、交货期、服务、柔性、信誉等。

(1)供应商选择的短期标准

①质量。采购商品的质量合乎采购单位的要求是采购单位进行商品采购时首先要考虑的条件。采购商品的质量不宜低,低了会影响生产和销售;也不宜过高,高了会增加生产和销售成本。

②成本。成本是利润的减项,所以要作成本分析,选择总成本最小的供应商。

③交货。了解影响供应商交货时间的因素,选择受各因素影响小的供应商。

④整体服务水平。选择供应商安装服务、培训服务、维修服务、升级服务、技术支持服务等方面整体服务水平较高的供应商。

⑤履行合同的能力。选择信誉保障能力高,履行合同承诺与能力强的供应商。

(2)供应商选择的长期标准

①供应商产品的竞争优势。产品质量、成本、交货情况、生产能力、市场影响度、柔性评价、研发能力、信息技术的应用等。

②供应商内部竞争优势。财务状况、人力资源、生产设备、管理水平等。

③与供应商长期合作的可兼容性。即供应商与采购企业之间的合作能力,主要表现在发展战略、企业文化、管理体制和信息平台的兼容性上。

④供应商的信誉。还贷信誉、履行合约、企业在行业中的地位等。

⑤供应商的外部竞争力。政治法律环境、经济技术环境、自然地理环境、社会文化环境等。

5. 供应商参与

一旦企业决定实施供应商评选,评选小组必须与初步选定的供应商取得联系,确认他们是否愿意与企业建立供应链合作关系,是否有获得更高业绩水平的愿望。所以,企业应尽可能早地让供应商参与到评选的设计过程中。然而,企业的力量和资源毕竟是有限的,只能与少数关键的供应商保持紧密的合作关系。所以,参与的供应商应该是经过精选确定的。

6. 评选供应商

根据供应商评价标准,在综合考虑多方面的因素之后,采用合适的评价方法,对每个供应商打出综合评分,选择出合格的供应商。

采购部门一般会收集完整的合格供应商资料,形成合格供应商资源库,并将合格供应商名单送达企业内部的资源需求部门,以便今后在考评供应商、选择供应商的过程中获得第一手资料。

7. 实施供应链合作关系

对于合格供应商的使用,首先要签订一份与供应商的正式合同。这份合同既是宣告双方合作关系的开始,也是一份双方承担责任与义务的责任状,以规范双方的合作关系。采购方与供应商协调,建立良好的供应商运作机制,使双方在业务衔接、作业规范等方面各自完成自己应当承担的工作。使双方合作双赢、共存共荣,建立起一种相互信任、相互支持、友好合作的关系。

对于重点供应商,采购方可进一步与供应商实施供应链合作关系,实行供应链采购管理。在实施供应链合作伙伴的过程中,市场需求将不断变化,企业可以根据实际需要及时修改供应商评选标准,或重新开始对供应商评选。在重新选择供应商的时候,应给予新旧供应商以足够的时间来适应变化。

三、供应商选择的误区

在供应商选择的过程中,采购方存在着不少误区,这些错误的思维影响着供应商队伍的建设,不利于供应链合作关系的建立。主要表现如下。

1. 价格低的供应商就是好供应商

价格只是采购成本的组成部分之一,商品单价低的供应商在其他方面的条件可能很差,造成采购方在采购成本方面的偏高、交货的延误、产品质量良莠不齐、售后服务差等诸多问题。所以,报价低的供应商不一定是好供应商。

2. 可以杀价的供应商就是好供应商

杀价只是心理作用,有的供应商报价后可以杀价,这样的供应商的报价可能很高,即使采购方杀了价可能还高于其他在各方面做得比较好的供应商,而造成采购方在采购价格及采购成本方面的偏高。所以，采购方不能只凭可以杀价来选择供应商。

3. 通过价格谈判就可以选到满意的供应商

在谈判中，有的供应商可能很会利用谈判口才、技巧等手段博得采购方的好感，而在合作方面并非像自己承诺的那样。所以，采购方在没有做好调查之前，不要轻易以谈判价格来选择供应商。所以，通过价格谈判不一定能够选到满意的供应商。

4. 不给采购人员回扣的供应商是好的供应商

一般情况下，公司都会强调采购人员不能拿回扣，这是出于对公司利益的考虑，防止采购人员为了一己私利而选择与不合格的供应商合作。因此，有些采购方就认为不给采购人员回扣的供应商是好的供应商而选择与之合作。殊不知这样做是对采购人员的不信任，而且并非不给采购人员回扣的供应商就是合格的供应商。采购方要选到真正合格的供应商，还应按正确、规范、科学、合理的程序来选择。

5. 频繁更换采购人员能预防腐败，选到好的供应商

有些采购方认为，通过频繁更换采购人员可以预防腐败，就能选到好的供应商。其实，频繁更换采购人员给供应商造成采购方在管理方面混乱、不可靠，在接待方面不一致，不注重承诺和信用等不良印象，反而会失去好的供应商。

6. 可以接受将拖延货款作为常用融资手段的供应商是好的供应商

有些采购方常常将拖延货款作为常用融资手段，虽然供应商为采购方提供了便利和好处，但是他自己也要从中得到好处，会无形中提高对采购方的供货价格，或降低对采购方的服务等，对采购方来说采购成本反而加大，采购质量反而下降。这样的供应商并非是满意的供应商，采购方也不要贪图对方的好处。

任务三　供应商开发

供应商管理是个动态过程，企业在采购管理中要不断寻找新的产品或替代品以满足消费者需求或自身生产和发展需要，要及时淘汰成本高的、滞销的、不合格的产品及供应商，寻找更合适的、符合自己发展需要的合作伙伴式的供应商。所以，在供应商管理中，要学会开发新的供应商，掌握供应商开发的步骤。

一、供应商开发概念

供应商开发是从无到有地寻找新的供应商，建立起适合于企业需要的供应商队伍的过程。供应商开发是企业发展到一定阶段中的特殊情况，采购方为了选择优秀的供应商伙伴，建立以客户为中心的价值取向的供应商群体的重要步骤。供应商开发要有科学的评判准则、合理的开发流程、恰当的技术手段，是一个庞大复杂的系统工程，需要精心策划、认真组织，做好每一个环节的工作。

二、供应商开发步骤

开发一个供应商，大体上要经过6个步骤，如图4-6所示。

(一) 将采购物料分类，确定关键物料及其资源市场

Kraljic 模型是对采购物料进行分类的重要理论。Kraljic 模型也称为 Kraljic 矩阵，是以供应物品对利润和供应风险的两个重要方面为维度（准则），建立采购定位（分类）矩阵，对采购物品进行分类。

Kraljic 定位模型如图 4-7 所示。

图 4-6　供应商开发步骤

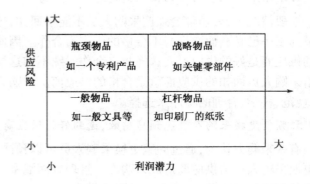

图 4-7　Kraljic 定位模型

利润潜力是表示采购对可赢利性所做贡献的潜力或供应物品对利润的影响，主要衡量指标包括采购的数量、采购金额占总金额的比例、该物品对产品质量的影响程度等。供应风险反映了采购物品获得的难易程度，或如果供应商没能准时供货时客户将遭受的损失程度，主要衡量指标包括供应市场的竞争格局、潜在的供应商数量、自制或外购的机会、替代的可能性等。

根据不同采购物品对采购方利润潜力和供应风险的影响程度，可以将采购品分为 4 类采购项目。

1. 一般项目

一般项目或非关键项目是指供给丰富、采购容易、财务影响较低的采购项目。从采购的观点看，这些产品很少造成技术或商业问题。这类产品的价值通常较低，并存在大量可供选择的供应商，例如清洁材料、办公用品、维护用品和紧固件等。这类产品的采购问题在于处理它们的费用通常高于其本身的价格。

2. 瓶颈项目

瓶颈项目是只存在某一个供应商、运输不便、财务影响较低的采购项目。这类物品在金额上只占相对有限的一部分，但是在供应上却极为脆弱。它们只从一个供应商那里获得，例如化学工业使用的催化剂、涂料工业使用的颜料和食品工业使用的天然香料和维生素。通常供应商在合同关系中处于支配地位，这会导致高昂的价格、较长的交货时间和劣质的服务。采购方应尽量寻找替代品或寻找替代的供应商。

3. 杠杆项目

杠杆项目是指可选供应商较多、能够为买方带来较高利润的采购项目。通常这类物品可

以按标准的质量等级从不同的供应商那里购得。它们在最终产品的成本构成中占有相对较大的份额,价格的微小变化对最终产品的成本造成相对较强的影响。例如,散装化学品、钢、铝、包装物、钢板、原材料和标准半成品等。

4. 战略项目

战略项目是对买方的产品或流程至关重要的采购项目。这类采购项目的数量很大,通常只有一个可利用的供应源。这类产品在最终产品的成本中占有很大份额,并且不能在短期内加以改变,以避免重大损失,例如为汽车制造商生产的变速箱、化学工业用的汽轮机等。这类产品的采购方式最好采用基于合作伙伴的采购模式,当然在这种情况下也要考虑采购与供应双方谁居于支配地位还是处于势均力敌。

根据产品分类,供应战略有所不同。应该将关注重点放在战略产品和杠杆产品上,而且与一般产品相关的工作应尽可能加以限制。

【小资料 4-4】

卡拉杰克矩阵

卡拉杰克矩阵(Kraljic Matrix)最早出现于彼得·卡拉杰克(Peter Kraljic)的《采购必须纳入供应管理》(Purchasing must become Supply Management)一文,这篇文章发表在1983年9—10月号的《哈佛商业评论》上。作为资产投资管理工具,投资组合模型这一概念最初是由哈里·马科维茨(Harry M. Markowitz)于1950年提出。1983年,卡拉杰克率先将此组合概念引入采购领域。该矩阵被用作为公司采购组合的分析工具。卡拉杰克矩阵以采购所牵涉的两个重要方面作为其维度:

①收益影响(Profit Impact)。采购项目在产品增值、原材料总成本比及产品收益等方面的战略影响。

②供应风险(Supply Risk)。供应市场的复杂性、技术创新及原材料更替的步伐、市场进入的门槛、物流成本及复杂性以及供给垄断或短缺等市场条件。

(二)确定拟开发的供应商性质

前面介绍了多种采购方与供应商的关系类型,卡拉杰克模型也已经描述出采购方的需求类型与特点。采购方应该根据自己的实力、需求特点及市场,确定开发什么类型的供应商以及与供应商保持什么样的关系。有时候,采购方心仪的供应商,对方不一定看得上;有的供应商愿意为采购方供货,采购方又不一定愿意。所以,采购方也要权衡,自己与哪些供应商可以匹配。这样,才能在后续的供应商开发过程中增强针对性,避免盲目性,起到事半功倍的效果。

(三)编制供应商开发进度表

明确了供应商的开发方向,就可以根据物料需求时间及供应商开发难度,编制供应商开发进度表。供应商开发进度表的编制可以通过表格的形式描述;也可以采用甘特图进行描述,见表4-3。

供应商开发进度表　　　　　　　　　　表4-3

序号	开发步骤	进度日期										
		Wk1	Wk2	Wk3	Wk4	Wk5	Wk6	Wk7	Wk8	Wk9	Wk10	Wk11
1	寻找新供应商资料	→										
2	提供资料和面试详谈		→									
3	企业资质要求评审			→								
4	报价				→							
5	确定供应商考察对象					→						
6	初步进行试验性开发						→					
7	评估首次产品								→			
8	评估小批量产品									→		
9	评估中批量产品										→	
10	合格供应商评估											

(四)按进度表开发供应商

编制好供应商开发进度表之后,就应该严格按供应商进度表开发供应商。

1. 寻找新供应商资料

获得所需新供应商的资料或信息的方式有很多,而且,随着社会的发展,新的方法层出不穷。目前,不少采购者主要通过下列方法寻找:

(1)采购指南

采购指南、贸易目录和记录数据列出了制造商和服务提供者、地址、产品或服务种类、部门、财政情况及其他与采购决定过程相关的信息的参考资料。这些资料对商品、生产商和商标的描述指出了这些信息。

(2)产品发布会

一般正规大型企业都会为了增加自己的知名度,扩大自己的销售,通过公开举办产品发布会的方式,详细介绍自己的产品性能、特征、价位、优惠活动等。因为是在公众的监督下进行,所以发布的信息比较真实可靠。所以,参加产品发布会是采购方对供应商进行调查的很好方式。

(3)新闻传播媒体(报纸、刊物、广播电台、电视、网络)

例如,行业杂志是另一个潜在供应商的重要信息源。每个行业都有该行业有价值的行业杂志,其中会包含该行业的技术进展和市场信息,而且基本每一类行业协会都会定时发布本行业内各类企业的相关情况,特别是最近一段时间业绩比较好,或者技术、管理方面有新发展的企业。行业内企业也会借助专业媒体发布和宣传本企业的产品和服务信息。因此,行业杂志往往是采购人员了解行业和供应商情况的很好途径。

国际及国内有大量的出版物随时随地地为采购方提供信息。比较典型的有:综合工商目录、国别工商目录、产品工商目录以及商业刊物。

(4)产品展销会

许多行业会举行地区性和国家性的贸易展览和展会。这些展会为采购人提供了参观新产品和改进旧产品的绝好机会。不同的生产商、销售商和贸易企业都会定期举办许多种展会。

（5）政府组织的各类商品订货会

一般情况下，政府为了带动地方经济、招商引资，会为供需双方提供很多支持性措施，其中比较重要的一条措施就是举办各类商品的订货会。因为是政府出面举办，所以权威性、可信度比较高，也是采购方调查供应商的一个可靠信息来源。

（6）行业协会会员名录、企业协会、产业公报

行业协会也是收集潜在供应商的重要信息渠道。有的贸易协会和行业协会通过出版杂志、举办供应商贸易展以及其他方式提供可能来源的信息。一个国家的大多数工商企业都是行业协会的会员，采购方可以通过这些组织取得大量实用的有关供应商的资料。例如，物流与采购联合会、中国物流协会。

（7）国内外各种厂商联谊会或同业工会

有的贸易协会和行业协会通过出版杂志、举办供应商贸易展或联谊会以及其他方式提供可能来源的信息供采购方使用。

（8）政府相关统计调查报告、工厂统计资料、产业或相关刊物研究报告

一般政府统计报告等，作为引导性权威文献为采购方提供了可以信赖的供应商信息来源，采购方可以放心使用。

（9）其他各类出版物的企业（厂商）名录

企业名录也叫商业注册簿，类似企业黄页，但是内容却丰富得多。它会列出一些供应商的地址、分支机构数、从属关系、产品等，有时还会列出这些供应商的财务状况及其在本行业中所处的地位。一般企业聚集地区的管理部门会定时编制管理辖区内的商业注册簿。注册簿的分类索引主要是按商品名称分类，查找速度快，也比较直接，很多企业都以这种方式为主来联系供应商。

（10）媒体广告

可以在电视或报纸杂志的广告商品上，通过媒体上的联络电话、地址来作为供应商信息来源。

（11）网络搜寻

通过上网查询，采购方可以了解市场行情及供应商的情况。在信息时代和全球化市场来临的时候，对供应商信息的发现过程得到了前所未有的解放。网络平台为现代的采购部门带来了一条便捷的途径。通过搜索引擎搜索供应商，或者在电子商务平台上发布需求信息，都可以获得充分的供应商资源。现在，越来越多的供应商都开设网站，提供产品和服务的详细信息。网络提供的信息费用很低甚至是免费的，而且信息量很大，对采购方和供应商来说都是低成本高效率的。

（12）同行市调

采购人员可通过对同行业（竞争对手）的供应商情况调查，发现优良商品供应商的信息来源，有下列方式可以得到此商品的供应商信息：

①包装上的制造商或进口代理公司的电话联络。

②如果没有电话，利用包装上制造商或进口代理公司的名称，向114查询电话号码联络。

（13）厂商介绍

将想要引进的商品向同行厂商询问，厂商可提供相关信息。

（14）供应商自行找上门

也叫等待方法，即等待供应商自己上门来洽谈销售事宜。不过，这种方法虽然成本低，但比较被动，不容易找到合适的供应商。

2. 初步联系

在初选供应商确定之后，应使用适当的联系方法去跟供应商取得联系。一般来说，第一次尽可能采用电话联系，应跟供应商的相关业务人员清楚表达与他们联系的目的、自己的需求并初步了解该供应商的产品。

跟供应商电话联系取得初步的信息后，应根据筛选出的供应商所在地的远近来采取不同的行动。可以要求距离较近的供应商来企业面谈，应让供应商带上企业简介、相关的样品以增加会谈效果。面谈时不仅要尽可能多地从供应商那里得到信息，同时也要将企业对预购原材料的要求尽可能向供应商表达清楚。有必要的话，可带供应商到生产现场看一看，有利于增加供应商对预购产品要求的进一步理解。当涉及技术与工艺保密的问题时，则应避免带领供应商到生产现场参观。

如果是远距离供应商，草率地让供应商千里迢迢赶来显然是不合适的。合适的做法是让供应商用快递将资料和样品寄一些过来，从供应商的资料和样品中，可以在一定程度上了解它的实力，也可以通过访问供应商的网页去了解供应商。

无论供应商是远是近，要求供应商填写一份"供应商调查表"是必要的。表4-4是一份供应商调查表，它用于在初步联系阶段了解供应商的一些基本情况。

3. 初步访厂

初步访厂的步骤不是必要的，如果方便，由采购人员在对供应商工厂正式审核之前去"踩踩点"还是有益的。因为越来越多的企业的供应商开发工作是由一个包括工程、品质管理人员在内的开发团队去完成。如果采购人员不提前对供应商的工厂有一个初步了解，万一供应商的实际生产现场很差，采购人员毫无疑问会遭到开除，团队内其他部门人员的抱怨甚至是责难也在所难免。初步访厂目的是要得到一个对该供应商的初步总体印象，为采购人员对该供应商是否有必要采取下一步行动决策打好基础。

4. 报价

在对供应商资质审核及初步掌握供应商的一些基本情况后，可要求供应商报价。供应商一般根据其以往经验或同类产品的生产成本及市场价格水平进行报价。报价一般通过询价单进行，询价单的内容包括物料名称、币种、价格术语、交货周期、最小交货量、交货地、付款条件等，以便让供应商进一步得到此物料的一些基本情况，并可让供应商以相同的报价条件来报价格，为采购人员比价创造有利条件。

5. 正式工厂审核

对符合资质、价格和交货条件的潜在供应商，采购方组织采购、质保和工程技术人员前往供应商工厂进行现场考察和审核。审核内容包括质量保证能力、产品开发能力、供货能力、价格水平、服务水平和管理水平6大模块。供应商审核表见表4-5。

6. 产品质量认证

产品质量认证是供应商评估的关键环节，产品质量认证包括样品试制认证、中试认证和批

供 应 商 调 查 表

表 4-4

供货厂商企业名称：			
总部地址：			
工厂地址：			
联系人姓名	职务	电话	
成立时间		所在国	
企业主要负责人	职务	电话	
1 2 3			
工厂负责人（请列明设计部、生产制造部、质量管理部主要经理） 1 2 3			
主要产品	年份	近三年生产能力	近三年产量
1	1 2 3		
2	1 2 3		
3	1 2 3		
主要客户	采购商品	上一次采购日期	
1 2 3			
请列明资信查询机构名称及地址			

供 应 商 审 核 表　　　　　　　　　　　表 4-5

供应商名称：	提供本公司的产品：	联系人：	
电话：	传真：	电子邮件：	供应商地址：
第一部分:基本情况			
第二部分:企业管理			
第三部分:质量体系及保证			
第四部分:设计、工程与工艺			
第五部分:生产			
第六部分:企划与物流 评审内容（要素） 得分 (1)机构设置 (2)物流管理系统		适用否	观察记录
物流管理		是否	0－25－50－75－100
物料的可追溯性		是否	0－25－50－75－100
仓储条件		是否	0－25－50－75－100
仓储量		是否	0－25－50－75－100
先进先出		是否	0－25－50－75－100
供应商名称：	提供本公司的产品：	联系人：	
电话：	传真：	电子邮件：	供应商地址：
MRP 系统		是否	0－25－50－75－100
(3)发货交单			
(4)供应商管理			
第六部分综合得分：			
第七部分:环境管理			
第八部分:市场及顾客服务与支持			
供应商审核综合得分：			

量认证三个环节。

(1)样品试制认证

样品试制认证的目的是验证系统设计方案的可行性,同时达成在企业与供应商之间的技术折中方案。其内容主要包括签订样品试制认证合同、向初选供应商提供认证项目试制资料、供应商准备样件、认证人员对过程进行协调监控、调整技术方案、供应商提供样件、样件评估、确定物料项目样件供应商。样品试制认证程序如图 4-8 所示。

①签订样品试制认证合同。与初选供应商签订样品试制认证合同,目的是确保初选供应

商在规定的时间内提供符合要求的样件。试制合同中应包括保密内容,即供应商应该无条件遵守企业的保密规定。

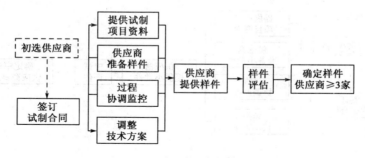

图 4-8　样品试制认证程序

②向初选供应商提供认证项目试制资料。签订试制合同后,要向供应商提供更为详尽的资料,其中可能会包括企业的一些机密材料。

③供应商准备样件。供应商获得试制资料以后就应开始着手进行样件的准备工作。样件的准备工作需要一个周期,不同认证项目其周期不同,对于那些要求较高或全新产品的样件,准备往往需要几个月甚至一年的时间,而对于那些只是稍作改动的产品,其样件的准备则需要时间较少。一般来说,同样情况下,电子件、机械件的准备周期相对较短,组合设备的准备周期相对较长。

④认证人员对过程进行协调监控。对于一些准备周期较长的认证项目,认证人员应该对过程进行协调监控,并且遇到突发事件时应及时提出解决对策。

⑤调整技术方案。在有些情况下,可能需要企业与供应商之间进行技术方案的调整。设计人员的设计方案与实际加工过程出现要调整的地方是正常的,认证人员不能因为供应商提出技术方案调整而怀疑供应商的能力。

⑥供应商提供样件。供应商把样件制造出来之后,应把样件交送采购认证部门进行认证,体积较小的样件只需随身携带,体积巨大的样件需要借助其他方式带给认证人员或由认证人员前往供应方进行检查。

⑦样件评估。样件送到认证部门之后,由认证人员组织,并协调相关部门一同制定认证项目的评估标准,对样件进行综合评估。样件的评估内容包括性能、质量、外观等。一般需要参加的评估人员包括设计人员、工艺人员、质管人员、认证人员、订单人员、计划人员等。

⑧确定物料项目样件供应商。经过以上工作,就可以由集体决策,确定符合企业要求的样件供应商。为保证所采购产品的质量,一般要选择3家以上的样件供应商。

(2) 中试认证

通过试制认证的供应商,只能说可以制作出符合企业需要的样件。中试认证是考察供应商能否在现实的生产环境下,生产出符合企业需要的小批件。中试认证后需要确定满足采购方要求的供应商3家以上。中试认证程序如图4-9所示。

(3) 批量认证

采购需要的供应商是在工厂车间环境下,批量生产采购方所需要的产品。因此,批量认证是必要的。通过批量认证后需要确定满足采购方要求的供应商 2 家以上。批量认证程序如图 4-10 所示。

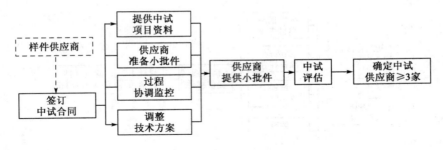

图 4-9　中试认证程序

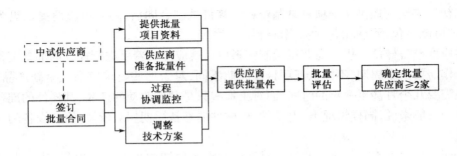

图 4-10　批量认证程序

(五) 正式接纳为合格供应商

通过批量认证的供应商便可以接纳为合格供应商,加入到企业的合格供应商清单中去。合格供应商清单应准确描述供应商的信息,包括供应商名称、采购类别及项目、产能、采购周期、最小采购批量、最小包装数、联系电话、联系人和备注等。合格供应商清单是采购部门下订单的依据,内容列项应尽量详细。

(六) 订单转移

采购方要及时转移企业的采购订单。如果所采购的物料已经有供应商,应该将给原供应商的订单分配一部分给新供应商。向新供应商首次采购时,给新供应商的订单比例不能太高,应该根据供应商的表现,逐步提高订单比例。如果所采购的物料原来没有供应商,向所选择的供应商下达订单就是理所当然的了。

 知识拓展

某企业开发优质供应商的策略

一、确定优质供应商的主体
①优秀的企业领导人。

②高素质的管理干部。
③稳定的员工群体。
④良好的机器设备。
⑤良好的技术。
⑥良好的管理制度。

二、选择、开发优质供应商

选择、开发优质供应商,应基于调查:
①管理人员水平。
②专业技术能力。
③机器设备情况。
④材料供应状况。
⑤质量控制能力。
⑥管理规范制度。

三、严格的供货商开发步骤

1. 物料分类

按材料的成分或性能分为塑料类,五金类,电子类,化工类,包装类等。

2. 收集供货商资料

每类物料搜集2~3家厂家,填写在《厂商数据表》上。

3. 供货商调查

根据《供货商资料卡》名单,采购部门将《供货商调查表》传真至供货商填写。

4. 成立供货商评估小组

由副总经理任组长、采购、质量技术部门经理、主管、工程师组成评估小组。

5. 调查评估

①根据反馈的调查表,按规模,生产能力等基本指标进行分类,由评估小组选派人员按《供货商调查表》所列标准进行实地调查。

②此调查项目如实填写在调查表上,然后由评估小组进行综合评估,将合格厂商分类按顺序统计记录。

6. 送样或小批量试验

①调查合格的厂商可通知送样或小批量采购,送样检验或试验合格者可正式列入《合格供货商名册》,未合格者可列为候补序列;

②向合格供货商采购,付款时应审核名单,非合格供货商者应报上级。

7. 比价议价

对送样或小批量合格的材料评定质量等级,并进行比价和议价,确定一个最优的价格性能比。

8. 供货商辅导

列入《合格供货商名册》的供货商,公司应给予管理、技术、质量上的辅导。

9. 追踪考核

①每月对供货商的交期、交量、质量、售后服务等项目进行统计,并绘制成图表。

②每个季度或半年进行综合考核评分一次。
③按评分等分成优秀、良好、一般、较差4个等级。
10. 供货商筛选
①对于较差的供货商,应予以淘汰,将其列入候补名单,重新评估。
②对于一般的供货商,应予以减少采购量,并重点加以辅导。
③对于优秀供货商,应加大采购量。

任务四　供应商考评与控制

在供应商使用中,采购方要及时、全面地收集供应商的供应信息,为供应商考评提供基础资料,为供应商的使用和退出提供依据。同时,企业所需各种物料的供应商,在不同时期,不同环境下如何动态管理,以调动供应商的积极性,实现企业的供应战略目标,需要我们重视供应商使用与控制。

一、供应商的考评

(一)供应商考核评价指标

供应商管理是建立在供应商的考评的基础上的,各个企业的供应商考核评价指标不尽相同,但是,一般主要从质量指标、成本指标、供应指标、服务指标4个方面来评价。

1. 质量指标

采购商品的质量评价指标主要包括来料合格批次率、来料抽检缺陷率、来料在线报废率、来料免检率等。

$$来料合格批次率 = (合格来料批次/来料总批次) \times 100\%$$
$$来料抽检缺陷率 = (抽检缺陷总数/抽检样品总数) \times 100\%$$
$$来料在线报废率 = [来料总报废数(含在线生产时发现的)/来料总数] \times 100\%$$
$$来料免检率 = (来料免检的种类数/该供应商的产品总种类数) \times 100\%$$

2. 成本指标

对供应商的成本评价不仅仅是价格评价,应该涉及所有影响成本的因素的评价。
①价格水平。对供应商价格水平的考核,可以和市场同档次产品的平均价和最低价进行比较,分别用市场平均价格比率和市场最低价格比率来表示。

$$平均价格比率 = [(供应商的供货价格 - 市场平均价格)/市场平均价格] \times 100\%$$
$$最低价格比率 = [(供应商的供货价格 - 市场最低价格)/市场最低价格] \times 100\%$$

②报价态度。主要评价供应商的报价是否客观、具体、透明。
③降低成本的态度及行动。供应商是否真诚地配合采购方或主动地开展降低成本活动,制订改进计划、实施改进行动等。

④分享降价成果。供应商是否愿意将降低成本的好处也让利给顾客(采购方)。

⑤付款。供应商是否积极配合响应采购方提出的付款条件要求与办法,开出的付款发票是否准确、及时、符合有关财税要求。

3.供应指标

供应指标,也叫交货期指标,主要考察供应商的准时交货率、交货周期、订单变化接收率等,来评价供应商在商品上的供应问题。交货周期是自订单开出之日到收货之时的时间长度,常以"天"为单位。

准时交货率 =(按时按量交货的实际批次/订单确认的交货总批次)×100%

订单变化接受率 =(订单增加或减少的交货数量/订单原定的交货数量)×100%

订单变化接受率是衡量供应商对订单变化的反应的一个指标,指双方确认的交货周期中供应商可接受的订单调整的比率。

4.服务指标

进货是一个重要且复杂的过程,通常在签订订单之后需要订单人员的跟催和协调,主要是从反应表现、沟通手段、合作态度、共同改进、供应商的售后服务、参与开发、其他支持等方面来评价供应商在商品上的服务问题。

①反应表现。表现在供应商对订单、交货、质量投诉等反应是否及时,答复是否完整,对退货、挑选等是否及时处理。

②沟通手段。是否有专门合适的人员与采购方沟通,沟通手段是否符合采购方的要求。

③合作态度。是否将采购方看成是重要客户,供应商高层领导或关键人物是否重视采购方的要求等。

④共同改进。供应商是否积极参与或主动提出与采购方相关的质量、供应、成本等改进项目或活动,或推行新的管理做法等。

⑤供应商的售后服务。供应商是否主动征询顾客(采购方)的意见、主动解决或预防问题等。

⑥参与开发。供应商是否参与、如何参与采购方的产品或业务开发过程。

⑦其他支持。供应商是否积极接纳采购方提出的有关参观、访问事宜;是否积极提供采购方要求的新产品报价与送样等。

(二)供应商考评的步骤和结果处理

1.供应商考评的步骤

(1)确定考评对象

在供应商使用的过程中,考评是管理供应商的重要手段。不少企业的供应商都很多,每次考评哪些供应商,采购企业应该有计划的实施。所以,正确确定考评对象,可以使我们的考评工作更加具有针对性。一般来说,考评那些愿意与采购企业建立供应链合作关系的供应商是我们考评的重点。

(2)制定考评目标

考评目标不同，供应商考评采取的方法和指标都会有所不同。例如，以提高供货质量为目标与以降低供货成本为目标所选择的考评指标体系与方法会大不相同。

在企业发展的不同阶段，企业的供应商考评的目标是不同的。采购方评价供应商的常见目标有：提高供应保证程度，提高服务质量，降低采购成本，推陈出新，维护和发展良好的、长期稳定的供需关系。

(3) 组建考评小组

供应商考评小组必须是由企业中熟悉供应商的部门的相关人员组成，其组员一般来自采购、生产、财务、技术、市场等部门。组员必须有团队合作精神，具有一定的专业技能。

(4) 建立考评指标体系

供应商评价的指标体系是采购方对供应商综合评价的依据和标准，应根据所制定的考核目标而制定相应的指标体系。指标体系的建立要注意遵循系统全面性、简明科学性、稳定可比性、灵活可操作性的原则。

(5) 选择考评方法

根据采购方掌握的供应商资料不同，可以采用不同的方法对现有供应商进行考评。可以采用定性分析法，即由考评人员参考所掌握的资料，根据自己的主观印象将供应商分等定级；也可以采用定量分析法进行考评，即通过在供应过程中供应商的具体表现，用具体数据进行对比，将供应商分等定级。但是，一般都是采购定性与定量相结合的考评方法。

(6) 供应商考评

对供应商的考评，一定要建立在全面调查、收集供应商供应信息的基础之上，依照前面所选的指标体系、方法进行考评。日常管理中，供应商的供应信息的收集非常重要，不论是质量问题，还是成本价格问题，甚至是供应商对于问题投诉的处理态度问题，都要认真记载，记录的数据要具有全面性、准确性。

(7) 考评结果分析

对供应商考核之后，应该对考评结果进行认真分析处理，包括总体上的服务水平，采购成本的大小，现有供货能力与企业要求和目标的差距等问题，从而提出相应的改进措施。

2. 供应商考评结果处理

对供应商考评之后，采购方对供应商的处理结果无非有4种，一是继续深入合作，二是维持现有状态，三是帮助提高，四是减少对其采购量或淘汰。

(1) 继续深入合作

对于各项考核指标都较好的供应商，采购方应进一步加强与其合作的力度，并设法采用更强的激励措施，与其建立长期的战略合作伙伴关系，使其更好地为自己服务。

(2) 维持现有状态

有些供应商总体考核结果较好，但个别指标需加以改进，这种情况下，应继续与其合作，但应指出其不足，并要求他加以改进。有些供应商尽管存在问题较多，但对企业很重要，若能对其不足之处加以改进，达到企业要求的，也可继续维持与其合作。

(3) 帮助提高

有的供应商总体考核结果不怎么好，但是，还没有达到不合格的程度。采购方可以将其设定为辅导供应商，并暂停向其采购或减少对其采购量，指出其不足，帮助其分析问题的产生原因，促进其限期改进提高。供应商按照采购方的要求改进后，再恢复其正常供应地位。

需要说明的是，不少情况下，供应商的开发、选择的成本较高，我们不能发现问题就淘汰供应商。因此，对供应商进行辅导是必要的。

（4）淘汰

对于考核不合格的供应商，采购方应该及时采用退出机制予以淘汰，以儆效尤，纯洁供应商队伍。

【小资料4-5】

供应商考核方案

1. 目的

为保证本公司所需物资得到有效、及时供应，保证本公司产品质量的稳定和提高，特制订此方案以不断改善公司的采购工作，提高供应商的供货能力。

2. 适用范围

适用于向本公司提供产品（外购、外协）及服务的供应商的评估考核及选择。

3. 职责划分

副总经理负责供应商考核结果的裁决；采购部人员负责供应商交期指标与其他部分指标的评分量，质量管理部负责供应商所供应产品的质量及其他相关方面的评分。

4. 考核实施细则

（1）考核类别

考核分为月度考核与年度考核两种。

（2）考核项目及评分标准

对供应商的考核，主要从产品质量状况、产品交付情况、产品价格水平、服务质量与管理能力5个方面进行，其评分标准见表4-6。

评 分 标 准　　　　　　　　　　　　　　　　表4-6

考核内容及权重		考 核 标 准			考核得分
考核内容	权重	评分标准	最高分	最低分	
产品质量状况	60%	（1）主要从进料检验合格率与现场生产不良退货率两方面考核； （2）从进料检验合格率达到____%，每低1%，减____分； （3）现场生产不合格率低于____%，每高1%，减____分			
交付情况	15%	准时交货率达到____%，每低1%，减____分			
价格水平	10%	与同类产品采购价格的市场平均水平相比较，划分为偏高（____分），居中（____分），偏低（____分）3个等级			
服务质量	10%	满意度评价达到____分，每低5分，减____分			
管理能力	5%	主要从管理人员的流动率、员工培训状况、企业发展前景等方面进行考核，具体考核标准根据公司相关规定进行			

5. 考核结果及运用

将对供应商的考核结果分为 4 个类别,具体内容见表 4-7。

考核结果　　　　　　　　　　　　　　　　　　表 4-7

考核得分	供应商类别	结果运用
90~100 分	一级供应商	优先采购
80~89 分	二级供应商	继续合作,但要求其对不足之处予以改善
70~79 分	三级供应商	要求其对不足之处予以改善,根据改善后的结果决定是否对其进行采购、减少采购等
69 分以下	四级供应商	暂停或减少对其的采购数量,并通知供应商提高供货能力,改进供货工作

(资料来源:《采购部规范化管理工具箱》,周鸿编著,人民邮电出版社,2013。)

二、供应商激励与控制

(一)供应商激励

1. 激励的方式

对于供应商的激励主要有正激励和负激励两种激励方式。

①常见的正激励。常见的正激励主要有延长合作期限、增加合作份额、增加物资类别、供应商级别提升、书面表扬、颁发证书或锦旗、现金或实物奖励等。

②常见的负激励。常见的负激励主要有缩短合作期限、减少合作份额、减少物资种类、业务扣款、降低供应商级别、起诉与索赔、淘汰等。

采购方对供应商到底应该实施何种方式的激励,要视供应商本身及供应商与自己合作的具体情况而定。但一般主张提倡积极的正激励,而不主张消极的负激励。

2. 激励时机

对于供应商的激励时机主要有:市场竞争激烈,现有供应商的业绩不见提升时;供应商之间缺乏竞争,物资供应相对稳定时;供应商缺乏危机感时;供应商对公司利益缺乏高度关注时;供应商业绩有明显提高,对公司效益增长贡献显著时;供应商的行为对公司利益有损害时;按照合同规定,公司利益将受到影响时;出现经济纠纷时;需要提升供应商级别时等。

(二)供应商控制的有效措施

供应商控制的目的,一是要充分发挥供应商的积极性和主动性,努力搞好物资供应工作,保证本企业的生产经营活动正常进行;二是要防止供应商企业的不轨行为,预防一切对企业、对社会的不确定性损失。常见的控制措施有:

1. 逐渐建立起一种稳定可靠的关系

企业应当和供应商签订一个较长时间的业务合同关系,例如 1~3 年。时间不宜太短,太短了让供应商不完全放心,从而总是要留一手,不可能全心全意为搞好企业的物资供应工作而倾注全力。只有合同时期长,供应商才会感到放心,才会倾注全力与企业合作,搞好物资供应工作。特别是当业务量大时,供应商会把本企业看作是它生存发展的依靠和希望。这就会更加激励它努力与企业合作,企业发展,它也得到发展,企业垮台,它也跟着垮台,形成一种休戚与共的关系。

但是合同时间也不能太长。一方面是因为将来可能发生变化,例如市场变化导致产量变化,甚至产品变化、组织机构变化等;另一方面,也是为了防止供应商产生一劳永逸、"铁饭碗"的思想而放松对业务的竞争进取精神。为了促使供应商加强竞争进取,就要使供应商有危机感。所以合同时间一般以一年比较合适,并说明如果第二年继续合适,可以再续签;第二年不合适,则合同终止。这样签合同,就是既要让供应商感到放心,可以有一段较长时间的稳定工作;又要让供应商感到有危机感,不要放松竞争进取精神,才能保住明年的工作。

2. 有意识地引入竞争机制

在供应商之间引入竞争机制,可以促使供应商之间在产品质量、服务质量和价格水平方面不断优化。例如,在几个供应量比较大的品种中,每个品种可以实行 AB 角制或 ABC 角制。所谓 AB 角制,就是一个品种设两个供应商,一个 A 角,作为主供应商,承担 50%～80% 的供应量;一个 B 角,为副供应商,承担 20%～50% 的供应量。在运行过程中,对供应商的运作过程进行结构评分,一个季度或半年一次评比。如果主供应商的月平均分数比副供应商的月平均分数低 10% 以上,就可以把主供应商降级成副供应商,同时把副供应商升级成主供应商。与上面说的是同样的原因,我们主张变换的时间间隔不要太短,最少一个季度以上。太短了不利于稳定,也不利于一旦偶然出错的供应商纠正错误。ABC 角制则实行三个角色的制度。原理与 AB 角制一样,同样也是一种激励和控制的方式。

3. 与供应商建立相互信任的关系

当供应商经考核转为正式供应商之后,一个重要的措施,就是应当将验货收货逐渐转为免检收货。免检是供应商的最高荣誉,也可以显示出企业对供应商的高度信任。免检当然不是不负责任地随意给出,而是应当稳妥地进行。既要积极地推进免检考核的进程,又要确保产品质量。一般免检考核时间要经历 3 个月左右时间,在免检考核期间,起初总要进行严格的全检或抽检。如果全检或抽检的结果,不合格品率很小,则可以降低抽检的频次,直到不合格率几乎降到零。这时,要组织供应商有关方面的人员,稳定生产工艺和管理条件,保持住零不合格率。如果真能保持住零不合格率一段时间,就可以实行免检了。当然,免检期间,也不是绝对地免检,还要不时地随机抽检一下,以防供应商的质量滑坡,影响本企业的产品质量。抽检的结果如果满意,则就继续免检。一旦发现了问题,就要增大抽检频次,进一步加大抽检的强度,甚至取消免检。通过这种方式,也可以激励和控制供应商。

此外,建立信任关系还包括很多方面。例如不定期地开一些企业负责人的碰头会,交换意见,研究问题,协调工作,甚至开展一些互助合作。特别对涉及企业之间的一些共同的业务、利益等有关问题,一定要开诚布公,把问题谈透、谈清楚。要搞好这些方面的工作,需要树立起一个指导思想,就是"双赢"。一定要尽可能让供应商有利可图。不要只顾自己,不顾供应商的利益,只有这样,双方才能真正建立起比较协调可靠的信任关系。这种关系实际上就是一种供应链关系。

4. 建立相应的监督控制措施

在建立起信任关系的基础上,也要建立起比较得力的、相应的监督控制措施。特别是一旦供应商出现了一些问题或者一些可能发生问题的苗头之后,一定要建立起相应的监督控制措施。根据情况的不同,可以分别采用以下一些措施:

①对一些非常重要的供应商,或是当问题比较严重时,可以向供应商单位派常驻代表。常驻代表的作用,就是沟通信息、技术指导、监督检查等。常驻代表应当深入到生产线各个工序、各个管理环节,帮助发现问题,提出改进措施,切实保证把有关问题彻底解决。对于那些不太重要的供应商,或者问题不那么严重的单位,则视情况分别采用定期或不定期到工厂进行监督检查,或者设监督点对关键工序或特殊工序进行监督检查,或者要求供应商自己报告生产条件情况、提供工序管制上的检验记录,让大家进行分析评议等办法实行监督控制。

②加强成品检验和进货检验,做好检验记录,退还不合格品,甚至要求赔款或处以罚款,督促供应商改进。

③组织本企业管理技术人员对供应商进行辅导,提出产品技术规范要求,使其提高产品质量水平或企业服务水平。

另外,对供应商的控制也可根据物料采购金额的大小,对供应商进行 ABC 分类,分为重点、一般、非重点供应商,然后根据不同供应商按下列方法进行不同的控制:

派常驻代表;定期或不定期到工厂进行监督检查;设监督点对关键工序或特殊工序进行监督检查;成品联合检验,可以由客户会同采购人员一同到供应商处实施联全检验;要求供应商及时报告生产条件或生产方式的重大变更情况(如发包外协等);组织管理技术人员对供应商进行辅导,使其提高品质水平,满足公司品牌要求;由供应商提供制程管制上的相关检验记录;进货检验等。

除此之外,还要防止被供应商控制。防止被供应商控制的方法主要有:进行全球采购;另找一家供应商;注意业务经营的总成本;一次性采购;利用供应商的垄断形象;增强相互依赖性;更好地掌握信息;协商长期合同;与其他用户联手;让最终客户参与;未雨绸缪,化解控制,如虚实相间的采购策略;多层接触,培养"代言人";营建一流的专业采购队伍等。

三、企业与供应商关系的演变

供应商关系随着经济的发展不断演变,由传统的竞争关系向双赢的战略伙伴关系的方向发展。在过去,在双方交易过程中,交易价格往往成为双方力争的焦点。20 世纪 90 年代中后期,游戏规则从单赢变成了双赢,供应链的双方有了共同目标,发达国家的供应商与买方的关系开始发生战略性的变化。具体来说,供应商关系发展大概经历了对立关系、松散型关系、交易关系、较紧密的战术关系、单一供应源关系、单一供应源关系、外包关系、战略联盟、伙伴关系阶段等,如图 4-11 所示,不同的阶段对采购组织也提出了不同的挑战。

1. 对立关系

对立关系即买方和卖方寻求指定供应机会中地位最大化,甚至不惜伤害对方的一种关系。这种关系所表现出来的特征是冲突、对立和很低的信任关系。

从这种短期关系来看,采购组织的挑战是确保指定产品和服务的最低总拥有成本。采购组织并不追求长期交易,因为他们会希望在变化的市场中可以自由更换供应商来确保更好的交易,而不用被长期合同所束缚。

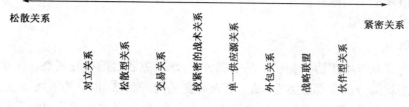

图4-11 买卖双方关系图谱

2. 松散关系

松散关系即指买方从供应商那里采购的次数不多,采购量不大,或没有建立更紧密关系的需要。只在需要时才使用该供应商。

对采购组织的挑战:获取产品和服务,没有对立关系,对没有利益的长期关系也不作出承诺,从而显得没有响应或正在破坏关系。产品和服务的标准特性意味着由于可以更换供应商而使风险最小化。

3. 交易关系

交易关系即注重合格的供应商向买方提交低价值、低风险的产品和服务的普通交易的成功完成。这些交易的成功完成是公司业务运行的标志,在此情况下,形成对立关系将会对买方不利。

对采购组织的挑战:满足采购组织"自私"的目标,同时确保产品和服务的持续供应,尽可能减少安排工作上的精力,也要避免冒犯供应商。而供应商则会竭力在采购组织内部确立其供应地位。

4. 较紧密的战术关系

较紧密的战术关系即与那些有能力的供应商之间的关系,这些供应商注重成功地完成低风险的交易,并协调其他(二级)供应商对低风险的产品和服务的供应。较紧密的战术关系的优势在于值得在上游和下游进行适时的投资,但是真正的"紧密"关系并不是买方的需求。

对采购组织的挑战:让其他组织无偿或尽可能低的回报做额外的业务。于是供应商会通过向其他采购组织提供相同的服务来产生更大的规模经济,这增加了与本采购组织关系的风险。

5. 单一供应源关系

单一供应源关系即采购组织通常以固定单位价格和特定时间,就某一系列特定产品与供应商签订排他性协议情况下形成的关系。这种关系为买方和卖方提供了规模经济的好处。

6. 外包关系

外包关系即依据合同所确定的标准、成本和条件,采购组织保留服务的责任,但是将日常服务的工作转移给外部组织。这是一种战略决策,就是应用供应商的专业技术,而不是自行完成服务或生产产品。

对采购组织的挑战:依据全部事实和成本制定决策;确保实现每年所承诺的利益;确保他们获得满足自己需求的最好的服务,而不是适应供应商的方式,信任和公开性是双向的;确保他们拥有严格评估他们服务的知识;确保供应商提供备选战略和风险的信息;确保供应商对长期提供服务保持"渴望"。

7. 战略联盟

战略联盟即双方组织协作提供产品或服务,寻求双方各自的相互利益。出于防御的原因,组织之间可能就部分或全部服务/产品组合在指定的地理领域、指定的市场结成联盟。买方可能成为联盟的一部分;然而,他们可能也面对着一个联盟,在某些情况下,他们可能并没有意识到他们正在面对一个联盟。

对采购组织的挑战:不是来自于战略联盟内部的协作,而是来自于该组织所面临的其他供应商之间的战略联盟。

8. 伙伴关系

伙伴关系即买方和卖方对长期关系的一种承诺,以信任和明确的双方约定目标为基础,其根本意义在于通过下列持续改进、提高竞争地位、杜绝浪费、加速创新、扩张市场增长利润等共同目标,共担风险和共享回报。伙伴关系对于买卖双方都是非常有益的,特别在供应链环境下更是如此。

对采购组织的挑战:选择一个合适的伙伴,对关系进行投资使其有效、改进、发展。

此外,供应商关系还反映出不同的行业特点。对于产品周期长的行业,如美国的汽车业,供应商关系重点是缩短产品发展周期,降低成本;对于高物流成本企业,如日本企业,供应商关系的重点是提供物流合作,如跟随重点客户建厂、提合理建议等;对于高库存成本的企业,如维修业和电子元器件业,供应商则通过积极参与库存管理计划等方式降低库存成本。

在新的采购环境下,供应商管理关系发生了根本性变化,供应商正在从单纯的货物的提供者转变为买方的战略性商业伙伴。买方更多地从双赢的角度出发帮助供应商改进流程,降低营运成本。同时买方通过减少供应商数目,一方面控制自身供应商管理成本,另一方面增加单个供应商采购量,以提高供应商依赖度。

目前,供应商关系管理在我国还处于初级阶段。但随着行业竞争的加剧,不稳定的供应商关系给企业带来的经营风险也越来越大。实践证明,战略供应商关系管理在一定程度上起到整合行业的供应链的作用。进一步优化资源配置,能够增强买卖双方的竞争优势,降低营运风险,对许多国内大型企业都有现实的借鉴意义。

四、双赢供需关系的建立

(一)建立双赢供需关系的意义

1. 缩短供应商的供应周期,降低交易成本,提高供应的灵活性

建立双赢的供需关系使得购买与销售关系更加稳定,企业之间就能发展效率更高的、更专业化的生产过程,上游企业调整它的产品,使之完全满足下游企业的需要,或者下游企业调整自身使之更加适合上游企业产品的特性。而一个独立的供应商或顾客在成交过程中都面临着

被其他竞争者排挤的竞争风险。长久稳定伙伴的关系可以和供应商建立专门的交易过程,包括专业化的后勤系统、特殊的包装、记录保障及控制的独特安排以及其他相互影响的降低成本的方式,缩短供应商的供应周期,提高供应的灵活性。

2. 减少原材料、零部件的库存,降低行政费用,加快资金周转

由于供需双方建立了双赢的伙伴关系,双方能够共享信息,供应商能够准确地知道企业的生产和库存情况,在需要时及时供货,从而降低了库存成本,减少了企业的资金占用,提高了资金周转速度。

3. 提高供需双方总体经济效益

从理论角度出发,一个成功的客户与供应商的战略伙伴关系,对企业产生的影响,与企业间的纵向整合类似。也就是说,通过上、下游企业间的合作或合并,使企业在生产、销售、购买、控制和各个领域里,都获得经济效益,或节约成本。显然,两个具有供应关系的企业间的合作,使得不同技术的生产作业联合起来,有利于企业提高生产效率。

4. 降低交易成本

双赢的供需关系使得买卖双方更加密切,双方可以分摊收集、分析信息的成本,能够减少双方在销售、定价、谈判以及市场交易等方面的部分成本。此外,稳定的关系,使得双方可以集中精力发展各自的核心技术,提高产品质量,促使企业获得更高的效益。

【小资料4-6】

大量的实证研究证实了战略伙伴关系可以为企业创造新的利润空间。麦肯锡公司的一个研究结论表明:美国一个重要的机械设备设计和制造厂商,在供应商管理方面,每年投入2.8亿美元,因此而节约的成本则为50亿美元。另一个年销售额大约为100亿美元的电子商,因战略联盟节约的成本大约为5亿~10亿美元。由此可见,建立战略伙伴关系,对企业意义重大。

(二)建立双赢供需关系的实施原则

1. 创建双赢前提

传统的生意是双方各不相让,定要决出胜负。一方试图保持绝对优势,另一方会很难接受(而且极少接受),这样双方就不可能很投入。如此下去,一方不可避免地会离开,结果只能不欢而散。供应商和买家的关系也是如此。现在这种竞争必须代之以双方更多的合作。而合作的前提必须是对双方都有利,新的关系模式中对方是伙伴而不是对手。对手之间互相隐瞒计划或意向,伙伴之间则可以自由分享。双方共享对方的使命、远见和价值尤为重要。如果有一个共同的目标,合作就能进行下去并不断发展,因此,寻求一种共赢的前提是非常必要的。

2. 正确处理交易价格与双方利益的关系

传统的采购管理,供需双方往往是竞争的关系,双方的利益是对立的,价格是利益冲突的焦点,买方总是设法压低价格,而卖方则恰恰相反。当然,在企业的采购过程中,降低采购成本是非常必要的,但是,如果过分强调节约成本,也会给企业带来不良的影响。如迫使供应商不断降价,甚至为了获得最低价不惜频繁更换供应商。这样做最终会导致各种不良后果:所采购

的货物质量难以保证,不可避免地延迟交货,供应商根本不能完成工作等。这样,即使降低采购成本的动机是好的,但最终会对公司的利益产生负面影响,无法保证生产的需要,使企业损失惨重。建立在双赢供需关系上的采购则不同,它是在双方互利基础上的采购,注重的是双方都获益。所以说,无论是买方市场还是卖方市场,都应同供应商建立互惠互利的合作关系,只有双方利益都得到保障,才能最终保障自己的利益。

3. 建立信息交流与共享机制

信息交流与共享有助于促进重要生产信息的自由流动。双赢的供需关系要求在企业与供应商之间经常进行有关成本、作业计划和质量控制信息的交流与沟通,并使供应商参与有关产品开发设计等活动,保持信息的一致性和准确性。必要时,还应进行互访,及时发现和解决各自在活动过程中出现的问题和困难,利用现代信息系统进行交流,保证双方信息的畅通,增进双方的了解。

4. 对供应商实施有效的激励

实施双赢的供需关系还应该注意对供应商实施有效的激励。没有有效的激励机制,就不可能维持良好的供应关系。常用的激励措施如给予供应商价格折扣和赠送股权等,让供应商来分享企业的成功,并且对供应商的业绩进行评价,使供应商不断改进。

【小资料4-7】

克莱斯勒与供应商的关系

克莱斯勒与供应商建立融洽关系的诀窍,其实很简单,就是在与供应商共事时尽量做到平易近人。克莱斯勒采取的一个重要措施,就是让供应商尽早参与新型汽车的设计过程,征求他们对降低成本、技术革新方面的意见。这样做的好处是使克莱斯勒能比其他公司更早地发明新材料、新技术和新零部件。

(三)双赢供应关系的管理

双赢关系已经成为供应链企业之间合作的典范,因此,要在采购管理中体现供应链的思想,对供应商的管理就应集中在如何和供应商建立双赢关系以及维护和保持双赢关系上。

1. 信息交流与共享机制

信息交流有助于减少投机行为,有助于促进重要生产信息的自由流动。为加强供应商与制造商的信息交流,可以从以下几个方面着手:

①在供应商与制造商之间经常进行有关成本、作业计划、质量控制信息的交流与沟通,保持信息的一致性和准确性。

②实施并行工程。制造商在产品设计阶段让供应商参与进来,这样供应商可以在原材料和零部件的性能和功能方面提供有关信息,为实施质量功能配置(Quality Function Deployment,简称QFD)的产品开发方法创造条件,把用户的价值需求及时地转化为供应商的原材料和零部件的质量与功能要求。

③建立联合的任务小组解决共同关心的问题。在供应商与制造商之间应建立一种基于团队的工作小组,双方的有关人员共同解决供应过程以及制造过程中遇到的各种问题。

④供应商和制造商经常互访。供应商与制造商采购部门应经常性地互访,及时发现和解决各自在合作活动过程中出现的问题和困难,建立良好的合作气氛。

⑤使用电子数据交换(Electronic Data Interchange,简称 EDI)和因特网技术进行快速的数据传输。

2. 供应商的激励机制

要保持长期的双赢关系,对供应商的激励是非常重要的,没有有效的激励机制,就不可能维持良好的供应关系。在激励机制的设计上,要体现公平一致的原则。给予供应商价格折扣和柔性合同以及采用赠送股权等,使供应商和制造商分享成功,同时也使供应商从合作中体会到双赢机制的好处。

3. 合理的供应商评价方法和手段

要实施供应商的激励机制,就必须对供应商的业绩进行评价,使供应商不断改进。没有合理的评价方法,就不可能对供应商的合作效果进行评价,将大大挫伤供应商的合作积极性和合作的稳定性。对供应商的评价要抓住主要指标或问题,比如交货质量是否改善了,提前期是否缩短了,交货的准时率是否提高了等。通过评价,把结果反馈给供应商,和供应商一起共同探讨问题产生的根源,并采取相应的措施予以改进。

【小资料 4-8】

建立双赢的合作伙伴关系

日本的一家座椅厂同时为马自达汽车公司和通用汽车公司提供座椅,但马自达对这家座椅厂的产品质量和服务都感到相当满意,而通用感到相当不满意,并警告说,如果不尽快改善,通用在下一年度将中止合作。这家座椅厂感到很紧张。于是在通用的 CEO 访问日本时,这家座椅厂的老板拜访了他。当他知道这个结果后也感到惊讶:为什么马自达会相当满意,通用却相反?原来,马自达有一个专业小组,专门负责与这家座椅厂联络,进行现场的供应商关系管理。当马自达有何需求、意见和建议以及新的发展信息时,这个专业小组会在第一时间与座椅厂协商,及时处理,敏捷反应;而座椅厂有何变化、新的设想等信息,专业小组也会在第一时间反馈给马自达。这个专业小组还根据马自达的要求、标准进行技术指导和培训,以实现全面质量管理和准时交付,并有效控制成本,由此而产生的效益由双方共享,如成本降低 10% 后,双方各分享 5%,从而在双方的共同努力下,使产品质量不断提高,产品成本不断降低。通用与这家座椅厂的供应关系则主要建立在正式合同基础上,供应商关系管理不细致。

【思考】

从这个案例中我们可以得到哪些启示?

【小资料 4-9】

A 煤业公司供应商管理办法

(1)为健全供应商准入制度,建立合格供应商体系,形成稳定可靠的供应商队伍,与优秀供应商建立长期稳定、互惠互利的供求关系,为公司生产提供可靠的物资供应保障,特制定本办法。

（2）本办法适用于向 B 能化公司长期供应原辅材料、零部件及提供配套服务的厂商单位。

（3）合格供应商选择原则

①系统全面性原则。建立系统全面的评价体系，对供应商的企业类型、注册资金、资信等级、经营范围、产品质量状况、销售价格及售后服务等进行全面评价。

②灵活可操作性原则。按照不同产品、不同企业、不同环境分别进行评价，体现一定的可操作灵活性。

③独立法人原则。推选的供应商必须为增值税一般纳税人的独立法人。

④半数比原则。一次性采购数量不得超过供应商产能的 50%，禁止全额供货和超能力供货。

⑤数量控制原则。同类物料供应商应达到 3 家以上，并有主次之分。

⑥供应链战略原则。对重要供应商发展战略供应链合作关系。

⑦厂家直供原则。原则上选择生产性供应商，减少使用中间商，切实保证厂家直供。

（4）供销科为合格供应商选择管理的主管部门，企管科、计划科、财务科、机电科、纪委等部门予以协助管理，各部门共同对供应商信用等级进行评定，根据信用等级实施不同管理。

（5）公司分管领导和供销科长负责对合格供应商进行审定批准。

（6）合格供应商的筛选与评价。

①按照物料性质，由采购部门对市场进行调研分析，推选出适合的供应商名单，同时收集多方面资料，如品种、规格、质量水平、价格、企业实力、生产能力、技术水平、管理水平、信誉度、经营业绩、地理位置等作为筛选的依据。并要求供应商提供有关资质证明文件，如有效的营业执照、一般纳税人税务登记证、生产（经营）许可证、特殊行业资质证明、业绩证明等。进行分析比较后，筛选出初选供应商名单。

②供应商评价委员会由供销科、企管科、计划科、财务科、机电科、综采办、技术科、公司纪委等共同组成，对初选供应商根据指标体系进行评价，填写《合格供应商评价表》，对供应商进行综合评定。

③对需要实地考察的供应商，由供销科报公司总经理批准后，组织有关部门对生产厂家的能力进行实地考察，出具考察报告供评价委员会参考。

④评价结束后，供销科根据评价结果编制《合格供应商名单》，经供销科长签字认可，总会计师同意，报公司总经理批准后报 B 能化公司。

⑤合格供应商再评价。供销科每年底组织评价委员会相关部门对合格供应商进行再评价，并填写《供应商年度评价表》，经供销科长签字认可，总会计师同意，报公司总经理批准。确认不符合合格供应商要求者，取消其资格。供销科根据评价结果增减修改《合格供应商名单》，经供销科长签字认可，总会计师同意，报公司总经理批准。经批准的《供应商年度评价表》、《合格供应商名单》一并报 B 能化公司。

（7）经核准为合格供应商的，方可入围参加公司邀请招标或竞争性谈判等采购，没有通过的，由其继续改进，保留其未来候选资格。

（8）每年对供应商予以重新评估，不合要求的予以淘汰，从候选队伍中再行补充合格供应商。

（9）对最高信用供应商，公司可提供物料免检、优先支付货款等优惠待遇。

(10) 合格供应商供应物资全年出现3次质量较大波动或出现一次严重质量事故时,立即取消合格供方资格,且3年内不得恢复。

(11) 减低对个别大户供应商的过分依赖程度,分散或减少采购风险。

(12) 本办法解释权属A煤业公司所有。

案例分析

柯达公司选择尽可能少的供应商

早在1993年,柯达公司就成立了一支由采购人员和工程人员组成的小组,负责统一在世界各地的所有柯达生产厂对控制系统的使用和采购情况。控制系统控制整个生产的工艺流程,尤其是那些高度自动化的工厂。在选择供应商的过程中,柯达公司选择尽可能少的供应商,而且小组偏重于考察控制系统的寿命周期成本而不是单位成本。寿命周期成本包括隐性成本和显性成本,隐性成本包括培训、工程、零部件、维修、可靠性等方面的成本,柯达公司估计隐性成本是单位成本的2.5倍。小组将在全球范围内选择供应商。小组首先对现有的控制系统供应商进行评价,主要调查对产品、服务、潜在的成本降低能力、全球竞争能力、战略导向等问题的观点。

然后据此对潜在的供应商进行评价,将供应商分为3类:世界一流供应商、首选的供应商和淘汰的供应商。根据合作目标选择尽可能少的供应商进行合作。这种选择供应商的方法,已经帮助柯达公司降低了花费在控制系统上大约25%的总成本,尤其是对于柯达公司的小型生产厂,获得了控制系统安装周期的缩短、供应商允诺持续更新、地方分销商愿意持有闲置部件、供应商在设计早期就参与其中等好处。

【思考】

(1) 柯达公司在控制系统中是怎样选择供应商的?

(2) 根据柯达公司成功案例,我们应当在供应链管理中如何选择供应商?

自 测 练 习

1. 选择题

(1) 初步供应商调查的目的是(   )。

    A. 为选择最佳供应商作准备　　　　B. 了解掌握整个资源市场的情况

    C. 对供应商进行分类　　　　　　　　D. 确定调查方法

(2) 影响供应商评价选择的因素主要有(   )。

    A. 货源的可靠程度　　　　　　　　　B. 商品质量和价格条件

    C. 供应商的结算条件　　　　　　　　D. 供应商的服务条件

(3) 激励标准是对供应商实施激励的依据,制定对供应商的激励标准需要考虑的因素有(   )。

A. 本企业采购物资的种类、数量、采购频率、采购政策、货款的结算政策等
   B. 供应商的供货能力、可以提供的物资种类、数量
   C. 供应商所属行业的进入壁垒
   D. 供应商的需求,重点是现阶段供应商最迫切的需求
 (4)供应商控制的方法包括(　　)。
   A. 完全竞争控制
   B. 合同控制
   C. 股权控制
   D. 持久正常的交易关系和战略伙伴型供应商关系
 (5)供应商评价管理可有以下具体的目标(　　)。
   A. 获得符合连锁企业总体质量和数量要求的商品和服务
   B. 确保供应商能够提供优质的服务、商品及时的供货
   C. 力争以低的成本获得优良的商品和服务
   D. 淘汰不合格的供应商,开发有潜质的供应商

2. 判断题
 (1)选择合适的供应商是采购工作成功的关键因素之一。　　　　　　　(　)
 (2)深入供应商调查是指对经过初步调查后,准备发展为自己的供应商的企业,进行的更加深入仔细的考察活动。　　　　　　　　　　　　　　　　　　　　　(　)
 (3)供应商经考核的主要目的是确保供应商供应商品的质量,同时在供应商之间进行比较,以便继续同优秀的供应商进行合作,而淘汰绩效差的供应商。　　(　)
 (4)完全竞争控制属于供应商伙伴控制模型。　　　　　　　　　　　　(　)
 (5)采购中对于质量的要求是符合企业经营所需,要求过高或过低都是错误的。(　)
 (6)企业在选择供应商时,供应商越多,选择机会就越大。　　　　　　(　)
 (7)供应商的选择与供应商开发并不是一回事。　　　　　　　　　　　(　)
 (8)供应商考评指标是对供应商进行综合评价的依据和标准。　　　　　(　)
 (9)交易磋商是签订买卖合同的必需阶段和法定程序。　　　　　　　　(　)

3. 简答题
 (1)获得供应商开发信息的途径有哪些?
 (2)简述供应商开发的步骤。
 (3)你认为供应商的选择有哪些步骤以及应遵循怎样的原则?
 (4)供应商选择的主要方法有哪些? 各自有什么特点?
 (5)供应商关系有哪些类型及其各自的特点?

4. 论述题
 (1)概括地讲,企业与供应商间的关系有两种:一是竞争型交易关系;二是伙伴型交易关系。你认为在中国的现实条件下,企业应该重点发展竞争型的供应关系还是伙伴型的供应关系? 为什么?
 (2)试举例说明应如何保持与供应商的良好关系?

项目五　采购谈判与合同管理

【学习目标】
1. 熟悉采购谈判的流程,能够完成谈判各环节的任务。
2. 熟悉合同的内容,能够拟定完整的合同∨
3. 能够进行合同管理。

任务一　认识采购谈判

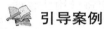引导案例

采购的重要环节——谈判

  我国某冶金公司要向德国购买一套先进的设备。在和德方谈判前,我方做了充分的准备工作,找了大量的关于设备的材料,将国际市场上的行情及德国这家公司的历史和现状、经营情况等调查得一清二楚。谈判开始,德商报价230万美元,经过讨价还价压到130万美元,我方仍不同意,坚持出价100万美元。德商表示不愿意继续谈下去,扬言要回国。我方并不阻拦。冶金公司的其他人有点着急,甚至埋怨我方谈判人员不该抠这么紧。我方谈判人员却胸有成竹。果然,一个星期后,德方又回来继续谈判。我方向德商点明了他们与法国的成交价格,在事实面前,德商不得不让步,最后以101万美元达成了这笔交易。
  (案例来源:http://wenku.baidu.com/view/275190f74693daef5ef73dfa.html。)
  分析:谈判是采购中的重要环节,一个合格的谈判人员通过谈判可以用合适的价格和条件获取企业所需要的物品。

一、谈判的概念及构成要素

1. 谈判的概念

  美国谈判专家荷伯·科恩说过,"世界是张谈判桌,万事均可谈判"。谈判是人类交往行为中一种非常广泛和普遍的社会现象。大到国家之间的政治、经济、军事、外交、科技、文化的相互往来(如我国的"入世"谈判),小到个人之间的交往(如商议去哪儿度假),都离不开谈判。谈判涉及诸多领域,如政治领域、经济领域、军事领域等。那么什么是谈判呢?谈判是参与各方为了满足各自的需求,协调彼此之间的关系,通过磋商而共同寻找双方都能接受的方案的活动。

谈判有广义和狭义之分。广义的谈判泛指一切为寻求意见一致而进行协商、交涉的活动。例如,公司职员为加薪或升值与老板进行的沟通,父母为孩子购买玩具进行的协商等都是广义的谈判。可以说,广义的谈判在日常工作和生活中是随处可见的。狭义的谈判仅仅是指正式场合下的谈判,并且用书面形式予以反映谈判结果。

2. 谈判的构成要素

谈判的构成要素是指从静态的角度分析构成谈判活动的必要因素。谈判的构成要素如下:

①谈判主体。参加谈判活动的当事人。

②谈判客体。谈判中双方所要协商解决的问题,也就是谈判议题。

③谈判目的。构成谈判活动不可缺少的因素。在谈判中,谈判目的通常有多个。

④谈判背景。谈判所处的客观条件,既包括外部的大环境,如政治、经济、文化等,也包括外部的微观环境,如市场、竞争情况等,还包括参与谈判的组织和人员背景。

二、采购谈判的原则

采购谈判的基本原则是其指导思想、基本准则。它决定了谈判者在谈判中将采用什么谈判策略和谈判技巧,以及怎样运用这些策略和技巧。

采购谈判的基本原则可总结为以下几条。

1. 诚信原则

谈判首先要诚信。谈判双方既有竞争的一面,又有合作的一面,从根本上说,谈判各方是为了合作才到一起来的。因此,在谈判过程中,各方都应抱有合作的诚意,以诚相待,将己方的观点、要求明确地摆到桌面上来,求同存异,相互理解,这样会大大提高工作效率,增加相互信任。谈判签约后,各方应遵守诺言,保证合约顺利完成。

2. 双赢或多赢原则

双赢或多赢原则是指谈判应使谈判各方都取得利益,谈判取得成功的唯一标志是达成了于各方都有利的协议,而绝不是一方全胜,一方皆输。人们在同一事物上的利益不一定就是矛盾的、此消彼长的关系。他们很可能有不同的利益,在利益的选择上有很多途径。例如,一项产品出口贸易的谈判,卖方关心的可能是货款的一次性结算,而买方关心的是产品质量是否属于一流。因此,谈判就是协调各方的利益,提出互利性的选择。

3. 明确利益目标的原则

谈判前可预设最优期望目标、实际需要目标、可接受目标及最低目标。

最优期望目标很少实现,但是,它往往是谈判进程开始的话题。如果谈判者一开始就推出其实际希望达到的目标,由于谈判心理作用和对方的预期目标,他将没有讨价还价的余地,最终反而达不到实际需求目标。

实际需求目标是谈判各方根据主客观因素,考虑到各方面的情况,经过科学论证、预测及核算后,纳入谈判计划的正式谈判目标,也是谈判者要调动各种积极因素,使用各种谈判策略,力争要达到的利益目标。

可接受目标介于实际需求目标和最低目标之间。在谈判过程中,由于能力或客观条件限制,不能达到实际需求目标时,应及时调整自己的利益目标,实现可接受目标。

最低目标是谈判者必须死守的"最后防线"。如果没有最低目标作为心理底线,一方面,谈判当事人容易产生盲目乐观,对谈判过程中出现的众多意料不到的情况缺乏充分的思想准备;另一方面,明确最低目标也就知道了谈判有无继续进行下去的可能。

制定上、中、下目标,可以根据谈判实际情况随机应变。首先,不能盲目乐观地将全部精力放在争取最高期望目标上,而很少考虑谈判过程中会出现的种种困难,避免出现束手无策的被动局面。其次,最高期望目标也可能同时有几个,谈判者要将各个目标排队,抓住最主要的目标努力实现,次要目标可让步或降低要求。己方最低限度目标要严格保密,除参加谈判的己方人员之外,绝对不可透露给谈判对手,这是商业机密。如果一旦疏忽大意透露出己方最低限度目标,就会使对方主动出击,使己方陷于被动。

4. 注重长期合作原则

一个谈判者应该有战略的眼光,不过分看重或计较一时一事的得失,更应注重长远,着眼未来,"生意不成友情在"。有时由于利益差距过大会使合作不成,这是正常的。但是,如果在谈判的过程中能够建立、维护和保持双方的友好合作关系,就为今后的发展开辟了广阔的道路。

5. 合法原则

任何谈判都是在一定的法律约束下进行的,谈判及其合同的签定必须遵守相关的法律法规。其主要体现为谈判主体、谈判客体及各方的谈判行为必须合法。只有在谈判中遵守合法原则,谈判及其协议才具有法律效力,当事各方的权益才能受到法律保护。

三、采购谈判的分类

(一)按谈判双方所采取的态度分类

按谈判双方所采取的态度可将采购谈判分为硬式谈判、软式谈判、原则式谈判。

1. 硬式谈判

硬式谈判又称立场式谈判、阵地式谈判。谈判者往往坚持自己的谈判立场,视对方为对手,决不让步,直至取得谈判的胜利。这种谈判最大的特点就是,谈判者认为谈判是一场意志力的较量,顽固地坚持自己的立场,否认对方的立场,忽视双方的谈判目的和双方在谈判中的真正需求,甚至将立场凌驾于利益之上,为了立场宁肯放弃利益,极容易使谈判陷入误区和僵局。硬式谈判双方的情绪是对立的,结果往往是两败俱伤。是不可取的谈判方式。

2. 软式谈判

软式谈判又称让步式谈判,即谈判者准备随时为达成协议而做出让步,回避一切可能发生的冲突,追求双方满意的结果。持这种态度参与谈判的人,更看中的是双方友好合作关系的建立与维持,而比较看轻利益获取的多少。在谈判双方关系较好,并有长期而稳定业务关系的情况下,采取让步式谈判可能会取得较为满意的谈判结果,同时也能节省谈判成本,提高谈判效率。可是,如果遇到利益型对手,采用让步式谈判就会吃亏上当。软式谈判的产生往往是双方的需求不对称,地位较弱的一方想硬也硬不起来。

3. 原则式谈判

原则式谈判又称价值式谈判,谈判者坚持谈判原则,注重谈判的本质,注重与对方保持良好人际关系的同时,尊重对方的基本需求,寻求双方利益上的共同点,积极设想各种使双方都有所获的方案。原则式谈判者认为,在双方对立面的背后,存在着共同性的利益和冲突性的利益,而且共同性的利益大于冲突性的利益。如果双方都能认识到共同性利益,冲突性利益也可以很好地解决。原则式谈判强调通过谈判取得经济和人际关系上的双重价值,是一种既理性又富有人情色彩的谈判,是目前商务谈判人员普遍追求的谈判类型。

在采购谈判中,谈判形式的选择受多种因素影响。如果想与对方保持长期的业务关系,并且具有这样的可能性,那么就不能采取硬式谈判,而要采取原则式谈判;如果是一次性的、偶然性的业务关系,则可适当考虑硬式谈判;如果采购方的人力、财力、物力等方面的支出受到较大的制约,谈判时间过长必然难以承受,应考虑软式谈判或原则式谈判。此外,双方的谈判实力和地位、交易的重要性、谈判人员的个性和风格等也会影响谈判方式。在实践中,往往不是单独采用一种谈判方式,而是几种谈判方式的混合使用。

【小资料 5-1】

图书馆里的争吵

有两个人在图书馆里争吵,一位想要开窗,另一位想要关窗。他们为了是否应该打开窗户,以及应该开多大而争吵不休。没有一种办法能使双方满足。这时候,图书管理员进来了,她问其中的一位为什么希望开窗户,对方回答说:使空气流通。她又问另一位为什么希望关上窗户,对方回答说:想避免噪声。管理员思考了一会儿后,走到对面的房间将那里的窗户打开,这样既可以使空气流通,又能避免噪声,双方的需求都能得到满足。

(二)按谈判地点分类

1. 主场谈判

主场谈判是指在己方所在地进行的谈判。主场谈判给主方带来不少便利,无论是谈判时间、谈判材料的准备,问题的磋商和请示,还是各种风俗习惯、生活方式,甚至法律法规己方都比较熟悉和适应。因此,主场谈判在谈判人员的自信心、应变能力及应变手段上,均占有天然的优势。如果主方善于利用主场谈判的便利和优势,往往会给谈判带来有利影响。当然,作为东道主,谈判的主方应当礼貌待客,做好谈判的各项准备。

2. 客场谈判

客场谈判是指在谈判对手所在地进行的谈判。由于对环境不熟悉,客场谈判会给客方带来很多困难和条件的限制,其行为往往较多地受到东道主一方的影响。因此,客方应该注意以下几点:

①风俗习惯。要了解当地的风土人情,避免做出伤害对方感情的事情,使谈判出现尴尬或僵局。

②语言问题。各地的方言都有很大差别,特别是在国外进行谈判时,该问题尤其突出,所以在谈判时应带好翻译。

③沟通和决策问题。客方在信息的沟通、问题的请示方面会受到很多限制。因此,客场谈

判人员面对谈判对手时必须审时度势,正确运用和调整自己的谈判策略,发挥自己的优势,争取满意的谈判结果。

为了平衡主客场谈判的利弊,如果谈判需要进行多轮,通常安排主客场轮换。在这种情况下,谈判人员应善于抓住主场的机会,使其对整个谈判过程产生有利的影响.

3. 中立场谈判

中立场谈判是指在谈判各方所在地以外的地点进行的谈判。中立场谈判可以更好地体现公平原则,避免主、客场对谈判的影响,为谈判提供良好的环境和平等的气氛,一些重要的商务谈判会在中立地进行。

总之,由于谈判地点的不同,谈判者的身份也有所差别。谈判者应采取灵活的策略和技巧,利用在谈判中的身份和条件,争取主动,实现谈判目标。

四、采购谈判的内容

谈判涉及的领域不同,谈判的主要内容也各式各样。采购谈判的主要内容有:

1. 产品条件谈判

采购的主角是产品或原材料,因此,谈判的内容首先是关于产品的有关条件的谈判。产品条件谈判有的复杂,有的简单,主要取决于采购方购买产品的数量和产品的品种、型号。对于采购方而言,如果购买的产品数量少,品种单一,产品条件谈判就比较简单;如果采购的产品数量多,品种型号也多,产品条件谈判就比较复杂。一般来说,产品条件谈判内容包括:产品品种、型号、规格、数量、商标、外形、款式、色彩、质量标准和包装等。

2. 价格条件谈判

价格条件谈判是采购谈判的中心内容,是谈判双方最为关心的问题。通常,双方都会进行反复的讨价还价,最后才能敲定成交价格。价格条件谈判也包括数量折扣、退货损失、市场价格波动风险、商品保险费用、售后服务费用、技术培训费用、安装费用等条件的谈判。例如,在购销谈判中,买方可以加大购买量来诱使卖方降低价格,这是数量因素在价格上的折算。另外,产品质量、付款条件等因素都可以影响最终的交易价格。需要说明的是,卖方提供的产品质量低于买方的最低心理标准时,即使卖方大幅降低价格,买方也可能会退货,甚至提出索赔。

在采购谈判中,一方面我们要以价格为中心,坚持自己的利益;另一方面又不能仅仅局限于价格,应该拓宽思路,设法从其他利益因素上争取应得的利益。与其在价格上与对手争执不休,还不如在其他利益因素上使对方在不知不觉中让步。

3. 其他条件谈判

除了产品条件和价格条件谈判外,还有交货时间、交货方式、付款方式、技术保密、违约责任和仲裁等其他条件的谈判。

任务二 采购谈判的组织与实施

一次典型的采购谈判通常会经历不同阶段,具体流程如图5-1所示。掌控谈判的每个阶段,完成每一环节的任务,顺利实现双赢的结果是谈判过程的重要任务。

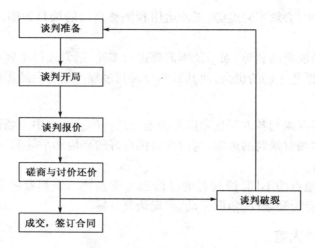

图 5-1　谈判流程图

一、准备阶段

人们常说,"不打无准备之仗",谈判也是这样。很多谈判都是因为事前没有作充分准备,而在谈判中处处被动,处于下风。采购谈判能否取得成功,不仅取决于谈判桌上的唇枪舌战、讨价还价,而且有赖于谈判前充分、细致的准备工作。可以说,任何一项成功的谈判都是建立在良好的准备工作的基础之上的。谈判准备的具体内容如图 5-2 所示。

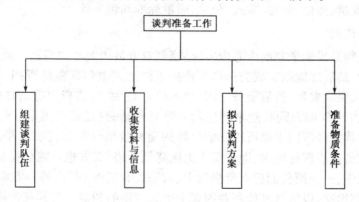

图 5-2　谈判准备阶段任务图

(一)组建谈判队伍

谈判的主体是人,谈判队伍的素质及其内部的协作与分工对于谈判的成功是非常重要的。

1. 谈判队伍的规模

根据谈判的规模,谈判可分为一对一的个体谈判和多人参加的集体谈判。

个体谈判的优点在于:谈判者可以在授权范围内,随时根据谈判桌上的风云变幻以及对手的反应及时做出自己的判断,不失时机地做出决策以捕获转瞬即逝的机遇;同时,谈判者也不必担心对方向自己一方谈判成员中较弱的一人发动攻势以求个别突破,或利用计谋在己方谈判人员间制造意见分歧,从中渔利。个体谈判也有缺点:由于一人担负多方面工作,应对多方面问题,可能影响其谈判工作效果;同时,谈判者单独决策,面临决策压力较大;而且,谈判者可能无法在维持良好谈判形象的同时扮演多种角色,因而使谈判策略的运用受到限制。谈判中所要收集的资料非常多,这些绝非个人的精力、知识、能力所能胜任的,何况还有"智者千虑,必有一失"之说。因此,个体谈判一般只适用于谈判内容比较简单的情况。

在通常情况下,谈判班子由多人组成,可以满足谈判多学科、多专业的知识需要,谈判人员之间易取得知识结构上的互补,发挥综合的整体优势。同时,谈判人员分工合作、集思广益、群策群力,以集体的力量共同进取。因此,成功的谈判有赖于谈判人员集体智慧的发挥。

谈判班子的人数没有统一的标准,谈判的具体内容、性质、规模以及谈判人员的知识、经验、能力不同,谈判班子的规模也不同。实践表明,谈判组人数应尽量控制在小范围内,人数越少,谈判人员越容易协同一致,越容易管理,理想的人数应为4~6人。如果谈判涉及的内容较广泛、较复杂,需要由各方面的专家参加,则可以把谈判人员分为两部分:一部分主要从事背景材料的准备,人数可适当多一些,即台下当事人;另一部分直接上谈判桌,即台上当事人,这部分人数以与对方人数相当为宜。在谈判中应避免对方出场人数很少,而己方人数很多的情况。

2.谈判人员的配备

根据谈判对知识方面的要求,谈判班子应配备如下相应的人员:

(1)技术精湛的专业人员

熟悉生产技术、产品性能和技术发展动态的技术员、工程师,在谈判中负责有关产品技术方面的问题,也可以与商务人员配合,为价格决策做技术参谋。

专业人员是谈判组织的主要成员之一。其基本职责是:同对方进行专业细节方面的磋商;修改草拟谈判文书的有关条款;向首席代表提出解决专业问题的建议;为最后决策提供专业方面的论证。

(2)业务熟练的采购人员

主要由熟悉贸易惯例和价格谈判条件,了解交易行情的有经验的采购业务人员或主管领导担任。其具体职责是:阐明己方参加谈判的愿望和条件;弄清对方的意图和条件;找出双方的分歧或差距;掌握该项谈判总的财务情况;了解谈判对手在项目利益方面的期望指标;分析、计算修改中的谈判方案所带来的收益变动;为首席代表提供财务方面的意见和建议;在正式签约前提供合同或协议的财务分析表。

(3)精通经济法的法律人员

法律人员是一项重要谈判项目的必需成员,如果谈判小组中有一位精通法律的专家,将会非常有利于谈判所涉及的法律问题的顺利解决。法律人员一般是由律师,或由既掌握经济专业知识又精通法律专业知识的人员担任,通常由特聘律师或企业法律顾问担任。其主要职责是:确认谈判对方经济组织的法人地位;监督谈判在法律许可范围内进行;检查法律文件的准确性和完整性。

(4)熟悉业务的翻译人员

翻译人员一般由熟悉外语和企业相关情况、纪律性强的人员担任。翻译是谈判双方进行沟通的桥梁。翻译的职责在于准确地传递谈判双方的意见、立场和态度。一个出色的翻译人员,不仅能起到语言沟通的作用,而且必须能够洞察对方的心理和发言的实质,既能改变谈判气氛,又能挽救谈判失误,增进谈判双方的了解、合作和友谊。因此,谈判对翻译人员有很高的素质要求。

（5）首席代表

首席代表是对谈判负领导责任的高层次谈判人员。首席代表在谈判中的主要任务是领导谈判组织的工作。这就决定了其除具备一般谈判人员必须具备的素养外，还应阅历丰富、目光远大，具有审时度势、随机应变、当机立断的能力，有善于控制与协调谈判小组成员的能力。因此，无论从什么角度来看，首席代表都应该是富有经验的谈判高手。其主要职责是：监督谈判程序；掌握谈判进程；听取专业人员的建议和说明；协调谈判班子成员的意见；决定谈判过程中的重要事项；代表单位签约；汇报谈判工作。

（6）记录人员

一份完整的谈判记录既是一份重要的资料，也是进一步谈判的依据。为了出色地完成谈判的记录工作，要求记录人员要有熟练的文字记录能力，并具有一定的专业基础知识。其具体职责是准确、完整、及时地记录谈判内容。

当挑选出合适的人组成谈判班子后，就必须在成员之间，根据谈判内容、目的及每个人的具体情况做出明确适当的分工，明确各自的职责。此外，各成员在进入谈判角色，尽兴发挥时，还必须按照谈判目的与其他人员彼此相互呼应、相互协调和配合，从而真正赢得谈判。

3. 谈判人员应具备的素质

谈判是一种对思维要求较高的活动，是谈判人员之间知识、智慧、勇气、耐力等的较量。谈判人员的素质所包含的范围非常广泛，它不仅指谈判人员的文化水平、技术水平和业务能力，也包括谈判人员的心理承受能力等。那么，一个优秀的谈判人员应具备怎样的素质呢？

（1）良好的职业道德

采购谈判人员代表着组织的经济利益，在某种意义上还肩负着维护国家利益的义务和责任。因此，谈判人员必须遵纪守法、廉洁奉公，忠于国家和组织，要有强烈的事业心、进取心和责任感。

（2）健全的心理素质

谈判是各方之间精力和智力的较量，较量的环境在不断变化，对方的行为也在不断变化，要在较量中达到特定目标，谈判人员就必须具有健全的心理素质，具备坚韧顽强的意志力、高度的自制力和良好的协调能力等。

（3）合理的学识结构

采购谈判人员，既要知识面宽，又要在某些领域有较深的造诣，即具有"T"型知识结构。

①横向方面，采购谈判人员应当具备的知识包括：我国有关经济贸易的方针政策及我国政府颁布的有关法律和法规；某种商品在国际、国内的生产状况和市场供求关系；价格水平及其变化趋势的信息；产品的技术要求和质量标准；有关国际贸易和国际惯例知识；国外有关法律知识，包括贸易法、技术转让法、外汇管理法及有关国家税法方面的知识；各国各民族的风土人情和风俗习惯；可能涉及的各种业务知识、金融知识、市场营销知识等。

②纵向方面，采购谈判者应当掌握的知识包括：丰富的专业知识，即熟悉产品的生产过程、性能及技术特点；熟知某种（类）商品的市场潜力或发展前景；丰富的谈判经验及处理突发事件的能力；掌握一门外语，最好能直接用外语与对方进行谈判；懂得谈判的心理学和行为科学；了解谈判对手的性格特点等。

总的说来,一个采购谈判人员应该是"全能型专家"。"全能",即通晓技术、商务、法律和语言,涵盖上述纵横各方面的知识;"专家",即专长于某一个专业或领域的人。

4.谈判人员的能力素养

谈判人员的能力是指谈判人员驾驭商务谈判这个复杂多变的"竞技场"的能力,是谈判人员在谈判桌上充分发挥作用所应具备的主观条件。它主要包括以下内容:

(1)认知能力

善于思考是一个优秀的谈判人员所应具备的基本素质。谈判的准备阶段和洽谈阶段充满了多种多样、始料未及的问题和假象。谈判者为了达到自己的目的,往往以各种手段掩饰真实意图,其传达的信息真真假假、虚虚实实。优秀的谈判者能够通过观察、思考、判断、分析和综合的过程,从对方的言行中判断真伪,了解对方的真实意图。

(2)运筹、计划能力

谈判的进度如何把握;谈判在什么时候、什么情况下可以由准备阶段进入接触阶段、实质阶段,进而到达协议阶段;在谈判的不同阶段将使用怎样的策略,这些都需要谈判人员发挥其运筹、计划的能力,当然,这种运筹和计划离不开对谈判对手背景,以及可能采取的策略的调查和预测。

(3)语言表达能力

谈判是人类利用语言工具进行交往的一种活动。一个优秀的谈判者,应像语言大师那样精通语言,通过语言的感染力强化谈判的效果。谈判中的语言包括口头语言和书面语言两类。无论是哪类语言,都要求准确无误地表达自己的思想和感情,使对手能够正确领悟自己的意思。谈判中的语言不仅应当准确、严密,而且应生动形象,富有感染力。巧妙地用语言表达自己的意图,本身就是一门艺术。

(4)应变能力

谈判中发生突发事件和产生隔阂是难以避免的,任何细致的谈判准备都不可能预料到谈判中可能发生的所有情况。千变万化的谈判形势要求谈判人员必须具备沉着、机智、灵活的应变能力,要有冷静的头脑、正确的分析、迅速的决断,善于将灵活性与原则性结合起来,妥善处理各种矛盾,以控制谈判的局势。应变能力主要包括处理意外事故的能力、化解谈判僵局的能力、巧妙袭击的能力等。

(5)交际能力

商务谈判是谈判过程,更是交际过程。真正的交际能力是与人沟通感情的能力,绝不是花言巧语的伎俩。

(二)收集、分析资料和信息

采购谈判对信息的依赖非常强烈,准确可靠的信息是了解对方意图、制订谈判计划、确定谈判策略及战略的基本前提和依据。信息的搜集包括对人和事的情报的搜集以及对谈判背景条件情报的搜集。

1.关于人与事的情报

关于人的情报分为三个内容,即谈判对手的情报、竞争者的情报、己方的情况。

(1)谈判对手的情报

该情报主要包括该企业的发展历史、组织特征、产品技术特点、市场占有率和供需能力、价格水平和付款方式、对手的谈判目标和资信情况、合作欲望,以及参加谈判人员的资历、地位、性格、爱好、谈判风格、谈判作风和模式等。另外,还需了解谁是谈判中的首席代表,其能力、权限、特长及弱点是什么等。掌握了这些情报,谈判前就可以思考己方如何扬长避短,如何因势利导、彼为我用。

(2) 竞争者的情报

竞争者的情报主要包括市场同类产品的供求信息;相关产品和替代产品的供求状况;产品的技术发展趋势;主要竞争厂家的生产能力、经营状况和市场占有率;有关产品的配件供应情况;竞争者的推销力量;市场营销状况、价格水平、信用状况等等。竞争者作为谈判双方力量对比中的重要砝码,影响着谈判天平的倾斜,谈判人员最重要的是了解市场上占主导地位的竞争者。

(3) 己方的需求情况及财务状况

了解己方的需求情况、财务状况,可以制定出切实可行的谈判策略。

关于事的情报主要是对谈判标的的深入了解,掌握标的技术水平、规格、市场占有率、竞争状况,对标的内容(文字和数字)的交易条件,关键和次要、可修改与不可修改部分分析清楚。

2. 关于背景条件的情报

交易各方所处的政治背景、经济背景、法律制度、宗教信仰、商业习俗等情报直接影响谈判策略。

(1) 政治背景

政治对于经济具有很强的制约力,政治背景包括政局的稳定、政府之间的关系、政府对进口商品的控制等。一个国家政局稳定,政策符合本国国情,它的经济就会发展,就会吸引众多的外国投资者前往投资。否则,政局动荡,市场混乱,人心惶惶,就必然产生相反的结果。

(2) 经济背景

经济背景则主要是指市场经济的形势,市场行情方面的信息。每一个谈判人员都要了解整个社会的生产力总体发展水平、社会分工状况、消费收入水平、市场需求等情况,这些将会影响到商品品质标准、价格高低等。

(3) 法律制度

和政治制度一样,法律制度对采购谈判有着无形的控制力,涉外企业在贸易往来中,不可避免地会遇到各种各样的法律问题,只有清楚地了解其法律制度,才能减少商业风险。例如,我国某公司考察小组去美国考察后,在旧金山买下一家餐馆,开张后发现餐馆经营所得大部分用于支付高昂的房租,餐馆因而陷入连年亏损的困境。原因在于考察小组未能清楚地了解东道主的法律便仓促签约,只买下了餐馆的业务经营权而未涉及房屋等资财。

(4) 宗教信仰

宗教信仰影响着人们的生活方式、价值观念及消费方式,也影响着人们的商业交往。采购谈判人员必须了解对方的宗教信仰、行为准则、宗教活动方式、宗教的禁忌等,这些都会对商务活动产生直接的影响。例如,麦当劳曾经进入印度失败,当地人讥讽麦当劳"用 13 个月时间才发现印度人不吃牛肉"。

(5)商业习俗

谈判人员必须了解各地的风俗习惯、商业惯例,否则双方都有可能会产生误会和分歧。例如,日本的文化是把和谐放在首位,日本人日常交往中非常注重礼节,和日本人进行谈判时千万不要在这方面开玩笑;和沙特阿拉伯人谈判时千万不能问及对方的妻子,因为沙特阿拉伯男子歧视女性。再如,我国上海某企业到泰国合资开办了一家药厂,虽然产销对路,但因流动资金不足而被迫停产,究其原因,按泰国市场习惯,药商都实行赊销办法,生产厂家要等药商卖光产品才能收回货款,这就使厂家因资金周转期长、流动资金不足而停产。

(三)设计谈判方案

谈判方案通常包括谈判目标、谈判程序、谈判时间、谈判策略4项基本内容。

1. 谈判目标

谈判目标设计主要有3种形式:一是设上、中、下成交方案;二是设成交上限和下限;三是设定与对方条件对应的随动成交方案(随动方案也存在上限和下限)。政策性的机动条件是特殊条件,在做谈判方案时可不予考虑,仅在谈判遇到特殊困难时再依情况而定、而用,而且政策性的条件是由企业的上层领导来决定的。

2. 谈判程序

谈判程序主要是设计或预测谈判的起始点、展开过程及结束点,是对谈判的总体运动过程的分析,也是一种谈判前的演练——"沙盘作战"或"谈判模拟"。

(1)起始点

起始点设计是对谈判开场的设计,什么时候,以什么形式开场;是先互赠礼品,先回顾历史(有历史关系或约定时),还是先讨论谈判日程、方式、人员安排等,以使开场起步达到气氛、布局的要求。

(2)展开过程

展开过程的设计系指对谈判各项议题的先后次序及双方互动条件的设定。面对各项交易条款,先谈什么、后谈什么,各议题谈的条件、退的条件,或各议题交错谈判的条件等,均结合谈判对象的特点、交易物、交易方式以及谈判议题的内在逻辑关系予以初步设定。

(3)结束点

结束点的设计是对结束条件及结束方式的设定。结束条件原则上以谈判目标为参照;在双方分歧很大时,结束条件将为各方自持的条件——未达成协议的各自坚持的条件。结束方式有多种,它决定由谁(主持人、负责人、领导)出面结束,在什么时候、什么地点(会议室、住所、饭桌上)来宣布不同谈判结果的结束。

3. 谈判时间

设定有效完成谈判过程的时间段,会从时空与心理的关系上对谈判产生影响。

4. 谈判策略

设定谈判策略,第一是确定双方在谈判当中的目标是什么,包括最高、中间、最低的目标体系;在交易的各项条款中,哪些条款是对方重视的,哪些是他们最想得到的,哪些是对方可能做出让步的,让步的幅度有多大等。第二是确定在己方争取最重要条款时,将会遇到对方哪些方面的阻碍,对方会提出什么样的交换条件等。第三是针对以上情况,己方采取怎样的策略。

(四)准备物质条件

主场谈判的物质条件包括:一是谈判室及室内用具;二是谈判人员的食宿。

1. 谈判室及室内用具的准备

一般来说,谈判室应选择在距谈判人员住宿地较近的地方,否则会造成不便。室内应整洁、宽敞、光线充足,通风设备好,并且要有良好的通信设备,谈判人员能够很方便地打电话。也应有类似黑板的视觉设备,供谈判双方进行计算和图标分析时使用,谈判室一般不设录音设备,除非双方同意或要求才能配备。谈判室旁边或附近应设有休息室,以便能使双方放松一下紧张的神经,缓和彼此之间的对立气氛。

比较重要的、大型谈判宜选用长方形的谈判桌,双方代表各坐一面,相对而坐,无形中增加了双方谈判的力量。座位的安排主要有两种形式:

(1)横桌式

谈判桌在谈判室内横放时,客方人员面门而坐,主方人员背门而坐。除双方主谈者居中就座外,各方的其他人士则应依其具体身份的高低,各自先右后左、自高而低地分别在己方一侧就座。双方主谈者的右侧之位,在国内谈判中可坐副手,而在涉外谈判中则应坐翻译人员。如图5-3所示。

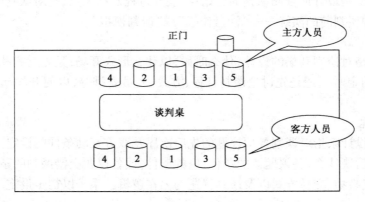

图5-3 横桌式座次安排

(2)竖桌式

谈判桌竖放时,具体排位以进门时的方向为准,右侧由客方人士就座,左侧由主方人士就座。在其他方面,则与横桌式排座相仿。如图5-4所示。

在规模较小或双方谈判人员较熟悉的情况下,多选用圆形谈判桌,以消除谈判双方的距离感,加强双方关系融洽、共同合作的印象。也可以不设谈判桌,大家随便坐在一起,轻松交谈,能增加友好气氛。

2. 食宿安排

谈判是一项艰苦复杂、体力消耗大、精神高度紧张的工作,对谈判人员的精力及体力有较高的要求。因此,东道主一定要妥善安排谈判人员的食宿问题,应体现周到细致、方便舒适的原则。要根据谈判人员的饮食习惯,尽量安排可口的饭菜。本着友好的态度,尽量提供方便、安全的住宿条件,这样才有利于谈判者精力、体力的恢复,也是东道主应持的态度。

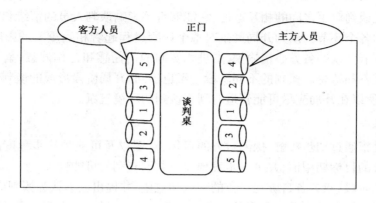

图 5-4　竖桌式座次安排

二、开局阶段

谈判开局阶段主要指谈判双方进入具体交易内容的洽谈之前,见面、介绍、寒暄及就谈判内容和谈判事项进行初步接触的过程。谈判开局是双方真正走到一起,进行直接的接触和沟通,开局的成功与否对谈判能否顺利进行有重大影响。

(一)开局的基本任务

开局的目标是为进入实质性谈判创造良好条件。为此,开局阶段主要有 4 项任务,如图 5-5 所示。

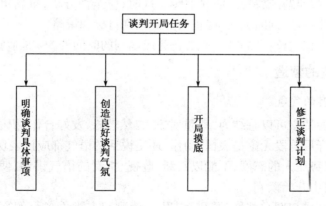

图 5-5　谈判开局任务图

1. 明确谈判的具体事项

谈判的具体事项主要包括目标、计划、进度及成员。谈判各方初次见面,首先要互相介绍谈判人员的基本资料,包括姓名、职务和谈判角色等;然后,明确谈判双方共同追求的合作目标,进而磋商并确定谈判的议程和进度,明确需要共同遵守的纪律和共同履行的义务等问题,以使谈判各方统一认识,明确规则,安排议程,掌握进度,增进了解。

2. 创造良好的谈判气氛

谈判气氛是谈判对手之间的相互态度,它能够直接影响谈判人员的情绪和行为方式,进而影响整个谈判的各个环节。谈判开局气氛对整个谈判过程起着相当重要的影响和制约作用,良好的谈判氛围能使谈判各方心情愉悦,增进相互间的信任感和合作诚意;紧张的气氛,则容易导致双方的戒备和猜忌。谈判的不同阶段气氛也不同,开局阶段形成的谈判气氛最为重要,往往贯穿始终,所以在开局应尽可能营造有利于谈判的环境气氛。

3. 开局摸底

开局摸底是指通过初步接触,探测对方的目标、意图以及可能的让步程度。通过摸底,可以大致了解对方的目标期望值,并进一步发现双方共同获利的可能性。

在开局摸底阶段,双方各自陈述己方的观点和愿望,并提出己方认为谈判应涉及的问题及问题的性质、地位,以及己方希望取得的利益和谈判的立场,陈述的目的是要使双方了解彼此的意愿。摸底主要完成下述几项工作:

①考察物品的品质。

②了解对方的诚意和真实需要。

③了解对方的谈判经验、作风,对方的优势和劣势,了解对方每一位谈判人员的态度、期望,甚至要弄清对方认为有把握的和所担心的是什么,是否可以加以利用等。

④了解对方在谈判中坚持的原则,以及在哪些方面可以做出让步。

4. 修正谈判计划

通过与对方初步接触、洽谈,己方已经获得了对方许多有价值的信息,大致了解对方的期望、立场,了解了对方谈判人员的背景、工作作风,双方就一些基本问题已达成了一致意见。同时也发现,双方对一些问题的看法有明显差距。这时,应全面分析,重新审视与检验一下己方原先在哪些方面估计不足、判断失误,修正己方的谈判目标和策略。

开局阶段时间不宜过长,开局时间为准备完成谈判的时间的5%是适宜的。

(二)开局气氛的营造

1. 开局阶段应有的气氛

良好开局气氛的特点可以总结为"尊重对方、自然轻松、友好合作、积极进取"。

①尊重对方。开局阶段无论是表情、动作,还是说话的语气都应该表现出尊重、礼貌,不能流露出轻视对方、以势压人的态度,不能以武断、蔑视、指责的语气讲话,使双方能够在文明礼貌、相互尊重的气氛中开始谈判。

②自然轻松。开局初期常被称为"破冰期"。谈判双方抱着各自的立场和目标坐到一起谈判,极易出现冲突和僵局。如果一开始气氛就非常紧张,很容易造成谈判双方在今后的谈判中情绪对立,思想偏激、固执和僵化,不利于细心分析对方的观点,也不利于灵活地运用各种谈判策略。所以,开局阶段首先要营造一种平和、自然、轻松的气氛。

③友好合作。谈判双方要实现双赢,开局的气氛必须是友好合作的,双方都愿意在合作中受益,谈判双方实际上不是"对手",而是"伙伴"。尽管随着谈判的进行会出现激烈的争辩或者矛盾冲突,但是双方是在友好、合作的气氛中去争辩,不是越辩越远,而是越辩越近。因此,

要求谈判者真诚地表达对对方的友好愿望和对合作成功的期望。

④积极进取。谈判毕竟不是社交沙龙,谈判者都肩负着重要的使命,要付出巨大的努力去完成各项重要任务,双方都应在积极进取的气氛中认真工作。谈判者要准时到达谈判场所,仪表端庄整洁,精力要充沛,充满自信,坐姿要端正,发言要响亮有力,要表现出追求进取、追求效率、追求成功的决心,不论有多大分歧,有多少困难,相信一定会获得双方都满意的结果。

2. 营造良好的开局气氛的要点

①良好的个人形象。谈判者良好的个人形象表现在精神状态、仪表服饰、个人谈吐、动作表情上。在精神状态上,应神采奕奕、精力充沛地出现在对方面前,应显得自信而富有活力;在态度上,应诚恳待人,端庄而不矜持,谦逊而不骄满,热情而不轻佻;在仪表服饰上,应塑造符合自己身份的形象,不蓬头垢面。服饰要美观、大方、整洁,尺码要合适,颜色不要太鲜艳,样式不能太奇异。在谈吐上,要轻松自如,不要慌慌张张。可谈论些轻松的、非业务性的寒暄性话题。在动作表情上,要适当得体,肩膀要放松,目光接触要表现出可亲、可信和自信。

②在开场阶段,谈判人员最好站着说话,小组成员不必围成一个圆圈,而最好是自然而然地把谈判双方分为若干小组,每组中有各方一两位成员。

③不要在一开始就提出要求。因为这样很容易使对方的态度即刻变得比较强硬,谈判的气氛随之恶化,双方唇枪舌剑、寸步不让,易使谈判陷入僵局。最好在谈判刚开始时,选择一些友好和中性的话题,谈谈双方感兴趣的新闻,幽默而得体地开开玩笑,还可以安排一些互赠礼品的环节,这样都有助于缓解谈判开始时的紧张气氛,达到联络感情的目的。

【小资料5-2】

开局气氛的营造

中国青木公司到日本洽谈生意,进入谈判室时看到日方谈判人员整齐、严肃地在等候我方的到来。谈判双方落座后,我方主谈王经理站起身来高兴地向大家说:"报告大家一个好消息,我太太今早给我生了一个胖儿子。"中日双方谈判人员都向他表示热烈的祝贺,谈判开局气氛热闹起来,谈判双方愉快地进入了谈判,达成了双方满意的协议。事后中方谈判成员好奇地问王经理:"你不是说你太太要再过两个月才生吗?怎么今天就生了?"王经理说:"为了冲淡那么紧张的气氛,没办法我今天就让儿子先出生。"

【思考】

王经理为什么这么做?

三、报价阶段

报价阶段一般是采购谈判由横向铺开转向纵向深入的转折点。报价泛指谈判的一方对另一方提出的所有条件,包括商品的数量、质量、包装、价格、装运、保险、支付、商检、索赔、仲裁等交易条件,其中价格条件最为重要。

1. 报价的原则

(1) 合理确定开盘价

谈判最初的报价称为开盘价。采购方一般是以不能突破的最低的期望价作为开盘价,开盘价报得越低,价格磋商的余地就越大。

(2)报价应严肃、果断、清晰

报价严肃,可使对方相信报价方的准确性和坚定性;报价果断,毫不犹豫,才能给对方留下己方是认真而诚实的印象;报价要非常清晰,切忌含含糊糊,否则容易使对方产生误解或异议。在重大的谈判中,有必要采取书面报价的形式。

(3)避免主动解释

在对方提出问题前,如果报价方主动解释或说明报价,不仅会暴露报价方的意图、实力等秘密,在对方看来,报价方会显得信心不足。如果对方对你的报价有不清楚的地方,或不满意的地方,他们会主动质疑的。

(4)正确选择报价时机

报价的先后对实现各方既定的谈判利益具有举足轻重的意义。先报价为谈判判定了基准线,可影响对方的期望值。另一方若不想在谈判刚开始时就使谈判破裂,就很难提出对对方报价变动太大的要求,这实际上是先报价者为谈判画了一个大圈子,最终的合同在这个圈子内展开。而且,第一个报盘在整个谈判和磋商中都会持续起作用。另外,如果己方报盘不在对方的预料之内,也往往会打乱对方的计划,动摇对方的军心,减弱对方的自信。所以,先报价比后报价影响要大得多。但是,先报价也有很大的风险:如果己方提出的要求不够高,就可能丢掉很大一块蛋糕;如果己方要求过高,会使对方认为没有足够的诚意,可能会怀疑己方的信誉。如果后报价,显然就不存在先报价的风险,可以后发制人,但也失去了先报价的优势。

【小资料5-3】

哈罗德的喜悦

美国加州一家机械厂的老板哈罗德准备出售他的三台更新下来的数控机床,有一家公司闻讯前来洽谈。哈罗德经理十分高兴,准备开价360万美元,即每台120万美元。当谈判进入实质性阶段时,哈罗德先生正欲报价,却突然停住,暗想:"可否听听对方的意见?"结果,对方在对几台机床的磨损与故障做了一系列分析评价后说:"我公司最多只能以每台140万美元买下这三台机床,多一分钱也不行。"哈罗德先生大为惊喜,竭力掩饰住内心的喜悦,还装着不满意的样子,讨价还价了一番。最后自然是顺利成交。

(资料来源:http://blog.sina.com.cn/s/blog_97087a30010181p7.html。)

【思考】

哈罗德为什么喜悦?

应该先报价还是等待对方开价后再还价,这是没有定论的问题。是否先报价,应考虑以下因素:

①谈判者对谈判标的和市场行情的了解。如果谈判者准备充分,知己知彼,就要争取先报价;如果谈判者不是行家,而对手是,则要沉住气,从对方的报价中获取信息,及时修正自己的想法。如果你的谈判对手也是外行,不管你是不是行家,都要争取先报价,以便牵制、诱导对方。

②谈判人员的经验。如果双方都拥有丰富的谈判经验,那么彼此驾驭谈判的机会较为均

等,谁先报价一般都无碍大局。如果对方是谈判专家,而己方缺乏必要的谈判经验,让对方先报价可以避免过早暴露己方的弱点,不使对方在一开始就向本方施加压力。

③商业习惯。一般的商业习惯是,发起谈判的一方应先报价。在有些商务谈判中,报价的先后次序也有一定的惯例。例如,货物买卖谈判,多半是由卖方先报价,买方还价,与之相反的做法则比较少见。

④与谈判者的关系。如果谈判双方有较长时间的业务往来,彼此比较信任,合作气氛较浓,而且双方合作得不错,那么谁先报价就无所谓了。

2. 如何对待对方的报价

要正确对待对方的报价。在对方报价时,应认真听取,完整、准确、清楚地把握对方报价的内容,切忌干扰对方的报价。对方报价结束后,我方应归纳总结对对方报价的理解,并加以复述,以确认自己的理解准确无误,对不清楚的地方可以要求对方予以解答。同时,我方还可以要求对方对所报价格的构成、报价依据、计算的基础及方式方法等做出详细的价格解释,以此来了解对方报价的实质、意图和诚意,从中寻找破绽,为我所用。在对方完成价格解释后,要求对方降价,在实在得不到答复的情况下提出自己的报价。

四、磋商阶段

一方报价后,很少出现另一方马上接受的情况。通常,买卖双方要经过一番讨价还价,最后才能达成协议。这个讨价还价的过程就是商务谈判的磋商过程。它是谈判的关键阶段,也是最困难、最紧张的阶段。在这个阶段,谈判的策略和技巧也是最丰富多彩的,谈判人员要掌握其规律和特点,为己方争取更多的利益。

(一)磋商原则

1. 把握气氛

进入磋商阶段以后,谈判双方要针对对方的报价进行讨价还价。双方难免要出现提问、解释、质疑和表白、指责和反击、请求和拒绝、建议和反对、进攻和防守,甚至会发生激烈的辩论和无声的冷场。因此,在磋商阶段仍然要保持开局阶段营造出的友好合作的气氛,以使磋商顺利进行。这就需要谈判者自我约束,杜绝粗暴、任性、骄横的做法,尊重对方、礼貌待人。

2. 把握次序逻辑

在磋商阶段,双方都面临着很多需要沟通的议题,如果不分先后次序,不讲究磋商进展的层次,想起什么就争论什么,就会毫无头绪,造成混乱,毫无效率可言。因此,必须按磋商议题内含的客观次序逻辑,来确定谈判的先后次序和谈判进展的层次。

(1)议题的合理排序

各谈判议题有天然的内在因果关系,只有正确排序,才会提高谈判效率。双方在磋商开始时要确定几个主要的议题,按照其内在逻辑关系确定先后次序,然后逐题磋商。具体排列议题顺序时可以先磋商对其他议题有决定意义的议题,此议题达成共识后再讨论其他议题;也可以先磋商双方容易达成共识的议题,将问题比较复杂、双方认识差距大的议题放在后面讨论。

（2）论述的层次顺序

对于单个议题的磋商,也要注意逻辑次序,这是纵向的逻辑次序。要考虑将最容易讲清楚、最有说服力的内容作为磋商的切入点,避免在一些不容易说清楚的话题上争论不休,影响重要问题的磋商。例如,价格问题就涉及成本、市场供求和比价等多方内容,可以先用比价论述,再作成本分析比较合适。

3. 把握节奏

磋商阶段的谈判节奏要稳健,不可过于急促。因为这个阶段是解决分歧的关键时期,双方对各自观点要进行充分的论证,许多认识有分歧的地方要经过多次交流和争辩,某些关键问题可能要多轮谈判才能解决。磋商开始时节奏慢一点,以利于双方倾听对方的观点,分析研究分歧的性质和解决分歧的途径。关键性问题涉及双方的根本利益,必然会坚持自己的观点,不肯轻易让步,还有可能使谈判陷入僵局,所以磋商要花费较多的时间。谈判者要善于掌握节奏,稳扎稳打,一旦出现转机,要抓住有利时机不放,加快谈判节奏,不失时机地消除分歧,争取达成一致意见。

4. 注重沟通和说服

磋商阶段实质上是谈判双方相互沟通、相互说服、自我说服的过程。没有充分的沟通,没有令人满意的说服,不会产生积极成果。

沟通应该是双向的和多方面的,既要善于传播己方信息,又要善于倾听对方信息,并且积极向对方反馈信息。没有充分的交流沟通,就会在偏见和疑虑中产生对立情绪。沟通的内容也是多方面的,既要沟通交易条件,又要沟通相关的理由、信念、期望,还要交流情感。

要充满信心来说服对方,让对方感觉到你非常感谢他的协作,而且你也非常乐意努力帮助对方解决困难。要让对方真正感觉到赞成你是最好的决定。说服的准则是从求同开始,解决分歧,达到最后的求同,求同既是起点,又是终点。

（二）讨价技巧

谈判的磋商过程可分为讨价还价和妥协让步两个环节。

1. 讨价的方式

讨价的方式分为两种:笼统讨价和具体讨价。

（1）笼统讨价

即从总体条件或构成技术或商业条件的所有方面提出重新报价的要求。该讨价方法常常用于对方报价后的第一次要价,也可以是最后结束时的要价,或在交易复杂又缺乏可比而详尽资料的情况下使用该方法从宏观的角度去压价。笼统地提出要求,而不泄露己方掌握的准确材料。

（2）具体讨价

即就分项报价内容,逐一要求报价的做法。该讨价方法一般适用于可比资料充足,对手笼统报价后,存在问题较多的情况。如要求按运输费、保险费、技术费、设备条件、资料、技术服务费、培训、支付条件等报价。

2. 讨价的次数

买方讨几次价为妥呢？这应根据价格分析的情况、卖方价格解释和价格改善的状况而定。

只要卖方没有大幅度的明显让步,就说明他留有很大的余地;只要买方有诚意,卖方就会再次改善价格。只有不被卖方迷惑,买方才有可能争取到比较好的价格。

卖方为了自己的利润,一般在做了两次价格改善后就不会再报价了,他们通常以委婉的方式表达不可以再让了。如"这是我最后的立场"、"你们若是钱少,可以少买些"等。此时,买方要注意卖方的动向,不应为之迷惑而有所动,只要卖方没有实质性改善,买方就应根据报价的情况、虚头的大小、来人的权限、卖方成交的决心、双方关系的好坏等,尽力争取。

(三)还价技巧

1．还价的基本要求

(1)做好准备

还价不是一个简单的压低价格的过程,它必须建立在企业的利益分析、市场调查和货比三家的基础上。此外,还价一定要在规范的条件下进行,避免各说各话。例如,价格及数量的单位,是以万元(内贸)、万美元(外贸)还是以百分数(%)表示。

(2)步步为营

讨价还价时应根据成交条件顽强谈判,出手不松。出手时间可依对方松紧而调整,即对方先出手,己方后出手,对方坚持,亦随之。也可依己方目标实现情况及己方所掌握的情况自定时间,如在对方出两手后再出一手,或己方出两手而要求对方必出一手,此间应谨记最低追求目标,又要突出紧逼对手的强健谈判作风。

(3)统筹兼顾

价格涉及的内容非常广泛,讨价还价中,不能只把目光集中在价格上,应当把价格与技术、商务等各个方面结合起来,通盘考虑,所有条件都可作为还价的进退交换筹码。

2．还价起点的确定

以不同价位做起点还价,直接关系到自己的经济利益,也影响着价格谈判的进程和成败。

(1)还价起点确定的原则

还价时,一是起点要低,低起点还价能给对方造成压力,并影响和改变对方的判断及盈余的要求,能利用其策略性虚报部分为价格磋商提供充分的回旋余地,准备必要的交易筹码。二要接近成交目标,至少要接近对方的保留价格。还价要使对方有接受的可能性,否则对方会失去交易兴趣,或者己方不得不重新还价而陷入被动。

(2)还价起点确定的参照因素

还价起点确定的参照因素有两个,一是报价中的含水量。对于含水分较少的报价,还价起点应当较高,以使对方感到交易诚意;对于含水分较多的报价,或者对方报价只做出很少的改善,便千方百计要求己方立即还价者,还价起点就应该低,以使还价和成交价格的差距同报价中的含水量相适应。二是成交差距。对方报价与己方的成交目标价的差距小,还价起点应当较高;对方报价与己方成交的目标价差距越大,还价起点就应越低。当然,不论还价起点高低,都要高于己方准备成交的价格,以便为以后的讨价还价留下余地。

3．还价的策略

还价时可以运用各种策略,如"投石问路"、"小处着手"、"利用竞争"、"挑剔还价"等。

"投石问路"即向对方提出改变交易条件,以试探对方降价的空间。如"假如我们的订货数量加倍或减半呢?假如我们以现金支付呢?假如我们自己提货呢?假如我们与你签订长期合同呢?""小处着手"即采取分批还价的方式,先从双方差距小的部分还价,容易产生共识,树立谈判的信心。"利用竞争"是通过摆出卖家竞争对手的价格,或者流露出可能与卖家竞争对手合作的可能性,来促使卖方降价。"挑剔还价"是故意挑剔产品的问题,以压低卖主的报价。

(四)让步技巧

让步是成交的基础,谈判者必须明确为达到目标可以或愿意做出哪些让步,做多大的让步,以什么方式、什么时间让步。

1. 让步的原则

①不要做无谓的让步。每次让步都是为了换取对方在其他方面的相应让步,买方可要求卖方在付款方式、供货周期、提供运输、后期技术服务、包装等方面做出让步。

②让步要恰如其分。使己方较小的让步能给对方以较大的满足,而且要使对方觉得己方让步不是件轻松的事,这样对方就会珍惜所得到的让步。

③在己方认为重要的问题上要力求对方先让步,而在较为次要的问题上,根据情况的需要己方可以考虑先做让步。

④不要承诺做同等幅度的让步。例如,对方在某一条款项目上让步60%,而己方在另一项目上让步40%,如对方说:"你也应该让步60%。"则己方可以其他理由来拒绝。

⑤做出让步时要三思而行,不要随随便便、掉以轻心。谈判者要知道,每一次让步都实实在在地包含着己方的利润损失或者成本的增加。

⑥在价格上做了不妥的让步,那就该当机立断,寻找理由推倒重来,以免错过时机。

⑦一次让步的幅度不要过大,节奏不宜太快,应做到步步为营。一次让步太大会使人觉得己方这一举动是处于软弱地位的表现,会建立起对方的自信心,让对方在以后的谈判中掌握主动权。

2. 让步的时机

让步时机有3个:

①以退为进。经过双方较量,己方已有收获,如果想再有所收获,则需做出让步。

②无理则退。经过论战,己方理不如人,并且已难说服对方让步,此时若不退,就会大损形象。

③全局需推动力时退。当双方僵持太久,厌战、失望情绪充斥谈判间,而谈判需有结果时,需主动考虑退。选择退的项目与条件应注重效果,不注重出手分量。在对方把某些妥协作为前提,如"不同意××问题,其他免谈"等语言时,出手条件可能会具有相当分量。此时,可以考虑拖延出手时间,以等到有明确相关条件后再谈,相当于在次要问题上进几步后再出大手笔,以平衡出手分量。

3. 让步的方式

受到谈判标的物的特性、市场供求状况、谈判策略、谈判双方的经验和谈判风格等因素的影响,让步方式会各不相同。以买卖双方准备让步40元,分四次完成的情况为例,常见的让步方式有七种,具体见表5-1。

几种常见的让步方式(单元:元)　　　　　　　　　　　　表 5-1

序　号	第 一 步	第 二 步	第 三 步	第 四 步
1	0	0	0	40
2	40	0	0	0
3	10	10	10	10
4	18	12	7	3
5	8	2	12	18
6	20	10	2	8
7	30	2	0	8

以上几种方式分别适用不同的情况,对于新手来说,第 4 种让步方式较为自然,符合人们的让步习惯,是最为常用的让步方式。

【思考】
以上列出的几种让步方式对于谈判分别有何推动作用?

五、成交阶段

当交易双方在立场与利益等方面的差异越来越小时,交易条件的最终确立就成为双方共同的要求,此时采购谈判进入成交阶段。

(一)交易达成阶段应遵循的原则

1. 力求尽快达成协议

无论交易双方的谈判如何和谐,没有签订协议一切都可能改变。所以,双方应将已取得的谈判成果达成协议,加强双方责任感。

2. 尽量保证已取得的利益不丧失

经过长时间紧张的谈判,谈判者认为谈判已大功告成,紧张的情绪松弛下来,此时的精力已不充沛,注意力很容易分散,判断很容易出现差错和漏洞,给谈判留下隐患。谈判对手也有可能对自己磋商阶段的让步反悔,所以在最后阶段,要尽量保证已取得的利益不丧失。

3. 争取最后的利益收获

在签约前,精明的谈判人员往往还要利用最后的机会,争取更多的收获。例如,突然提出一个小小的请求,要求对方再让步一点点。由于谈判已进展到签约的阶段,谈判人员已付出很大的代价,也不愿为这一点点小利而伤了友谊,更不愿为这点小利重新回到磋商阶段,因此,往往会很快答应这个请求,尽快签约。

(二)交易达成阶段的任务

1. 总结与起草备忘录

当谈判双方对交易内容和条款基本达成共识时,有必要就整个谈判过程、谈判内容作一次回顾和总结,以便确认双方在哪些方面达成了一致,哪些方面还需要进一步磋商。并以备忘录的形式记录下来。以免推翻以前的结论,提出新的意见,给谈判带来不必要的重复工作。

(1) 谁来总结

为了自身的利益,双方都愿意主动总结,这就需要协商了。总结的一方应主动考虑各种提法和用词;另一方不能掉以轻心,对每句话、每个词都要认真对待,防止出现遗憾。

(2) 反悔

总结时,一方或者双方都可能出现反悔。当然全盘否定的情况很少,但对其中某些问题的否定是经常发生的。反悔的一方会提出各种理由来说明以前的结论有问题,需要重新考虑。这种情况下往往会引起争论和辩解,大多数的结果是再一次进行协商,谈判计划重新安排。

2. 草拟谈判合同或协议

在谈判达成一致意见时,需要草拟书面合同。合同由哪一方草拟并无统一规定,习惯上都争取由己方负责草拟。

3. 审核合同并签字

拟定的合同应送交双方审核,审核主要内容包括合法性审核、有效性审核、一致性审核、文字性审核和完整性审核5个方面。其中有效性审核包含两层含义,一是双方谈判者有无签署合同的全权;二是合同内容有无互相矛盾或前后否定之处。一致性审核即审核合同文本与谈判内容的一致性。文字性审核即审核合同文字是否严谨、准确地表达了谈判内容。完整性审核即审核合同条款是否有遗漏或省略,不能以心领神会、交情友谊来代替合同条款。为保证合同审核的有效性,应有两个人或三个人审核,以便互相检验,并且反复审核若干次,确保万无一失。

合同签署者必须是企业法定代表人或被授权的企业全权代表,授权证书应由企业法定代表人签发。合同附件多为业务性的实施细则或技术细则,一般由企业业务部门负责人或技术部门负责人签署,不宜由企业负责人包揽。

【小资料5-4】

谈判的结束

在某项重大的技术改造项目中,我们有部分工程项目初步确定与A国和B国合作。当我方认为应当结束实质性谈判时,A国和B国的外商在工程的总造价上坚持不让步。于是,我方经过反复商议,决定提前出访我国香港,考察由C国负责的我国香港同类工程。我国香港的这个工程是至今世界上经营得最成功的。由于我们访问我国香港,而C国方面又对我们表现出相当的热情与兴趣,因此一直关注这一切的A国和B国终于按捺不住了,预感到如再不做出最后让步就要失去这个项目了。于是,A国负责这个项目的总经理先是打电话给我方要求安排会谈,而后又带了3个人赶到我国香港欲和我们接触。而B国公司也派了两个人紧急来港,并一再要求会见我方代表,我方则多次以日程安排得紧张为由予以婉拒。最后,我方代表在离港前才在机场大厅单独与A方代表会见。A国和B国唯恐项目被C国抢去,很快以优惠条件主动提出签约。

(资料来源:http://www.tradesky.net/index.html。)

【思考】
我方是如何促使谈判结束的?

任务三　采购合同管理

采购合同作为一个重要的采购文件,规定了采购方与供应商的权利与义务。对于采购工作的顺利执行起到着重要的保障作用,因此采购合同管理就成为采购管理中的一项不可或缺的内容。

一、采购合同的内容

一份完整的采购合同由首部、正文和尾部组成,有些合同还含有附件,如供货清单、技术图纸等均可为附件。

1. 首部

合同首部包括:合同名称、合同编号、签订双方的名称、签订时间与地点、合同的序言等。需要指出的是,签订双方是以甲方、乙方或买方、卖方的形式体现的;应写明双方的名称与地址,如果是自然人就应写明其住所与姓名。

2. 正文

采购合同的正文是买卖双方议定的主要内容,包括以下条款:

①标的名称。要具体标明标的的名称。如茶叶,要说明红茶、绿茶还是乌龙茶,以防双方在交货验收时出现争议。

②标的的品质规格。以明确的方式控制商品的品质。品质的规定方式有多种,如使用样品、规定品牌、使用设计图纸或说明书、使用各种数据描述物理、化学特性和外观尺寸、使用质量标准等级等,避免使用"优质"等含糊词语,以免引起歧义和纠纷。

③标的的数量。数量的主要内容有交货数量、单位、计量方式等。对于成交量大、计算不易精确的货物,应规定一个数量的机动幅度,如 20000t,卖方可溢短装 5%。

④价格条款。应写明标的本身的价款(包括单价和总价)、包装费、保险费、装卸费、运输费、报关费、结算币种以及是否含增值税、佣金等。

⑤支付条款。应写明付款时间、支付方式以及支付工具。

⑥包装条款。应说明包括包装材料、包装方式、包装要求、环保要求等。

⑦运输条款。指出具体的运输方式、装运时间、装运地与目的地、装运方式(分批、转运)和装运通知等。

⑧交货方式。采购合同的交货方式有送货方式、自提方式、代运方式。

⑨交货时间与地点。交货时间以不延误企业的生产经营为标准。交货地点则是供应商将用户采购的物品最终交付给用户的地点,一般要求供应商提供"门到门"服务。

⑩履约保证金。供应方为顺利执行合同项下的义务应向采购方提供履约保证金作为资金担保。一般规定:供应方应在合同授予通知后 30 天内,按合同条款规定的金额(一般为合同额的 10%)向采购方提供履约保证金。通常情况下,对于简单商品或无质量保证期的货物,供

应方在履行交货义务并验收后,采购方应在 30 天内退还保证金。对于有保证责任的货物,保证期不足一年的,在交货验收后将履约保证金的金额减至 5%,保证期满后将履约保证金全部退还给供应商;对于保证期越过一年的,第一年保证期满后履约保证金减至 2%,保证期满后将履约保证金全部退还给供应方。

⑪检验。主要指标的数量及质量检验。应指明检验的方法、检验所用的标准、检验的地点和期限以及提出异议的期限等。

⑫保险。指明保险类别及金额、投保人及保险费的承担。

⑬违约责任。指明违约责任的划分、违约后的索赔、解决争议的方式(和解、调节、仲裁、诉讼)等。

⑭不可抗力。明确不可抗力的含义、适应范围,以及遇上不可抗力因素造成违约时的处理方式。

⑮仲裁。说明仲裁机构的选择、适应的仲裁程序、仲裁地点、解决效力等,为仲裁机构受理合同纠纷的法律依据。

⑯其他。其他需要双方遵守的条款,如合同的变更或解除的方法等。

3. 尾部

合同的尾部包括合同的份数、效力、附件、合同的生效时间、双方银行的开户账号、双方的法人代表或者其委托人的签字盖章。其中,合同的生效时间通常以主管部门对合同的批准、采购方收到供应方提交的履约保证金或者双方授权代表的签字、采购方取得进口许可证或供应方取得出口许可证等时间为生效时间。

商品买卖合同样本,见附录一。

二、采购合同的履行

1. 采购合同履行的一般规则

采购合同生效后,当事人对于标的的质量、价格、包装、交货期限和交货地点等内容没有明确约定的,可以协议补充;不能达成补充协议的,按照合同有关条款或交易习惯确定。如果还不能确定,则适用下列规定:

①质量要求不明确的,按照国家标准、行业标准履行;没有国家标准、行业标准的,按照通常标准或者符合合同目的的特定标准履行。

②价款或者报酬不明确的,按照订立合同时的市场价格履行;依法应当执行政府定价或者政府指导价的,按规定履行。

③履行地点不明确的,在履行义务一方所在地履行。

④履行期限不明确的,债务人可以随时履行,债权人也可以随时要求履行,但应当给对方必要的准备时间。

⑤履行方式不明确的,按照有利于实现合同目的的方式履行。

⑥履行费用的负担不明确的,有履行义务一方负担。

⑦包装要求不明确的,卖方有义务提供足以保护标的的包装方式,如因卖方提供的包装不符合要求而导致标的受到损坏的,卖方应承担责任。

2. 合同标的质量、规格、数量的履行

（1）合同标的的质量不符合合同规定

采购方应在规定期限内进行检验或实验,并提出书面异议;对于机械设备等安装运转后才能发现质量缺陷的,除另有协议外,提出异议的期限为运转之日起6个月内。供应商接到采购方的书面异议后应于10日内负责处理,否则视为默认采购方所提的异议和处理办法。若双方对标的的质量检验或试验有异议,则按《中华人民共和国标准化管理条例》规定交由质量监督检验机构执行仲裁检验。

（2）合同标的的技术规格不符合合同规定

验收中如果发现没有合同规定的技术资料,在合同规定的期限内采购方有权拒绝付款,将物资妥为保管并向供应商索要资料。供应商逾期不能补交的以逾期交货处理。货物外观、品种、型号、规格、花色不符合合同规定的,如由供应方送货或代运,采购方应在到货后10日内提出书面异议;如由采购方自提货物,则应在提货时或合同规定的期限内提出异议。

（3）货物的数量不符合合同规定

采购方不得少要或不要合同规定数量的标的,否则视为中途退货,承担违约责任。供应方如不按原定数量交货,应付相应的违约责任。凡是原装、原封、原标记完好无异常状况的,包装内物资数量发生问题由供应方或分装方负责。供应方发货与实际验收的货物数量有差额的,不能超过合同约定的溢短装数量。

3. 采购合同的中止、变更和解除

（1）合同的变更

合同的变更即合同依法成立后,在尚未履行或者尚未完全履行之前,当事人通过协商对合同内容所做的修改或者补充。合同的变更可由合同双方的任一方提出。

如果变更使当事人履行合同义务的费用或时间发生变化,合同价与交货时间应公平调整,同时相应修改合同。如采购方提出变更要求后,供应方进行调整的要求,必须在收到采购方变更指令后30天内提出。采购合同最常用的变更原因通常有交货日期及价格的变更。供应方由于各种因素的干扰,生产设备受损或者停工待料,可提出延期交货,或者由于工资及物料价格的上涨,可重新协调修订采购价格,双方同意变更的约定应作为合同附件之一,具有与合同相同的法律效力。

（2）合同的中止

合同中止是指在合同执行中采购方发现供应方存在欺骗、贿赂、提供假证明等行为时,为了保护采购方的利益,在完成调查或法律审查之前根据充分的证据而实行的一种紧急措施。

构成合同中止的原因主要有下述几种情况:

① 为获得合同而犯有诈骗或刑事犯罪。
② 犯有贪污、偷窃、伪造、贿赂等罪行。
③ 提供假证明书。
④ 违反有关报价的不正当竞争。
⑤ 有商业道德不诚实记录,这种过错有可能严重影响现在合同人履约。
⑥ 其他性质严重或恶劣影响合同履行的原因。

中止合同决定的做出应遵循以下的原则:
①应采取明示的方式,给予合同人解释说明和辩护的机会。
②应立刻用信函方式通知另一方,并告之中止的原因以及中止合同会产生的后果等有关事项。
③在中止期内有关方须尽快完成调查,否则中止将被取消。

(3) 合同的解除

合同的解除是合同有效成立后,因当事人一方或双方的意思表示,使合同关系归于消灭的行为。引起合同的解除情况一般有3种:

①供应商违约。例如供应方交货不符合规格,不能按合同规定日期交货至指定地点等。做出解除合同的决定前,采购方应尽可能根据合同的具体规定,给予供应方补救机会,如通过罚款、赔偿相关损失、修补等补救措施,争取继续执行合同。

②采购人的原因。在这种条件下供应方可以要求采购方赔偿其损失。

③双方同意解除合同。由于各种特殊或紧急情况在合同履行中可能会要求解除合同,如发生不可抗力等。这种情况下,最好的办法是采购方和供应方共同协商,在有关合同解除条件上达成一致。

三、违约责任的承担与合同纠纷的处理

合同执行的过程中,由于一方违约或双方违约,导致合同没有被履行或完全履行,合同当事人双方产生纠纷,此时应追究对方违约责任并采取相应的措施。

1. 违约责任

违约责任是指当事人违反合同约定应承担的民事责任。交易合同违约的基本形式如下:
①不履行义务。当事人在合同履行期限内完全不履行合同义务。
②不适当履行。在合同的履行期限内,当事人有履行合同的行为,但履行行为不符合合同的约定。如履行的标的物的数量或质量的不适当,履行的地点或方式不适当等。
③延迟履行。履行合同的期限晚于合同规定的期限。

承担违约责任的方式如下:

①继续履行。违约方不论是否已经承担赔偿金或者违约金责任,都必须根据对方的请求,在自己能够履行的条件下继续履行合同义务。

②采取补救措施。违约方应当按照约定承担违约责任。对违约责任没有约定或者约定不明确的,根据《合同法》相关规定仍不能确定的,受损害方根据标的性质以及损失的大小,可以合理选择要求对方承担修理、更换、重做、退货、减少价款或者报酬等违约责任。

③赔偿损失。违约方在履行义务或者采取补救措施后,对方还有其他损失的,应当赔偿损失。损失赔偿应当相当于因违约造成的实际损失。赔偿损失的范围,可由当事人双方自行约定,也可由法律直接规定,在没有规定和约定的情况下,应按完全赔偿原则,赔偿全部损失。

④支付违约金。违约金是独立于履行行为以外的一定数额货币的给付。当事人违约,不论其是否给对方造成经济损失都必须支付违约金。

⑤定金罚则。依据法律规定,供应商可以要求采购方给付一定数量的货币作为定金。定

金的数额不得超过合同标的额的20%。合同履行后,定金应当抵作价款或者收回。采购方违约,无权要求返还定金;收受定金的一方违约,应当双倍返还定金。合同中既约定了违约金,又约定了定金的,一方违约时,对方可以选择适用违约金或者定金条款。两者不能并用。

【小资料5-5】

甲方应如何承担违约责任?

甲乙两公司签订一份价值200万元的合同,乙公司支付甲公司40万元的定金,双方又约定违约金为合同金额的30%,后甲方违约,导致乙公司损失20万元。

【思考】

乙公司应要求甲公司以何方式承担违约责任?

⑥预期违约的责任承担。预期违约又称先期违约,是指在合同订立之后履行期限届满之前,当事人一方明确表示或者以自己的行为表明不履行合同义务的行为。预期违约方承担违约责任的性质不变。

2. 索赔

索赔的程序如下:

①提出索赔要求。提出索赔的一方在索赔事项发生的28天内,以书面形式正式向另一方发出索赔通知书。

②保存好同期记录。索赔事项发生后,提出索赔的一方要保存好当时的有关记录,以便作为证实材料。

③提供索赔证明。在索赔通知发出后的28天内,提出索赔的一方应提交一份说明索赔依据和索赔款项的详细报告。

【小资料5-6】

索赔报告的编写

1. 总论部分

概括地叙述索赔事项的日期、过程,提出索赔要求的一方为减轻损失而做的努力,索赔事项造成的额外费用或工期延长天数以及提出索赔的要求。

2. 合同引证部分

其主要目的是论述提出索赔要求的一方有索赔权。该部分主要内容是该采购项目的合同条件,采购项目所在国有关的索赔法律规定以及类似的索赔案例,以论述自己索赔要求的合理性。

3. 索赔款额计算部分

此部分是以具体的计价方法和计算过程说明提出索赔的一方应得到的经济补偿款额。

4. 证据部分

证据部分通常以索赔报告书的附件形式出现,它包括了该索赔事项所涉及的一切有关证据资料以及对这些证据的说明。

总之,要想索赔成功,必须审视索赔报告的编写,使索赔报告充满说服力、逻辑性强,符合实际,论述准确。

④索赔支付。当提出索赔的一方提供的详细报告使另一方确认应偿付索赔款额时,另一方应在合同规定的支付期间向对方支付索赔款额。如果提出索赔的一方所提供的详细报告不足以证实应全部索赔,另一方面按照已证实并令人信服的那部分索赔的详细资料,给予提出索赔一方部分索赔付款。如图5-6所示。

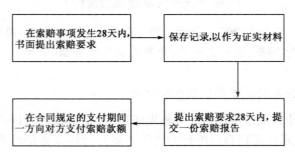

图5-6　索赔程序图

3. 合同纠纷的处理

根据我国《合同法》第437条的规定,解决合同纠纷共有4种方式。

①协商。合同纠纷最好的解决方式是的当事人在自愿互谅的基础上,自行按照国家有关法律、政策和合同的约定,通过摆事实、讲道理,以达成和解协议。

②调解。调节是由第三者,以国家法律、法规和政策以及社会公德为依据,对纠纷双方进行疏导、劝说,促使他们相互谅解,自愿达成协议,解决纠纷。

③仲裁。仲裁也称公断,即由第三方依据双方当事人在合同中订立的仲裁条款或自愿达成的仲裁协议,按照法律规定对合同争议事项进行居中裁断,以解决合同纠纷的一种方式。仲裁庭对于经济合同做出的裁决是最终的裁决,立即生效。仲裁方法由于比较灵活、简便,解决纠纷比较快,费用又比较低,所以很受当事人欢迎。仲裁的前提是当事人自愿,一方不愿,则不能仲裁。

④诉讼。诉讼即向人民法院提起诉讼以寻求纠纷的解决,是解决合同纠纷的最终形式,也是最有效的一种方式。一是因为诉讼由国家审判机关依法进行审理裁判,最具有权威性;二是裁判发生法律效力后,以国家强制力保证裁判的执行。

案例分析

中日之间购买设备的谈判

中国某集团公司与一个日本公司,围绕进口农产品加工机械设备进行谈判时,日方首次报价为1000万日元。这一报价离实际卖价偏高许多。由于中方事前已摸清了国际行情变化,而且研究了日方产品以及其他同类产品的有关情况,于是中方直截了当地指出:这个报价不能作为谈判基础。日方对中方如此果断地拒绝了这个报价而感到震惊,但很快就镇静了下来,然后就夸张地介绍产品特点及其优良的质量。

中方不动声色地说:"不知贵国生产此种产品的公司有几家?贵公司的产品优于A国、C国的依据是什么?"中方话未完,日方就领会了其中含意,顿时陷于答也不是、不答也不是的境地。但他们毕竟是生意场上的老手,日方主谈神色自若问助手:"这个报价是什么时候的?"他的助手心领神会地答道:"去年的。"于是日方主谈人笑着说:"唔,对不起,我们得请示总经理怎么办。"说完提出休会。

第二轮谈判开始后,日方再次报价:"我们请示了总经理,又核实了一下成本,同意削价100万日元。"同时,他们夸张地表示,这个削价的幅度是不小的,要中方"还盘"。中方认为日方削价的幅度虽不小,但离中方的要价仍有较大距离,在进一步核实了该产品的国际市场最新价格后,中方确定"还盘"价格为750万日元。日方立即回绝,认为这个价格很难成交。中方坚持与日方探讨了几次,将"还盘"价格增加到820万日元,但日方仍不接受,谈判再次陷入僵局。于是,中方郑重地向对方指出:"这次引进,我们从几家公司中选中了贵公司,这说明我们成交的诚意。此价虽比贵公司销往C国的价格低一点,但由于运往上海口岸比运往C国的费用低,所以利润并没有减少。另一点,诸位也知道我国有关部门的外汇政策规定,这笔生意允许我们使用的外汇只有这些,要增加需再审批。如果这样,那就只好等下去,改日再谈。"中方主谈人接着又加了一句,只要我们做成了这笔生意,中国许多企业都会与你们合作的。

日方深信这一点。因此,最后就在中方的价格下成交了。

【思考】
(1)谈判中中方采用了什么类型的谈判(硬式谈判、软式谈判、原则式谈判)?
(2)中日之间此次谈判的利益共同点是什么?

自 测 练 习

1. 选择题

(1)谈判报价的原则为( )。

  A. 合理制定开盘价   B. 避免主动评论

  C. 报价应严肃、果断、清晰   D. 报价后即主动评论

(2)在磋商过程中,还价的基本要求是( )。

  A. 做好准备   B. 步步为营

  C. 统筹兼顾   D. 做好保密

(3)以下( )是采购合同的主要条款。

  A. 专利   B. 标的   C. 运输   D. 不可抗力

(4)违约责任有以下基本形式( )。

  A. 不履行   B. 不适当履行   C. 延迟履行   D. 提前履行

2. 判断题

(1)商务谈判就是不能考虑对方利益,想尽办法压榨对方。 ( )
(2)谈判开局时可根据双方的实力地位、以往的合作情况营造不同的开局气氛。 ( )
(3)谈判报价时应等对方先报价,防止己方报价不符合市场价格。 ( )
(4)如果签订合同的双方关系良好,有些条款则可心领神会,不写入合同。 ( )

(5) 如果合同中规定了违约金条款和定金条款,一方违约时,则可两者并罚。　　(　　)

3. 简答题

(1) 谈判人员要掌握什么原则?

(2) 谈判开局阶段的基本任务是什么?

(3) 简述采购合同的索赔程序。

(4) 解决合同纠纷的方法由哪些?

项目六　招 标 采 购

【学习目标】
1. 熟悉招标采购的概念、特点及分类。
2. 能够进行招标采购的组织与实施。
3. 掌握招标采购每个基本程序的具体操作。

 引导案例

大型网络系统招标采购

一项概算达 350 万元的大型网络系统招标采购项目,核心设备为服务器,15 家投标供应商参与了竞争,评标方法为综合评分法。评标委员会经过紧张评审,各投标商得分位次基本排定。因采购项目事关重大,采购人代表提出再仔细地审查核对一遍,结果评委们发现得分排在第一位的供应商所投服务器品牌为 A,其投标文件特别加注"A 服务器产地均为美国",但比对招、投标文件发现,这是一个不大不小的问题。

采购人代表提醒专家,招标文件并未要求"标注产地"。专家们认为供应商此行为属"画蛇添足"之举,得分可不受影响。于是,采购人在接到评标报告书后很快确定排序第一位的供应商为中标供应商。

尽管如此,采购人对"产地美国"仍心存疑虑,中标供应商再次保证,"供正宗美国产的货绝对没问题"。采购人向 A 中国有限公司求证,答复是中国境内用户采购的服务器全部由设在中国境内的 A 公司生产。

采购人将上述答复通知中标供应商,供应商承认的确如此,并解释其投标文件上标注"产地美国"意指 A 是美国公司。这显然不能自圆其说。最终,采购人和中标供应商达成谅解,采购人要求必须是 A 公司的原装正宗产品,至于产地可以忽略。

但合同文本拟好后,采购人又忽然变卦,且态度异常坚决,一口咬定中标供应商投标文件标注的产地为美国,服务器就必须是在美国生产的,中国境内产的不行。中标供应商真是左右为难,欲罢不能,一方面无法按照自己投标文件承诺供货,另一方面又不舍得煮熟的鸭子就这样飞了。

无奈,该项目代理公司只得约请财政、监察、检察、公证等部门共同出面协调。采购人坚持要求中标供应商必须无条件兑现其投标文件的承诺,否则免谈。调解意见认为,采购人如果一味坚持"产地美国"没有任何意义,双方应尊重事实,服务器具体性能、规格和技术参数符合招标文件描述即可,该供应商的确有错,但并非实质性差错,因此双方不必纠缠在产地问题上,否则"此题无解";但采购人坚持己见。

最终,该供应商经不住长时间的相持,败下阵来。它认为,即使勉强签了约,采购人不"痛快",接下来的验收、付款肯定会有麻烦。"第一名"无奈出局。

（案例来源：http://www.sei.gov.cn/ShowArticle2008.asp? ArticleID=141248。）

【思考】

（1）评标时发现疑问该怎么办？

（2）你认为这次纠纷怎么解决才合理？

（3）本案例给我们哪些提示？

任务一　招标采购认知

招标采购因其不需要通过讨价还价来实现，暗箱操作、情感交易的现象基本可以避免，因体现了"公开、公平、公正"，因而备受重视，尤其是政府采购的兴起，更加需要招标采购作保证。

一、招标采购的概念

标，即标书、任务计划书、任务目标的意思。招标就是招收完成给定任务的人或企业。

招标采购是指采购方发出公告或邀请书，邀请潜在的供应商参与竞争，从中选取合适的供应商，并与其签订合同的采购过程。招标采购一般在不清楚供应商、大批量采购情况下采用。

在招标采购中，采购方的行为称为招标，因此，采购方又称为招标方；供应商的响应行为称为投标，所以，响应的供应商又称为投标方。招标与投标是一个过程的两个方面，分别代表了招标采购的采购方和供应方的交易行为。

二、招标采购的特点

招标采购与普通采购方式相比具有四大特点。

1. 编制招标、投标文件

在招标采购中，招标人必须编制招标文件，投标人依据招标文件编制投标文件参加投标，招标人组织评标委员会对投标文件进行评审和比较，从中选出中标人。因此，是否编制招标、投标文件，是招标采购区别于其他采购方式的主要特征之一。

2. 招标程序规范、公开

招标、投标活动的全过程都有法可依，具有法律拘束力。采购过程的每个环节都有严格的程序、规则，当事人不能随意改变。采购过程的透明性很强，需要公开发布投标邀请，公开开标，公布中标结果，投标商资格审查标准和最佳投标商评选标准要事先公布。美国采购学者亨瑞芝将招标程序的公开性比喻为"如在金鱼缸中"（inagoldfishbowl），人人都可洞察一切。

3. 招标过程公平、竞争

招标就是一种引发竞争的采购程序，是竞争的一种具体方式。招标的竞争性充分体现了现代竞争的平等、信誉、正当和合法等基本原则。招标作为一种规范的、有约束的竞争，有一套严格的程序和实施方法。通过招标程序，可以最大程度地吸引和扩大投标人的竞争，从而使招标方有可能以更低的价格采购到所需的物品、服务或技术信息,更充分地获得市场利益,有利于采购经济效益目标的实现。

在招标采购中,所有符合条件的供应商都可以参加投标,并且地位一律平等,不允许对任何投标商进行歧视;评选中标供应商应按事先公布的标准进行,不可更改。这些措施既保证了招标程序的完整,又可以吸引优秀的供应商来竞争投标。

> 【友情提示】
> 《中华人民共和国招标投标法》是招标采购的主要法律依据。

4. 一次成效

在一般的交易活动中,买卖双方往往要经过多次谈判后才能成交。招标采购则不同,在投标人递交投标文件后到确定中标人之前,招标人不得与投标人就投标价格等实质性内容进行谈判。也就是说,投标人只能一次性报价,不能与招标人讨价还价,并以此报价作为签订合同的基础。

当然,招标采购也不是没有缺点。由于招标采购费时较长,投资较多,限制了这种采购方法的使用。有时,通过招标采购甚至可能买到价格高的商品,而且不一定买到性能最好的商品。因此,我们要根据实际需求,理性选择招标采购方式。

三、招标采购的类型

世界各国及有关国际组织的有关采购的法律、规则,都规定了公开招标、邀请招标和议标3种招标方法,作为通用的招标采购的基本类型。

1. 公开招标

公开招标就是以招标公告的方式,邀请不特定的供应商参与投标,从中选取最理想的供应商中标,并与其签订协议进行采购。其中,招标公告必须在报刊、网络或其他媒体上公开发布。

招标公告样本见附录二。

公开招标又称为竞争性招标,是招标采购的主要形式。采用公开招标,所有合法的投标者都有机会参与竞争,提高了招标的竞争性。用一句话描述其特点为:大海捞鱼,择优录用,资源丰富。

不过,如果商品的市场竞争性不足够强,采用公开招标方式不足以吸引供应商。另外,公开招标用时较长,不适合需求比较急促的采购项目。

根据招标公告的覆盖范围,公开招标又分为国际竞争性招标和国内竞争性招标。

(1)国际竞争性招标

国际竞争性招标是指在世界范围内进行的招标,国内外合格的投标商均可以投标。这种招标方式要求制作完整的英文招标文件,在国际媒体上刊登招标公告。

国际竞争性招标的竞争激烈,采购方在质量、价格、服务等方面可以获得更好的采购条件,有利于引进先进的设备、技术和管理经验。

国际竞争性招标的招标文件制作复杂,工作量大,费时较长,一般需要半年到一年时间。

而且,国际竞争性招标的采购费用相对较高,这也限制了国际竞争性招标的使用。

(2)国内竞争性招标

国内竞争性招标是指只在国内媒体上刊登广告的招标方式,这种招标方式同样允许外国公司参加投标。

一般来说,国内竞争性招标适用范围是:合同金额较小(世界银行规定一般为50万美元以下)、采购品种较分散、分批交货时间较长、劳动密集型、商品成本较低而运费较高、当地价格明显低于国际市场等。

2. 邀请招标

邀请招标又称为有限竞争性招标或选择性招标,是竞争性招标的辅助形式。是指以投标邀请书的方式,邀请特定的供应商参与投标,从中选取理想的供应商中标,并与其签订协议进行采购。

邀请招标不使用公开的招标公告,接受邀请的单位才是合格投标人。被邀请的供应商数量有限,一般为3~10个。

这种招标方式比较节约招标时间和招标费用,最大的优势是:锁定目标,速战速决。但是,也限制了充分的竞争。一般,对于采购标的较小,潜在的投标人较少,需要在较短时间内完成的采购,采购价格波动较大的商品的采购比较适合用邀请招标。

例如,世界上只有少数几个国家生产鱼粉,供应商数量较少。采购鱼粉时,如果采用国际竞争性招标,将会导致无人投标的结果发生。若采用国际公开招标后无人投标,再改为邀请招标,就会影响招标的效率。所以,采购鱼粉的招标只能采用国际有限招标。

3. 议标

议标也称为谈判招标或限制性招标,是采购方与供应商通过谈判来确定中标者,并与其签订合同进行采购。其突出特点为:化整为零,邀请协商。

议标包括直接邀请议标、比价议标和方案竞赛议标3种方式。

(1)直接邀请议标

直接邀请议标是指采购方直接邀请某一企业单独协商,达成协议后签订采购合同的采购方式。这种采购方式,与一家协商不成可再换一家,直到达成协议。

(2)比价议标

比价议标是指采购方将采购项目及要求送交选定的几家企业,要求他们在约定的时间提出报价,招标单位经过分析比较,选择报价合理的企业协商,达成协议,签订合同的采购方式。

比价议标兼有邀请招标和协商的特点,一般适用于规模不大、内容简单的工程和货物采购。

(3)方案竞赛议标

方案竞赛议标是选择工程规划设计任务的常用招标方式,是由招标人提出设计的基本要求和投资控制数额等,投标人提出规划或设计的方案,招标人邀请有关专家组成的评选委员会选出优胜单位并与其签订合同的采购方式。这种招标方式要求对未中选的参审单位给予一定补偿。

任务二 招标采购的组织与实施

招标采购具有规范的程序,不可违规操作,如图 6-1 所示。综合说来,招标采购有 7 大基本程序,即招标采购准备、招标、投标、开标、评标与决标、签订合同。采购方与供应商均应在基本程序的框架内进行工作,不得超出基本程序另搞一套。

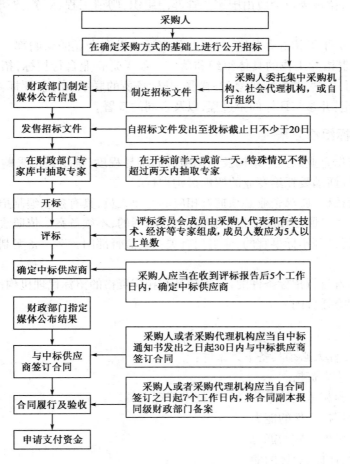

图 6-1 招标采购流程图

一、招标采购准备

招标采购是一项复杂的工作,需要做好充分的准备工作。

(一) 采购立项与计划

由于通过招标采购的项目都是大项目,因此,需要进行采购立项。只有经过立项,落实了采购资金的项目,才能进入实质性采购环节。立项后的采购项目,应根据采购的需要,编制严密的采购计划,并将采购计划转化为采购预算,以保证按时在资金控制范围内采购到企业所需要的资源。

（二）成立项目招标委员会

项目招标委员会是招标采购的组织领导机构，一般由主管领导、纪检监察部门、财务、采购部门、使用部门的领导组成，负责招标工作的领导指导、审查和监督工作，确定招标组织方法、评标条件、评标方法，制定标底，解决项目招标中遇到的各种问题，具体指导招标工作的开展。

对于国际招标，招标委员会应由国家主管部门组织，聘请工程、商务、外汇、法律等各有关方面的专家组成。

项目招标委员会下设招标办公室，招标办公室通常设在企业的采购部。主要是根据招标委员会的决定，负责招标工作的具体组织和落实。如果是企业自行招标，招标办公室需负责《招标文件》的编写、发售，投标函的登记、接受，开标场所的联系、布置，评标委员会的组建，开标、评标原则的确定，并参与评标的全过程，以及合同的签署。

（三）确定招标组织方法

招标委员会依据企业的人才结构及采购项目的难易程度，确定是由采购企业自己组织招标活动，还是将招标活动委托给专业的招标机构进行。

采购企业自行招标，要求企业必须拥有相应的专业人员，具有独立编制招标文件和有效地组织评标的能力。对自愿招标的项目，招标人自行招标的，不须备案。依照法律必须进行招标的项目，招标人自行办理招标事宜的，应当向有关行政监督部门备案。备案制度不是一种事先审批的制度。

采购企业不具备自行招标条件的，应委托具有相应资格的招标代理机构代理投标，并向招标办提交招标代理委托合同。

1. 招标人的条件

招标法规定，招标人必须具备下列条件：
①具有独立的法人资格。
②有与招标工程相适应的采购、经济、技术管理人员。
③有组织编制招标文件的能力。
④有审查投标单位资质的能力。
⑤有组织开标、评标、定标的能力。
⑥招标项目的资金或资金来源已经落实。

2. 招标代理机构

招标代理机构属于中介服务组织，是经国家招标投标管理机构认证，具有招标资质的组织。招标代理机构接受采购方委托，代表采购方行使招标权利，并按照国家规定向委托人或中标人收取一定的服务费。委托招标函见表6-1。

（四）确定招标方式和评标方法

招标委员会依据企业项目需求及市场的特点，选取合适的招标方法，确定招标的具体阶段，制定评标标准和评标方法。

委 托 招 标 函　　　　　　　　表 6-1

××××咨询公司：

我单位现有以下项目需要委托你公司代理招标。具体内容见下表：

单位名称				
单位地址				
委托项目名称				
建设项目地点				
资金来源		委托方代表		
招标方式		总投资额(万元)		
招标实施日期	年　月　日	招标完成日期	年　月　日	
中标服务费		支付方		
经办人		联系电话		
传真		登记编号		
报审日期				
备注				

委托单位

（签名、盖章）

日期：　年　月　日

本委托函一式两份：一份委托单位留存，一份交招标代理机构。

常用的评标方法一般有最低评标价法、寿命周期成本法、综合因素法、投票表决法等。

1. 最低评标价法

最低评标价法是指以价格为主要因素确定中标候选供应商的评标方法。即在全部满足招标文件实质性要求的前提下，依据统一的价格要素评定最低报价，以提出最低报价的投标人作为中标候选供应商或者中标供应商的评标方法。

最低评标价法需要对一些非关键的技术、商务条款的偏离，按一定的比例折算成投标报价，然后将投标报价和所有偏离所换算出的价格相加之和，称作评标价，以评标价最低的投标人作为中标人。最低评标价法又称为最低投标报价法，或经评审的最低评标价法。

【小资料 6-1】

某企业采用最低评标价法的评分办法

某企业在进行招标采购中，依据采购形式及采购对象的特点，采用最低评标价法选择供应商。具体评分办法见表 6-2。

评标价格要素及分值、权值、评分标准　　　　　　　　　　　　　表 6-2

评标价格要素	价格权值	总分	评 分 标 准
质保期	2%	10	超过招标文件要求半年得1分，一年得3分，一年半得6分，两年得10分
交货期	1%	5	交货期短于招标文件要求的，每少7（或10）天得1分；最高得5分
售后服务期	2%	10	免费售后服务期限超过招标文件要求一年得1分，两年得3分，三年得6分，四年得10分
备品备件及专用耗材优惠	5%	20	备品备件比投标报价明细表每下降一个百分点得1分；单位（工作量）耗材价格由低到高顺序排列，其中第一名得5分，第二、三、四、五名依次各递减1分，第六名及以后不得分
对投标产品及投标人的评价	5%	10	产品质量好、服务优、投标人实力强的得10分，每欠缺一项扣4分
自主创新、节能、环保产品	12%	20	自主品牌产品得5分；投标产品列入国家自主创新产品目录得10分；列入节能产品目录得5分，列入环保产品目录得5分，投标产品本身属于回收利用资源加工制作的，得3分；投标产品出自不发达地区或少数民族地区的或者属于中小企业生产的，各得2分；投标人或所投产品按规定享受其他国家政策支持、扶持的，由投标人提供相关法律法规依据，每项加2分。 　　按照产品单位能耗指标由低到高顺序排列，第一名得2分，第二名得1分，第三名得0.5分，第四名及以后不得分；按照产品使用过程中产生的环境污染物指标、回收利用难易程度等进行环保综合性能排列，第一名得2分，第二名得1分，第三名得0.5分，第四名及以后不得分。 　　各项目得分可以累加，最高20分

注：除自主创新、节能、环保等政策性加分因素外，评标价格因素的权值不高于20%且单项因素的价格权值不得高于5%。

投标报价由成本加利润组成，成本部分不仅是设备、材料、产品本身的价格，还应包括运输、安装、售后服务等环节的费用。成本有特定的计算口径，利润为合理利润。

最低评标价法适用于标准规格统一的商品及通用服务项目，这些需求的特点是质量容易达到要求，供应容易得到满足。因此，价格就成为评标的主要因素。

（1）最低评标价法的适用范围

①标的物技术含量不高且与其他物品关联度不强的招标。

②制造有标准、市场成熟的商品。

③单价较低、数量很大、科技含量偏低的仪器设备。

④采购项目很多，单价较低的设备。

最低评标价法能够充分体现价格竞争的优势，但在一些情况下，从确保采购质量而言，采用最低评标价法要慎之又慎。使用最低评标价法，在招标文件中的关键技术参数和商务条款方面，要规定强制标准条款。这样，通过设置一定的门槛，把握一定的尺度，将质量不过关但价格很低的产品拒之门外。

(2) 采用最低评标价法的优点

①可以最大限度节约采购资金。

②减少评标的工作量。从最低价评起,评出符合中标条件的投标时,高于该价格的其他投标便无须再评,因此,节约了评标时间,减轻了评标工作量。

③减少评标工作中的人为因素。由于定标标准单一、清晰,因此,简便易懂、方便监督,能最大限度地减少评标工作中的主观因素。

④有利于引导企业加强内部管理。企业自主报价,合理低价者中标,使企业靠自己的真正本领在市场上竞争,自我经营、自我发展,这是市场经济的内在要求。

招标投标和竞争定价给企业带来的外部压力,能促使企业革新改造,注重技术进步,提高管理水平,降低成本,以适应市场经济优胜劣汰的竞争法则。

想一想

最低评标价与最低报价是什么关系?如果投标人的报价低于成本怎么办?

2. 寿命周期成本法

寿命周期成本法指通过计算采购项目有效使用期间的基本成本来确定最优标的一种方法。具体方法是在标书报价上加上一定年限内运行的各种费用,再减去运行一定年限后的残值,寿命周期成本最低的投标为最优标。

采购厂房、生产线或设备、车辆等在运行期内的各项后续费用(如零配件、油料、燃料、维修等)很高的资源时,采用寿命周期成本法比较合适。

3. 综合因素法

综合因素法指在最大程度地满足招标文件实质性要求的前提下,按照招标文件中规定的各项因素进行综合评审后,以评标总得分最高者作为中标候选人的评标方法。综合因素法又称作综合评估法、综合评价法及综合评分法,其实质就是打分法。

采购项目不同,涉及的因素及各因素的权重也不同。一般分为价格、商务、技术3大因素。为了突出强调各因素的影响情况,一般又细分为质量、价格、供应能力、信誉、供货前置时间、服务等项目。

综合因素法一般实行百分制评分。货物项目评分3大因素占百分制的权重分值为:价格因素权重不低于45%,商务因素权重为10%~20%,技术因素权重为35%~45%。服务项目评分3大因素占百分制的权重分值为:价格因素权重为30%,商务因素权重为15%~25%,技术因素权重为45%~55%。以上商务、技术因素权重具体随价格因素权重调整而作相应调整。

(1) 综合因素法的操作步骤如图6-2所示。

综合评分法在设置评分标准时,注意把握一定的尺度和价值取向。一般说来,技术分的设定要遵循合理细化的原则;对产品比较成熟、价格比较敏感的采购项目,可提高商务分的比重,以体现价格优势;对技术复杂、配置要求高的采购项目,应提高技术分的比重,以保证采购质量。

$$评标总得分 = F_1 \times A_1 + F_2 \times A_2 + \cdots + F_n \times A_n \tag{6-1}$$

式中：F_1、F_2、$\cdots$、F_n——分别为各项评分因素的汇总得分；

A_1、A_2、$\cdots$、A_n——分别为各项评分因素所占的权重，$A_1 + A_2 + \cdots + A_n = 1$。

图6-2 综合因素法的操作步骤

（2）综合评分法的优点

①在各大品牌竞争中，可以保证采购到价格性能都比较适中的货物。

②针对有些市场价格不太透明、产品设计理念不同、不同品牌之间的投标价格无法相互比照的货物，可以通过公式计算来调整出相对合理的基准价，再计算出各投标单位的价格分，以便采购到既符合采购人对货物的技术要求，又价格适中的货物。

③一些市场价格透明度高、产品较成熟、价格较低的普通货物，通过规定计算的价格分显示：报价越高的，分数越低；而报价低的，则分数较高，就越有竞争力。这样能采购到比市场上普通价格更优的货物，体现出招标采购的优势。

（3）综合评分法的主要适用范围

当采购项目的影响因素较多时，依据单一因素难以确定中标方时，一般采用综合评分法评标。例如，我国《公路工程施工招标投标管理办法》指出，高速路、一级路、技术复杂的特大桥梁、特长隧道工程等适合采用综合评分法。

4. 投票表决法

投票表决法指在所有供应商的投标都符合要求但又难以确定最优标时，由评标委员会委员投票，获得多数票的投标为最优标。

此外，"性价比法"和"双信封评标法"也被一些企业所使用。由于不具有普遍性，这里不再赘述。

（五）制定标底

制定标底也是招标委员会的一项重要工作。招标委员会要依据市场供求关系、生产成本及产品的科技含量等，还要通过项目概算，最终确定合适的采购价格水平，亦称为"标底"。标底是招标委员会掌握的底牌，是绝对保密的。

二、招标

企业确定招标组织方法后，无论是自己招标，还是委托招标，招标工作就进入了实质性阶段。具体分述如下。

（一）编制招标文件

招标文件是招标人向投标人提供的，为进行投标工作所必需的文件。招标文件是招标采购的指导性文件，是投标、评标和签订采购合同的依据。因此，编写招标文件是招标采购的关键环节，招标文件的编制水平直接影响到采购的质量。采购方应重视选择招标文件的编写人，慎重确定相关条款。

招标文件由投标邀请书、投标人须知、招标需求、购销合同、投标文件格式及附件等几部分构成。

1. 投标邀请书

投标邀请书是招标人邀请供应商参与投标的邀请函件。函件中指明文件编号，招标项目名称及性质；投标人资格要求；招标文件的获取方式；投标地点及截止时间；投标保证金；开标时间、地点等项目。

【小资料6-2】

投标邀请书

华侨大学采购中心（招标人）受华侨大学土木学院（采购人）的委托，对华侨大学土木学院材料力学综合实验设备及服务采购项目进行竞争性谈判采购，现邀请符合资格条件的供应商前来投标。

1. 采购编号：HDCG20140604
2. 采购项目名称、数量、服务及交货期：详见"华侨大学土木学院材料力学综合实验设备及服务采购一览表"
3. 投标人条件：
3.1 具有本次采购货物经营权的独立企业法人。
3.2 注册资金为人民币50万元或以上。
3.3 是货物的制造商或代理经销商。
3.4 有能力为本项目提供完善的设备维修及维护服务。
3.5 具有良好的商业信誉和健全的财务会计制度。
3.6 有依法缴纳税收和社会保障资金的良好记录。
3.7 参加政府采购活动前三年内，在经营活动中没有重大违法记录。
3.8 法律、行政法规规定的其他条件。
4. 递交投标文件截止时间：2014年7月27日下午3:00时（北京时间），不符合《采购文件》的规定或逾期收到的投标文件恕不接受。
5. 开标时间：2014年7月27日下午3:00时（北京时间）
6. 递交投标文件及开标地点：华侨大学物资采购中心
7. 采购单位联系方式：傅老师 0595-×××××××
8. 《采购文件》的获取：
8.1 参加谈判的供应商从即日起可发送电子邮件到buy@hqu.edu.cn索取《采购文件》，电子邮件中请务必注明索取文件的项目名称、采购编号、公司名称、联系人、联系电话。

8.2 参加谈判的供应商也可在工作日期间,北京时间每天上午8:00~11:30时、下午3:00~5:00时,按下述地址到华侨大学物资采购中心索取《采购文件》。

招标人:华侨大学物资采购中心
地　　址:福建省泉州市华侨大学施良侨科技实验大楼2楼
邮政编码:××××××　　　　　　　　联系人:傅老师　金老师
电　　话:0595-××××××××　　　传　　真:0595-××××××××
开户银行:中行泉州分行华大支行
银行账户:×××××××××××××
收款人:华侨大学

华侨大学物资采购中心
二〇一四年六月十九日

(资料来源:http://www.bidchance.com/calggnew/2007/11/28/1112537.html,并作改编。)

2. 投标须知

投标须知具体制定投标的规则,使供应商在投标时有章可循。投标须知的主要内容包括:

(1)项目说明

对资金来源、招标人、招标代理机构、投标费用、评标方法、货物产地的要求等给予说明。对于不进行资格预审的,还需提出投标人资格要求。

(2)招标文件

对招标文件的构成,招标文件的澄清与修改及其涉及的问题提出要求,做出说明。

(3)投标文件的编制

指明投标文件编制原则、投标语言和计量单位、投标文件构成与装订、投标报价、投标货币币种、证明投标人合格和资格的文件、证明货物及服务的合格性和符合招标文件规定的文件、投标保证金、投标有效期、投标文件的式样和签署等。

由于"报价文件"和"商务资格证明文件"都有投标人的名称,如果采用密封评标,应要求投标方把"价格文件"、"技术和服务文件"和"商务及资格证明文件"单独装订。并且要求投标文件中的"技术和服务文件"的副本不得折叠或作特殊标记,不得以任何方式透露投标单位、人员信息。对有关涉及投标单位和工作人员的全部用"投标单位"和"工作人员"字样代替,装订夹统一由执行机构提供。

如果不是密封评标,文件可以装订在一起,开标一览表应分开单独提交,这是针对一些大的项目投标供应商较多的情况。

(4)投标文件的递交

对投标文件的密封和标记、投标截止日期、迟交投标文件的处置、投标文件的修改和撤回做出说明。

投标文件根据需要确定正本与副本的数量。一般情况下,要求一正多副或二正多副,为便于存档,可要求提供电子文件。通常要求将正本与副本分开封装,在封面右上角写上"机密"字样,中间写明封装内容,盖骑缝章。一旦正本和副本不符,以正本为准。投标保证金或投标保函应用信封单独密封。

(5)开标与评标

对开标方式、投标人参与方法、评标委员会的组建与运作、投标文件的澄清、投标文件的初审、评标货币币种、投标的评价和最终评价的确定方式、评标原则及主要方法、可否与招标人、招标机构和评标委员会接触、是否开展资格后审及其方式做出说明,提出要求。

对于国际招标采购,还应该指出国内优惠的规定。

(6)授予合同

对确定中标人及合同授予标准、授标时更改采购货物的权力、接受和拒绝任务或所有投标的权力、中标通知书、签订合同、履约保证金、腐败和欺诈行为的定义与处置做出说明和规定。

(7)投标资料表

对上述内容及未尽而有必要申明的信息,以表格列出。

3. 技术要求

技术要求规定所采购项目的设计要求与方案、项目的技术性能指标及配置要求、项目的进度要求、项目的实施要求及技术服务要求、项目投标文件应答要求、项目的验收方式与内容等。如果技术要求不明确、不全面、不科学,将会增加采购风险,影响采购质量,增加评标难度,甚至导致废标。

采购项目的技术规格一般采用国际或国内公认的标准,不得对投标人有歧视、排斥或倾向的内容。

4. 供货一览表、报价表和工程量清单

①供货一览表包括采购商品的品名、规格、数量、交货时间和地点等。

②报价表包括商品的品名、规格、包装、单价、总价等,指明运输费用、保险等项目的承担方式等。

在本国境内提供的货物与在本国境外提供的货物的报价要求分开编制。因为,他们要求的项目有所不同。

③工程量清单。对于工程采购,准确的工程量清单是投标人投标的重要依据。

5. 合同

招标文件应指明合同格式、内容及签订合同的要求等。一般包括以下内容:

①产品名称、型号/规格、数量及金额。

②交货时间、地点。

③质量标准、质保期。

④运输及保险。

⑤包装物的供应与回收,包装标准。

⑥检验标准,方法、时间、地点和期限。

⑦结算方式、时间及地点。

⑧本合同解除条件。

⑨违约责任。

⑩合同争议解决方式。

⑪其他约定事项。

⑫双方签字盖章。

(二) 发布招标公告或招标邀请书

招标文件编制完毕,应根据招标方式不同,发布招标公告或招标邀请书。招标公告或招标邀请书发出之日到提交投标文件截止之日,一般不得少于 30 天。

(三) 资格预审

企业在正式招标以前,可以先进行资格预审。预审是指对愿意承担招标项目的投标人进行财务状况、技术能力、资信等方面的预先审查。通过资格预审,缩小供应商范围,减少工作量,提高工作效率,同时降低招标成本。

一般说来,在正式招标以前,对于大型或复杂的工程招标、成套设备的采购等,需要进行资格预审。

1. 资格预审的内容

资格预审包括两方面内容,即基本资格和专业资格。基本资格是指供应商的合法地位和信誉,包括是否注册、最新的企业资产负债情况、是否存在违纪违法行为等。

专业资格是指具备基本资格的供应商履行拟订采购项目的能力。专业资格的要求随采购项目而异。如:

①近三年承担的同类项目情况。
②为履行合同所配备的人员情况。
③拟投入主要生产设备情况。
④企业财务状况。
⑤售后服务的网点分布及人员结构等。

2. 资格预审程序

①编制资格预审文件。
②发售资格预审文件。
③供应商提出资格预审申请。供应商获得资格预审文件后,应按照招标方提出的资格预审要求,填写资格预审文件,并按招标公告规定的时间提交资格预审申请。
④资格评定。采购方审查提出资格预审企业的供应商资格,及时将资格预审结果通知给各参加资格预审的企业。只有通过资格预审的企业,才能够继续参加投标。

【小资料 6-3】

资格预审申请书

武汉地下铁道有限责任公司:

我方已收到武汉地铁六号线车站装修绝缘地板采购 D1S－TC05－06 标公开招标资格预审公告,经过认真研究,我方承认上述文件的全部内容并向贵方申请参加绝缘材料采购 D1S－TC05－06 标的资格预审查。

我方理解贵方不负担我单位参加资格预审的任何费用。

一旦通过资格预审并入围后,我方保证按贵方招标文件的要求进行投标。

我方同意业主可根据工程实际情况对标段内容进行调整。

申请人:(盖章)

法定代表人:(签字)

日期:　　年　　月　　日

申请人地址:

邮编:

电话:

传真:

(四)发售招标文件

招标文件、图纸和有关技术资料发放给通过资格预审获得投标资格的投标单位。不进行资格预审的招标项目,将招标文件及其资料发放给愿意参加投标的单位。对于发出的招标文件可以酌收工本费,但应避免借发售招标文件之机谋取不正当利益。对于招标文件中的设计文件,可以酌收押金,开标后将设计文件退还的,应当退还押金。

投标单位在收到招标文件、图纸和有关资料后,应当认真核对,核对无误的以书面形式予以确认。对招标文件中认为模糊不清的问题可以提出疑问,执行机构和采购人收到后要进行受理。答疑和提出问题以书面形式,回答和答疑也必须以书面形式,并发给每一个购买文件的投标人和潜在的投标人。投标人在收到该通知后应立即回函确认。

依法必须进行施工招标的工程,招标人应当在招标文件发出的同时,将招标文件报工程所在地的县级以上地方人民政府建设行政主管部门备案,办理备案手续,接受建设行政主管部门依法对招标文件的审查。

招标文件对招标人具有法律约束力,一经发出,不得随意更改。招标人对已发出的招标文件进行必要的澄清或者修改的,应当在招标文件要求提交投标文件截止时间至少15日前,以书面形式通知所有招标文件收受人。该澄清或者修改的内容为招标文件的组成部分。

招标文件样本详见附录三。

> 【友情提示】
> 利用投标截止时间规避招标是招标人常用的手段之一,即将发售招标文件期限故意明显缩短,使大部分潜在投标人来不及购买招标文件而无法参与招标,从而规避招标的做法。

三、投标

投标方取得招标文件后,应详细研究和分析招标文件的各项条款,作好投标计划,寻找合作伙伴和分包单位。

对于工程项目,投标人应积极组织参加招标方组织的现场勘察,以便在投标时做到"心中有数"。

1.投标担保

为了保护采购人免遭因投标人的行为而蒙受的损失,招标文件要求进行投标担保。投标担保有保证金和保函两种形式,其中投标保证金在我国比较常见。在投标前,投标人应按照招标文件的要求,足额缴纳投标保证金。投标保证金可以使用现金、支票、银行汇票、银行保函、保险公司或证券公司出具的担保书等形式。

投标保证金缴纳金额通常有两种确定方式。一是要求投标方按照投标报价的一定百分比缴纳,一般为投标报价的1%~5%,这种方式很容易泄露投标方的报价机密。二是由招标方确定一个统一缴纳金额。不过,投标保证金一般不超过投标总价的2%,最高不得超过50万元。

国际性招标采购的投标保证金的有效期一般为投标有效期加30天。

2. 编制投标文件

投标人须按照招标文件的要求编制投标文件。投标文件应当对招标文件提出的实质性要求和条件做出响应。招标项目属于建设施工的,投标文件的内容应当包括拟派出的项目负责人与主要技术人员的简历、业绩和拟用于完成招标项目的机械设备等。

投标人根据招标文件载明的项目实际情况,拟在中标后将中标项目的部分非主体、非关键性工作进行分包的,应当在投标文件中载明。如果投标人为联合体,则联合体各方应分别提交资格文件、联合体协议并注明主办人。

投标人"资格证明文件"、"价格文件"和"技术服务文件"都是评标委员会进行评标的依据。提供越详尽,对评标越有利。投标文件需由法人或法人授权的投标人代表签署,国际招标还需逐页小签。

在招标文件要求提交投标文件的截止时间前,投标人可以补充、修改或者撤回已提交的投标文件,并书面通知招标人。补充、修改的内容为投标文件的组成部分。

投标人不得以低于成本的报价竞标,不得相互串通投标报价,不得排挤其他投标人的公平竞争,也不得以他人名义投标或者以其他方式弄虚作假,骗取中标。

3. 送交投标文件

投标人须在招标文件要求提交投标文件的截止时间前,将投标文件送达投标地点。招标人收到投标文件后,应当签收并妥善保存,不得开启。

有下列情形之一的,招标人应当拒收投标文件:
①未按招标文件要求缴纳投标保证金的。
②在招标文件要求提交投标文件的截止时间之后送达的等。

4. 投标文件的修改和撤回

投标人在投标截止时间前,可以对所递交的投标文件进行补充、修改或撤回。补充、修改的内容应当按照招标文件要求签署、盖章和密封,并作为投标文件的组成部分。

使用电报、传真等对投标文件进行的补充和修改应视为无效。

5. 投标有效期

投标有效期指自开标之日起30天内。

在特殊情况下,在原投标有效期截止之前,可要求投标人同意延长投标有效期,这种要求与答复均以书面形式提交。投标人可拒绝这种要求,并且不影响保证金退还。接收延长投标有效期的投标人将不会要求和允许修正其投标,而只会被要求相应地延长其投标保证金的有效期。在这种情况下,有关投标保证金的退还规定在延长了的有效期内继续有效。

四、开标

招标人在规定的日期、时间和地点,将截止日期前收到的全部投标文件,在所有投标人或其代表在场的情况下,当场拆封投标文件,并公开宣读各投标人的投标条件,以使全体投标人了解各家的标价,这种程序即为开标。

开标由招标人主持仪式,邀请所有投标人参加。依法必须进行招标采购的项目,应有项目的主管部门负责人参加开标仪式。

1. 开标程序

开标的基本程序如下:

①宣布开标会议开始。
②介绍参加开标会议的供应商和人员。
③宣布公证、唱标、记录人员名单。
④检查投标文件的密封情况。由投标人或者其推选的代表检查投标文件的密封情况,也可以由招标人委托的公证机构检查并公证。
⑤开标。由工作人员当众拆封标书,评标委员会检验投标人提交的投标文件和资料,审查其完整性、文件的签署、投标保证金等,并宣读核查结果及有无撤标情况。
⑥唱标。读标人逐一宣读投标人名称、投标报价、投标保证金、附加条件、补充说明、优惠条件以及开标一览表和投标文件要求的其他主要内容,对于工程招标,还应该记录总工期、主要材料用量等。

唱标情况应由记录人在预先准备好的表册上逐一登记,同时按报价金额排出标价顺序。登记表册由读标人、记录人和公证人签名后作为开标的正式记录,由招标单位保存。唱标顺序应按各投标人报送投标文件的时间先后逆顺序进行。

招标人在招标文件要求提交投标文件的截止时间前收到的所有投标文件,开标时都应当当众予以拆封、宣读。

⑦投标人说明。对于投标文件中含义不明确的地方,允许投标人作简要解释,但解释不能超过投标文件记载的范围,不能实质性地改变投标文件的内容。
⑧宣读评标期间的有关事项。
⑨宣读公证辞。
⑩宣布开标结束。

2. 废标的认定

开标时如果发现有下列情况之一者,均应认其为废标:

①未密封或书写与标记不符合招标文件要求的标书。
②无法人公章或无投标授权人签字的标书。
③未按规定格式填写,内容不全或字迹不清无法辨认的标书。
④招标文件内容没有对招标文件做出实质性响应,或与招标文件有严重背离的标书。
⑤没有提交投标保证的投标。
⑥其他不符合招标文件要求的投标。

想一想

当遇到使用电报、传真等进行投标的情况时,你该怎么办?

有时,可以暂缓或推迟开标。例如,在招标文件发售后,对原招标文件做了变更或修改;开标前,发现足以影响招标公正性的违法或不正当行为;招标方接到质疑或投诉;发生突发事故;变更或取消采购计划等。

五、评标

1. 组建评标委员会

依法必须进行招标的项目,由招标人依法组建的评标委员会负责评标。评标委员会由招标人的代表和有关技术、经济等方面的专家组成,成员人数为五人以上单数,其中技术、经济等方面的专家不得少于成员总数的三分之二。

技术、经济专家由招标人从政府有关部门提供的专家名册或者招标代理机构的专家库内的相关专业的专家名单中确定;一般招标项目可以采取随机抽取方式,特殊招标项目可以由招标人直接确定。与投标人有利害关系的人不得进入相关项目的评标委员会;已经进入的应当更换。评标委员会成员的名单在中标结果确定前应当保密。

2. 初步评标

初步评标的内容包括投标人的资格是否符合要求,投标文件是否完整,是否提交投标保证金,投标文件是否对招标文件做出实质性响应等。初评不合格的投标,不再参加正式评标。

对于初评合格的投标文件,要核准有没有计算或累加错误,如果有,应及时修正过来。投标文件的修正原则如下:

①开标一览表(报价表)内容与投标文件中明细表内容不一致的,以开标一览表(报价表)为准。

②大写金额与小写金额不一致的,以大写金额为准。

③总价金额与按单价金额不一致的,以单价金额计算为准。

④单价金额小数点有明显错位的,应以总价为准,并修改单价。

⑤对不同文字文本投标文件的解释发生异议的,以中文文本为准。

3. 详细评标

评标委员会应当按照招标文件确定的评标标准和方法,对投标文件进行评审和比较;设有标底的,应当参考标底。

投标截止时间结束后参加投标的供应商不足3家的,应废除全部投标。视情况采取竞争性谈判、询价或者单一来源方式采购。

4. 编写评标报告

评标委员会完成评标后,应当向招标人提出书面评标报告,并推荐合格的中标候选人。

评标报告的内容包括:

①招标项目。
②招标公告或招标邀请书发布时间。
③投标情况。
④投标报价(包括修改的内容)。
⑤价格评比基础。
⑥评标的原则、标准和方法。
⑦评标结果。
⑧授标建议。

【友情提示】
　　如果没有进行资格预审,评标后应进行资格后审。资格后审的内容同资格预审基本一致。

六、决标

　　采购方根据评标委员会提出的书面评标报告和推荐的中标候选人确定中标人。采购方也可以授权评标委员会直接确定中标人。
　　中标人确定后,招标人应当向中标人发出中标通知书,并同时将招标结果通知所有未中标的投标人。

【小资料6-4】

中标通知书

招标编号:14036

_____公司:
　　依据《中华人民共和国招标投标法》及有关法律法规和招标文件的规定,××××采购项目的_____招标,经评标委员会推荐,确定贵方为中标人。请贵方接到本通知后,到_____,与招标人签订_____合同。
　　中标内容:_____。
　　中标价格:_____。
　　工作时间:_____。
　　质量标准:_____。

招标人:(盖章)　　　　　　　　　　招标代理人:(盖章)
_____年__月__日　　　　　　　　　　_____年__月__日

(招标人、招标代理人、中标人各留存一份。)

　　中标通知书对招标人和中标人具有法律效力。中标通知书发出后,招标人改变中标结果的,或者中标人放弃中标项目的,应当依法承担法律责任。

依法必须进行招标的项目,招标人应当自确定中标人之日起十五日内,向有关行政监督部门提交招标投标情况的书面报告。

> 【友情提示】
> 经评审,如果所有投标都不符合招标文件要求,可以否决所有投标。依法必须进行招标的项目的所有投标被否决的,招标人应当依照招标采购法重新招标。
> 在确定中标人前,招标人不得与投标人就投标价格、投标方案等实质性内容进行谈判。

注意:决标后,对于未中标的投标人,应在中标通知发出后五个工作日内无息退还投标保证金;中标供应商的投标保证金,将在采购合同签订后五个工作日内无息退还。

有下列情况之一的投标人,应该没收其投标保证金:
①在投标有效期内修改投标文件或撤销投标。
②中标人在规定期限内未能签订合同的。
③中标人不能提供履约保函。
④提供虚假材料谋取中标。

七、签订合同

招标人和中标人应当自中标通知书发出之日起三十日内,按照招标文件和中标人的投标文件订立书面合同。招标人和中标人不得再行订立背离合同实质性内容的其他协议。招标文件要求中标人提交履约保证金的,中标人应当提交。

对于按要求签订了采购合同的中标人,应及时退还其投标保证金。

中标人应当按照合同约定履行义务,完成中标项目,不得向他人转让中标项目,也不得将中标项目肢解后分别向他人转让。

招标人与中标人不按照招标文件和中标人的投标文件订立合同的,或者招标人、中标人订立背离合同实质性内容的协议的,责令改正;可以处中标项目金额千分之五以上千分之十以下的罚款。

说明:招标采购依据见《中华人民共和国招标投标法》。

 技能训练

招标采购综合训练

1. 任务目标
①使学生掌握招标采购的具体步骤。
②能够根据采购对象的特点,进行招标采购组织。
③学会编制招标文件。

2. 训练准备
①内容选择:就学校所在城市学生熟悉的单位,教师布置该单位拟采购的物品种类、数量、金额、时间要求等。

②角色申报：要求学生就招标单位法人代表、招标项目负责人及工作人员、招标公司负责人及工作人员、投标单位法人代表及工作人员、专家、法律工作者等角色进行申报。

3. 实施
①学生讨论采购的主要步骤，注意采购步骤应完整。教师总结确定。
②学生按照已经确定的采购步骤，依次编写招标、投标及相关文件。
③班级组织一次开标会议。设训练的关键控制点，特别是进度控制。
④完成评标、定标、签订合同、退还投标保证金等工作。
⑤教师总结。注意要总结招标采购的要点。

4. 考核
总分为100分，其中：
个人得分：30分，包括：
①申报积极性：10分。
②角色重要程度：10分。
③在小组中所起作用：10分。
小组得分：70分，包括：
①按时完成任务：10分。
②文件质量：40分。
③整体评价：20分。

自 测 练 习

1. 选择题
(1) 下列对于招标采购说法错误的是( )。
   A. 三家以上供应商投标方得开标
   B. 原则上以报价最低的供应商得标
   C. 所有报价都大大高过标底时，采购人员有权宣布流标，或征得监办人员的同意，以议价方式办理
   D. 国内招标不允许国外企业投标

(2) 下列不属于邀请招标特点的是( )。
   A. 使用招标公告   B. 接受邀请的单位才是合格的投标人
   C. 投标人的数量有限   D. 竞争受到限制

(3) 下列投标方式中，可以用以开标的投标书是( )。
   A. 电传投标
   B. 电报投标
   C. 开标前对标书中含义不明确的地方作了简单说明的投标
   D. 没有缴纳投标保证金的投标

(4) 下列投标不属于无效投标的是( )。
   A. 投标文件未密封和/或技术文件未按规定加盖公章和签字

B. 投标文件中无投标保证金

C. 投标文件未按规定格式、内容填写和/或投标文件内容与招标文件有严重背离

D. 在投标文件的报价中文数据与数字数据不统一

(5)在招标中,不能没收投标保证金的情况是(   )。

　　A. 在投标截止日期后、投标有效期内撤标

　　B. 在投标截止日期后对投标文件作实质性修改

　　C. 不按预中标时规定的技术方案、供货范围和价格等签订合同

　　D. 开标时,对投标文件做了说明

(6)邀请招标一般选择(   )家企业参加投标较为适宜。

　　A. 1~3　　　　　　B. 3~10　　　　　　C. 10~15　　　　　　D. 15~20

(7)应该没收其投标保证金的情况有(   )。

　　A. 在投标有效期内修改投标文件或撤销投标

　　B. 中标人在规定期限内未能签订合同的

　　C. 中标人不能提供履约保函

　　D. 提供虚假材料谋取中标

(8)招标采购的特点包括(   )。

　　A. 编制招标、投标文件　　　　　　B. 招标程序规范、公开

　　C. 招标过程公平、竞争　　　　　　D. 一次成效

(9)常用的评标方法一般有(   )。

　　A. 最低评标价法　　　　　　　　　B. 寿命周期成本法

　　C. 综合因素法　　　　　　　　　　D. 投票表决法

2. 判断题

(1)在招标采购过程中,有时采购人员有权宣布流标,或征得监办人员的同意,以议价方式办理。（   ）

(2)招标采购必须有3家以上供应商投标方得开标。（   ）

(3)在招标采购中,投标文件的正本和副本的份数应依据招标文件的要求,并没有统一要求。（   ）

(4)招标与投标是一个过程的两个方面,分别代表了招标采购的采购方和供应方的交易行为。（   ）

(5)在修正投标文件时,发现其总价金额与按单价金额不一致的,以总价金额计算为准。（   ）

(6)投标保证金只能使用现金、支票、银行汇票、银行保函等形式,保险公司或证券公司出具的担保书等形式无效。（   ）

(7)招标公告必须在报刊、网络或其他媒体上公开发布。（   ）

3. 简答题

(1)什么是招标采购?其适用条件是什么?

(2)招标采购的程序有哪些?

(3)评标的基本方法有哪些?

(4)招标采购主要分哪几类方法?各有什么特点?
(5)招标采购中,没收投标保证金的情况有哪些?
(6)招标文件由哪几部分构成?
(7)你认为招标采购准备工作包括哪些内容?

4.论述题

你认为当前我国的招标采购存在什么问题?如何避免?

项目七 专项采购操作

【学习目标】
1. 熟悉国际采购的操作。
2. 掌握电子采购的流程。
3. 熟悉联合采购的实施策略。
4. 了解政府采购的特点和方式。

任务一 国际采购操作

引导案例

国内高科技企业采购地点的变化

受制于不断升高的运营成本,中国已有不少高科技企业将物资采购地点转向国外。市场研究和咨询机构 IDC 于 2011 年 11 月 10 日发布的 2011 年《亚太高科技行业供应链变革》研究报告显示,目前 92% 的受访中国企业在国内进行采购,而预计 3~5 年后受访企业中在中国实施采购的企业比例下降至 80%,选择在亚太其他地区及美欧进行采购的企业比例则有不同程度的提高。这项由 UPS 发起,IDC Manufacturing Insights 执行的调查研究项目于 2011 年 6 月和 7 月进行,共有 248 家亚洲高科技企业参与。调查显示,由于中国运作成本的不断增加,已有不少公司开始向其他国家寻找可替代的货源地,尤其是在成熟的亚洲国家和地区(如泰国、马来西亚、新加坡、中国香港)和新兴的亚太国家(如菲律宾、越南)。据分析,中国运营成本的提高,是部分高科技企业转移采购地点的重要原因。过去十余年中,中国的人力成本年均增长达到 10% 左右,传统意义上的中国人力资源成本优势已经不再明显。包括高科技企业在内的很多公司,已开始通过转移采购地点、生产基地等方式降低成本。

分析:国际采购已越来越普遍,通过国际采购,采购企业从价格、质量等方面可获得更多的优势。

随着全球经济一体化,企业之间的竞争日趋激烈。激烈的市场竞争要求企业必须全面提高 T、Q、C、S 水平,即不断缩短产品开发时间(Time)、提高产品质量(Quality)、降低成本(Coat)、提高服务质量(Service),才能在激烈的市场竞争中立于不败之地。国际采购已经成为国内企业参与国际市场竞争的战略选择。国际采购即指在国际范围内寻找供应商,购买产品或者服务的过程。

一、国际采购的原因

采购项目不同,采购企业不同,他们进行国际采购的原因各异。总的说来,国际采购的主要原因表现为下列几个方面。

1. 与采购相关联的成本不断下降

现代信息技术的应用为国际采购降低成本、提高效率创造了条件;虽然大规模的地区贸易壁垒,如欧洲一体化市场还存在,但整体说来,关税在不断降低和取消;由于政府解除管制,与所有运输方式(海洋、航空和陆地)相关联的成本不断下降。

2. 价格

采购价格上的优势是导致国际采购的主要原因。产生这种价格优势的原因有以下几种:

(1)劳动力成本

发展中国家的劳动力成本要比发达国家低很多,这也是许多发达国家公司在那里开设工厂的主要原因。公司寻求低劳动成本,哪里的工资较低,工厂就迁往哪里。

【小资料7-1】

加工制造业的梯次转移

不知道大家有没有注意到,我们平时穿的衣服、鞋子,用的电子产品,还有小孩玩的玩具等,不管品牌是国内的还是国外的,都有相当一部分产地在广东,曾经是中国对外开放桥头堡的珠三角地区,加工贸易占了全国的四成,最近在珠江三角洲地区一些劳动密集型加工制造业,企业的日子越来越难过,纷纷北上内陆省份或南下东南亚国家。根据亚洲鞋业协会的统计,广东的制鞋企业中,目前有25%左右到东南亚如越南、印度、缅甸等国家设厂,有50%左右到中国内陆省份如湖南、江西、广西、河南等地设厂,只有25%左右的企业目前还处于观望状态。为什么会出现这种情况呢?是因为沿海地区的劳动力成本已大幅上升,加大了这些加工制造企业的负担,甚至导致亏损。辽宁大学经济学院院长林木西说:"也就是说它是梯次转移,那么像美国最初向日本转移,然后日本又开始向四小龙转移,四小龙转移之后它又向中国大陆,向俄罗斯这样一些国家转移,当珠三角劳动力成本提高以后,企业开始在国内向周边的其他地区转移,那同时外商又向国外的其他地区转移,这是一个普遍的趋势,也是符合经济规律的。"

(2)汇率

由于汇率的影响,许多公司购买国外产品更为有利。汇率对全球性采购的影响力很大,比如,如果人民币不断升值,我们就可以从国外采购中获得更多收益。

 想一想

为什么说人民币升值,我们就可以从国外采购中获得更多收益呢?试举例说明。

(3)效率

有的行业,发达国家所采用的设备和工艺比国内厂家的效率要高,技术领先的优势使其产品在性能或价格上往往优于发展中国家。比如,由于生产设备与工艺的差异,美国的农产品的价格就低于我国,所以我国很多农产品都依赖进口。

(4) 垄断

国际上有些原材料供应商将生产集中在某些商品上,为了扩大销量实施垄断,而将出口商品定位在一个相对较低的价位上以扩大出口量,尽管有反垄断和反不正当竞争法,但是对其中的控制却是复杂的,而且效果也不明显。

3. 产品的质量

在价格一定的情况下,追求优质的质量是采购者的共性。某些商品,国外供应商的质量更稳定。比如,以色列的滴水灌溉设备,瑞士的钟表等。

4. 资源稀缺

某些原材料,特别是自然资源,国内没有储备,只能大量从国外进口。例如,日本的自然资源十分稀缺,只能选择进口,别无他法。

5. 实力优势

在设备和生产能力方面,某些国外供应商比国内供应商的实力更雄厚,他们甚至在世界各地都有产品库存,他们在交货的速度方面就会比国内供应商更快;有实力的供应商为了防止缺货风险可能会备有大量库存,从而能够保持供应的连续性。

6. 作为一种营销工具

为了能在其他国家出售本国生产的产品,可能会答应向那些国家的供应商采购一定金额的货物,数量由双方协定。这在国际贸易中是司空见惯的事情。

7. 出于竞争的考虑

引进国外供应商,使之与国内供应商竞争,不断提高自己的生产效率和产品质量,使其保持国际先进水平;同时,采购者还可利用国外和国内供应商的竞争,获得价格优惠或其他方面的让步。

二、国际采购的特点

1. 订货提前期更长

国际采购选择的供应商跨越国家和地区的边界,因此在采购业务中,由于距离比国内供应商更远,所以需要更长的运输时间;由于要跨越国境,所以需要经过出口和进口的一系列海关报税和报检程序;由于要跨国交易,所以需要更多的文档传递;由于涉及与非本国供应商进行的采购活动,国际供应商的选择、评价及合同谈判、签订过程需要更多的时间。因此国际化采购往往需要更长的提前期。

2. 需要了解 WTO 规则、相关的国际惯例以及对方国家的相关法律

国际采购,需要遵守 WTO 规则、国际惯例和相关国家的法律法规,要学会利用相关法规制定对自己有利的策略。如果运输时间要求严格,那么就应该设有为防止延期运输的罚金或消除延期风险的条款。相应的违约条款也是必要的,或者由银行为指定的违约项目提供担保。由于起诉费用昂贵并且浪费时间,由国际仲裁机构来解决贸易争端的协议正在日益普及。

《联合国国际销售货物合同公约》(CISG)于1988年1月1日成立,到2002年6月15日,包括加拿大、美国、法国、中国等共61个国家核准、参加或继承了该公约。CISG的目的是为商品交易提供统一的国际标准,也是处理国际货物买卖关系和发展贸易关系的准绳。此外,其他对国际合同产生影响的法律规范有《统一商法典》(UCC)、《1988年多项贸易竞争法》(Omnibus Trade Competitiveness Act of 1988)的Exxon-Florio修正案、《国际武器交易规则》(International Traffic-in-Arms Regulations)、《联合抵制协议》(Boycott Agreement)和《外国禁止行贿法》(Foreign Corrupt Practices Act)等。

3. 比国内采购风险更大

由于是跨国采购,要跨越不同的国家、不同的文化、不同的政治经济制度,特别是对他国市场信息的了解远远少于国内市场信息,所以国际采购通常都会面对比国内采购有更大的风险。这些风险包括语言和文化差异带来的风险、外汇风险、贸易手续复杂性与多限制性带来的风险、时间差异带来的风险、运输成本带来的风险、交货准确性带来的风险、交货后服务困难带来的风险。

【小资料7-2】

国际采购的风险

(一)成本控制的风险

国际采购周期长、环节多,路途遥远,如果对运输费用、保管费用、关税、产品过时、库存、机会成本、市场保护等因素加以考虑时,总成本可能比预计的要多得多,从而影响到净收益的增长。而且由于长距离的关系,可能存在质量和执行方面的问题。另外,产品在运抵目的地的过程中,要经过参与各方的多次交接,当中的不确定因素很可能导致服务水平的降低,产生更大的成本负担。采购者在选择国外供应商之前,必须考虑到其可能发生的成本。

(二)选择供应商的风险

进行有效采购的关键问题应该是选择信誉好的供应厂商。由于得到评估所需的数据既昂贵又耗时间,做到这一点有时比较困难。当供应商远在千里之遥时,这一问题就突出地表现出来。选择信誉好的供应商是一个很重要的过程,而且充满风险。采购方在异国他乡,人生地不熟,很容易上当受骗,而且供应商为了自己的利益会使出各种方法诱惑前去调查的采购人员,使他们不知不觉落入供应商的圈套。

(三)采购提前期确定不恰当风险

采购者首次进行国际采购时通常需要开立信用证,这一般需要几个星期的时间;其次,虽然交通运输有了很大发展,但路途遥远,中途很容易发生意外情况而不得不耽误数日,而且货物在港口存放的时间取决于在港口等待的卸载船只的数量,船只的卸载只有在规定工作时间内才可进行,这些都给提前期的确定增添了不确定因素。

(四)价格波动风险

全球市场上,商品价格会受到比国内更多的因素干扰,波动频率和幅度会比国内市场更多和更大,而且全球采购多为大宗买卖,价格波动使采购方面临的风险很大。贸易双方签好合同后,卖方交货前,货物价格下跌则会使采购方蒙受很大损失。

(五)外汇汇率波动风险

在签订采购协议时会就付款采用采购方国家的货币还是供应方国家的货币做出选择。一般来讲,如果交款时间较短,汇率波动问题就不会太突出,选用哪种货币都无关紧要。但是,如果交款时间为几个月,汇率就会有较大的波动,此时的价格会随着货币的不同而产生较大的出入。所以在签订合用时,采购者应该预测从当前到付款这段时间内汇率如何变动。

(六)合同风险

在国际采购中,签订合同的时候应小心谨慎,对于其中的各项条款应反复推敲,争取能对我方有利。比如说付款方式是合同中的关键条款,我方应尽量争取货到后付款,或者采用信用证等方式支付。

(七)政治问题

受供应商所在国政府问题的影响,供应中断的风险可能会很大,例如供应商所在国发生战乱或者暴动等,采购者必须对风险做出估计,如果风险过高,购买者必须采取一些措施监视事态的发展,以便及时对不利事态做出反应并寻找替代方法。

(八)商业习惯带来的风险

每个地区的商业习惯会因为地区不同而有所变化。国家之间的某些商业习惯变化更大,所以采购者若要和供应商更有效地进行商谈,就要使自己尽可能地去了解和适应那些习惯。

4.需要掌握国际贸易的相关知识

国际采购伴随的必然是交易双方进行的国际贸易,具备国际贸易的相关知识是进行国际采购的必要前提。国际货物贸易除了交易双方之外,还涉及中间商、代理商以及为国际贸易服务的商检、海关、港口、仓储、金融、运输、保险等部门。协调和处理好企业内部、外部的经济关系,避免产生纠纷,需要国际贸易方面丰富的知识和经验。

5.受供应商所在国和国际环境的影响

国际采购受交易双方所在国家的政治、经济、双边关系及国际局势变化等条件的影响,受供应商所在国政治经济环境(例如政府换届、工人罢工、经济波动等)的影响。同时,由于国家间的双边关系的变化,也会影响采购的价格和时间绩效。虽然有些干扰可以通过国际贸易法则协调解决,但对购买方的生产原材料供给仍将产生影响。

6. 各类国际采购洽谈会是国际采购的重要平台

国际采购洽谈会一般拥有固定的举办方,准备充分,并提供一站式服务和高效的后续服务,有利于采购商和供应商进行会面,双方可进行网上配对和现场配对,并进行现场洽谈,成功率比较高,大大降低了搜寻成本。

三、国际采购的操作流程

不同类型企业的国际化采购流程存在一定的差异,但大体过程如图7-1所示:

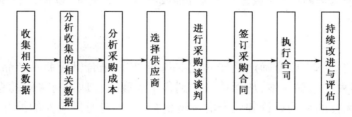

图7-1 国际采购流程图

1. 收集相关数据

企业一旦推行国际采购战略,需要有完备的市场信息和数据作为其决策的依据,否则将很难在国际范围内做出正确的采购决策。这些数据和信息来源比较广泛,有的来源于公司本身,有的来源于专业机构,有的来源于供应商,主要内容应包括以下几点:

①公司进行全球采购的历史数据(如果曾经有)。
②目前公司实际需要的采购量。
③未来一段时间公司计划(或预测)的采购量,全球采购面临较长的提前期(一般为3~4个月),因而准确的市场预测是进行全球采购的前提。
④目前公司已有的供应商、相互合作情况和其他特点。
⑤目前公司潜在的供应商及相关情况。
⑥目前整个供应商的市场环境和未来的发展趋势,对不同的行业应当定期进行必要的市场分析(可从有关专业机构处获得)。
⑦采购产品(或服务)的规格说明和技术要求,这关系到采购质量。
⑧采购货款的外币选择、支付交易情况。
⑨目前公司执行的采购合同期限。
⑩各供应商的采购提前期和在途运输时间。
⑪采购总成本,主要包括供应商提供产品的报价、货物运输价格和保险成本、货物装卸和驳船运输成本、资金的时间成本、关税和增值税等附加成本。

上述这些数据能够有助于企业制订适当的采购计划,选择合适的供应商,确定最佳的采购成本。

2. 数据资料分析

数据资料分析主要是对原始数据资料进行提炼和整理,使之能够符合统一的比较标准。包括以下步骤:

①根据目前各供应商的产品报价,按照现时的外汇兑换比率进行转换,并考虑关税和增值税等成本。

②检查是否存在明显的成本差异。如果差距明显,则需要重新审核一下各项步骤,看是否出现遗漏或错误;如果差距不是十分明显,则需要通过供应商分析和采购成本比较分析来确定。

③经初步筛选后,剔除掉一些明显不合适的供应商,然后对剩下的供应商(包括现有的和潜在的)进行较详细的供应商分析和采购成本分析。

④初步设定采购物料(产品或服务)的目标成本或成本基准,以便进行供应商的选择和与供应商的采购谈判。

3. 采购成本分析

对采购成本的分析主要是确定最佳的成本基准,需要结合供应商的产品报价、相关的运输成本、关税和增值税等附加成本,从而计算出到各供应商所在地进行采购的总成本。国际采购能够使企业获得优良的采购质量和较低的采购价格,但企业对供应商的情况不够了解,采购提前期较长,不确定的因素较多,且手续烦琐,需花费大量的时间、物力和精力。因而,在这种情况下,企业有必要对本地采购和国际采购进行比较分析,以便采取最佳的选择决策。

4. 供应商选择决策

国际采购供应商选择与国内供应商选择步骤与评价方法基本相同。由于国际采购中供应商与采购企业所处国籍、地域差异大,导致不能获得充分的评价信息,因而对供应商的生产能力进行评价有一定的困难。评价信息的两个主要来源是采购者的经验和对供应商的实地考察。如果没有对供应商进行实地考察,采购者可以通过向供应方索取以下几方面信息以判断其生产能力:

①过去几年及当前大客户名单。

②款项支付过程。

③相应银行的信息。

④设备清单。

⑤在质量协会中的成员资格。

⑥其他基本商业情况,如经营业务的时间长短、销售情况、资产情况、产品线及所有权问题。

5. 进行采购谈判

企业全面实施国际采购战略,必须与供应商进行沟通和谈判。在此阶段,需要投入足够的人力和精力来制订、组织、安排与供应商就采购目标、运输配送、货款支付等条款进行谈判,以期为己争取最大的利益,获得供应商的配合。特别注意的是,与海外供应商谈判需要考虑到其所在国法律、文化风俗习惯的差异,并且需要对合同执行过程中可能出现的风险因素明确责任。

国际采购谈判的流程见附录四。

6. 签订合同

在国际采购中,签约双方通常处于不同的社会轨制中,有着不同的价值观点,遵守各国政府制定的法律法规体系,这些因素常会造成矛盾,所以国际采购合同为消除差别,应遵守《国际货物销售合同公约》。企业应尽量争取在本国所在地签约,因为签约地点往往决定了采取哪国法律解决合同纠纷。

国际采购合同内容非常复杂,归纳起来大概有商品的名称、品质、数量、包装、价格、装运、保险与支付、商品检测、索赔和仲裁、不可抗力等条款。

(1)商品名称

在国际采购中,应尽量使用国际通用的名称,同时选择合适的品名,以利降低关税,方便货物的进出口。如"西红柿"就不是国际通用的名称,应为"番茄"。

(2)品质条款

在国际采购中所强调的商品品质是内在品质跟外在状况的综合。商品品质不仅关联到商品的实用价值,也关联到商品的价格。在品质条款中,要写明商品名称跟品质规格。因为商品种类繁多,品质千差万别,而不同品种和特点的商品,表示品质的方法又是不同的,所以品质条款应视商品特点而定。对于商品的品质,表示的方式如下:

①凭样品交易。以样品表示商品的品质,分为凭供应商样品交易或者凭采购商样品交易,供应商所交付的货物品质应与货物样品完全一致。供给样品的义务多数是由供应商承担的,避免货样不符造成争议,但假如采购方心目中对所采购商品有很确切的请求,并且手边有这样的商品,也可能由采购方来供给样品。在国际采购中,以这种方法断定货物品质时应留神,样品应留有复样,以备日后交货或处理货物品质纠纷时作为参照物来评判供应商所交付货物的品质是否合乎合同规定。样品应有编号与寄送日期。这种方式比较适合于工艺品、服装、土特产品等难以用语言说明的货物。

②凭商标、品牌交易。品牌或商标名声大的商品其品质较为牢固,规格较为统一,因此在采购这些货物时只要阐明商标或品名,其品质就已断定。但因为这些商品还有不同规格、型号,因此在采购时还要规定其规格和型号。

③说明书或图样交易。机电仪表等产品及成套设备,因为构造和性能复杂,技巧性较强,除品名、规分外,还要有具体的说明书、图样等材料,因此,在说明书上还必须具体阐明这些内容并以说明书所规定的品质前提为标准交易。有些凭说明书交易的机电仪器等,除在合同中定有品质测验条款外,还定有品质保障条款和后期服务条款,明确规定供应商必须在一定期限内保障其出卖的货物品质合乎说明书上的要求,否则采购方有权提出索赔或退货。

④等级或标准。在国际采购中,有一个重要术语"良好平均品质"(简称FAQ),是指在一定时期内某地出口的货物的平均品质水平,一般是指中等货,也称大路货。在国际贸易中,对于某些品质变化较大而难以规定统一标准的农副产品,往往采用"良好平均品质"(FAQ)这一术语来表示其品质。在标明大路货的同时,通常还约定具体规格作为品质依据。在订立品质条款时,为了便于实施,可设立品质公差,即国际同行业所公认的,允许卖方交货品质可高于或低于一定品质规格的误差(合理差异)。品质公差一般适合于制成品的交易,按照惯例,交易商品的品质若在品质公差的范围内,可不另行计算增减价,如出口手表,允许每48小时误差1秒。对于初级产品,则可规定品质机动幅度和增减价条款。

(3)数量条款

数量条款是采购方与供应商交接货物的根据,主要由数字和计量单位构成。首先应明白计量单位,因为商品的性质及各国采取的度量轨制不同,采取的计量单位和计量方法往往也有所差别。如:产成品及杂货的计量单位多为只、件、套等,矿产品、农副产品的计量单位多为千克、磅、盎司、吨等。其次要明确计量的方法。在国际采购中计量方法分别按净重、毛重、公量、理论重量、法定重量和实际净重计量,公量多用于易含水分的货物,如生丝、羊毛等,理论重量多用于钢板之类有同一外形与尺寸的货物,只要规格尺寸合乎统一标准,重量就大抵相同,根据其件数就可能计算出它的重量。有些货物如粮食、矿石、煤炭等,成交数量很大,难以正确测量重量,或因受天然条件、包装方法、运输的限度,供应商实际交货量难以准确合乎合同规定的确切数量,这就会引起双方的争执。为此在采购合同中规定机动幅度条款,如:在合同中规定溢短性条款,规定供应商是否可能多装或者少装一定比例的标的商品,大米"500 吨±25 吨",其含意是供应商至少装 475 吨,至多可装 525 吨。

(4)包装条款

大多数商品都需要包装,以保护商品的品质完好和数量完全。交易双方在合同中对于商品的包装要涉及四个方面:包装材料、包装方法、包装标记、包装费用。包装的方法有单件运输包装,如箱、桶、袋、包、捆、罐等;集装运输包装是把若干单件运输包装组合成一个大的包装,如集装袋、托盘跟集装箱。包装材料多种多样,如托盘有木托、金属托、塑料托、纸托等,因此,合同中包装条款对包装材料、包装方法应明确规定。如茶叶,木箱装,外裹麻包,净重38kg 等,"合适海运包装"、"习惯包装"等含混词语最好不用。包装标记分别由运输标记、指示性标记、危险品标记构成。包装费用的承担有三种方式:一是包含在货物价格之内;二是不包含在货物价格之内或只包含部分包装费用;三是以毛作净的情况,即对于商品与包装不便分开计量或包装与商品价格相差不多的商品,采用以毛重当作净重计价的做法,包装物料按货物价格计算。对于不计入货物价格的包装费用,应在合同中明确规定由谁承担。要注意各国对运输标记的管理要求及有些国家对于有些包装材料的法律禁止。如有些国家禁止使用稻草和柳藤之类的材质做包装材料,怕将寄生虫带入国内;有的国家对包装标志和每件包装的重量有特殊规定和要求。

(5)价格条款

国际采购中的价格,除个别商品按总价或总值交易外,其余商品的价格均应规定单价和总价,由计价货币、计价金额、计量单位和价格术语四个部分构成。在国际采购业务中,在决定使用何种货币计价和支付时,首先应考虑使用可自由兑换的货币,有利于调拨和运用。国际采购中的作价方式,一般采用固定价格方式。计量单位应与数量的计量单位一致,计量货币应写明国别和地区,因为同一货币名称,在不同的国家和地区代表的币值不同。

【小资料7-3】

国际采购中的货物作价方式

国际货物买卖合同中价格的作价方法,主要有固定价格,非固定价格、部分固定和部分不固定价格等。

(一)固定价格

这种做法在国际货物买卖中采用普遍,具体做法是:交易双方通过协商,就计量单位、计价货币、单位价格金额和使用的贸易术语达成一致,在合同中以单价条款的形式规定下来,例如:USD 58.50 per Dozen ClF London(每箱58.50 美元 CIF 伦敦)。

其中 USD(美元)为计价货币,58.50 为单位价格金额,"Per Dozen"为计量单位,"CIF London"为贸易术语。

采用这种方法时,合同价格一经确定,就要严格执行,除非合同中另有约定,或经双方当事人一致同意,任何一方不得擅自更改。固定价格的做法具有明确具体、便于核算的优点。但是,在这种方式下,当事人要承担从签约到交货付款乃至转卖时价格波动的风险。

(二)非固定价格

非固定价格习惯上又称"活价"。具体做法上又分为:

(1)合同中只规定作价方式,具体作价留待以后确定。如规定"在装船月份前××天,参照当地及国际市场价格水平,协商议定正式价格"或"按照提单日期的国际市场价格计算"。

(2)在合同中暂定一个初步价格,作为买方开立信用证和初步付款的依据,待以后双方确定最终价格后再进行清算,多退少补。

(3)规定滑动价格的做法。这主要是在一些机械设备的交易中采用,由于加工周期较长,为了避免原料、工资等变动带来的风险,可由交易双方在合同中规定基础价格的同时,规定如交货时原料、工资发生变化,并超过一定比例,卖方可对价格进行调整。

(三)部分固定、部分不固定价格

在一些长期分批交货的交易中,双方可以协商规定,对于近期内交货的部分采用固定价格,其余采用不固定作价办法。

(6)支付条款

支付条款包括支付时间、支付地点和支付方式。其中支付方式有:汇付、托收和信用证支付。使用汇付方式时,应在买卖合同中明确规定汇款的到达时间和具体的汇付方式。在预付货款情况下,汇款到达时间应与合同规定的交货时间相衔接。使用托收方式,应在买卖合同中明确规定凭卖方开立的汇票(或提交的单据)付款以及支付时间(汇票期限)等内容。以信用证方式付款,应在买卖合同中明确规定信用证开抵时间、开证银行、信用证种类、金额和有效期限等内容。少量成交的货物,可采用汇付;为扩大销路,可采用托收;如是大笔货款,则一般采用信用证。

(7)装运条款

在国际交易时,交易双方必须就交货时间、装运地、目的地、运输方式、是否分批装运与转船、转运等问题达成一致看法,并在合同中具体说明。明确地规定装运条款,是保障国际采购合同顺利履行的重要前提。该条款包含:运输方法、装运时间或交货期、装卸地点及目标地、装卸时间、分批装运、装运单据等内容。

①装运时间。对于装运时间的规定有:规定交货日期和规定在收到信用证后一定时间内装船。规定交货日期方法最为广泛,其分为两种方法:第一种是规定具体日期,这种方法的问题在于履行过程中只要车船稍有耽搁,供应商就构成违约;第二种是规定具体期限,如规定在某月底之前交付或在某月某日之前交付,这种方法适用于易受运输和其他客观前提影响的装运,所以在国际采购合同中容易被双方接收。规定在收到信用证后一定时间内装船的方法对供应商的有利之处在于供应商的危险小,并且可以在收到采购方开来信用证后再安排出货或组织货源;但对他们的不利因素在于一旦采购方拒绝开证,供应商的装运将无法进行,为此

在采购合同中往往规定采购方最迟于某年月日前将信用证开抵供应商。

②装运港与目的地。按国际习惯做法,为便于销售方装运,合同中有关装运港的条款,由供应商提出并经采购方批准后确定。由对方提出装运港时,采购方应考虑航线、航程、运输费用等多种因素决定是否可以接受。选择双方都能接收的装运港,确定的具体方法是:规定装运港,或者对一些批量大、货源较分散,并且可在多处交货的货物的合同,可以不规定具体的装运港口,而只写某国港口。目的地一般由采购方提出,其直接关联到运费、保险费等问题,通常成为计算价格的一个重要因素,因此,必须要在合同中明白具体地指出目的港。

③装运方法。货物是否被容许分批运输,各国的法律规定不同,所以在合同中销售方、采购方应明白做出规定。在国际货物运输中,为了减少成本,大都采取直达运输,凡需要在半途转运的必须在合同中做出明确规定。

④装卸时间与滞期、速遣条款。装卸时间以天数或小时数来表示。假如在商定的容许装卸时间内未能将货物装卸完,以致船舶在港内停泊时间延长,给船方造成经济损失,则延迟期间的损失应按商定以每天若干金额补充给船方,这项补充金叫滞期费。反之,若提前实现装卸任务,使船方节约了船舶在港的费用开销,船方将其获取的好处的一部分给租船人作为嘉奖,叫速遣费。按惯例,速遣费为滞期费的一半,滞期费跟速遣费通常商定为每天若干金额,不足一天,按比例折算。

（8）保险条款

国际采购中货物必须要长途运输,货物在运输过程中可能碰到各种自然灾害、意外事变和外来危险。为转嫁损失,需办理货运保险,一旦货物碰到承保范畴内的损失,即可向保险公司索赔。合同中的保险条款包含由谁保险、投保哪种基本险与附加险以及保险金额。对于进口商品,力争采用 CIF 等带保险的条件成交,而出口商品则可采用 FOB 等不带保险的条件成交。在规定保险条款时应根据商品特点和可能遇到的危险,选择恰当的险种,如运输玻璃制品等易碎的货物,在投保平安险或水渍险的基础上,可加保破碎险。

（9）商检条款

为了确定供应商所交货物的品质、数量、分量、包装是否合乎合同要求,采购的货物都需进行检测。商检条款包含检测机构、检测权与复检权、检测与复检的时间、地点及索赔、检测标准与检测方法等。

①检测机构。世界各国都有检测机构,这些机构有官方的,有非官方的。检测机构必须在合同中规定,不能事后由单方决定。

②检测权与复检权。因为出口国检测、进口国复检这种方法兼顾合同双方,较为公平,因此得到国际社会的广泛认可。

③检测与复检的时间、地点及索赔。检测的时间由交易双方在合同中规定。复检期限的长短,应根据货物的性质及港口情况等因素而定。复检期限实际上就是索赔期限,假如超过规定期限索赔,供应商将有权拒绝赔偿。

④检测标准与检测方法。不同的检测方法检测同一种货物,得出的结论差别较大,所以,在签订合同时应慎重选择检测标准与检测方法。目前国际上常用的检测方法有四种:第一种是按货物出产国的标准检测;第二种是按照双方商定的标准检测;第三种是按采购国的标准检测;第四种是按国际标准检测。

（10）索赔条款和仲裁条款

索赔条款是为了避免因对方违约以致本人受到损失而设置的，可以使受到损失的一方向违约方索赔。索赔条款的内容有：索赔根据、索赔期限、索赔办法。在索赔条款中，通常包含罚金条款跟异议索赔条款。罚金条款一般用于卖方延期交货或买方延期接货等违约行动时，违约方应向对方支付预先商定的金额，作为抵偿对方的损失，其金额按惯例一般不超过总值的5%。异议索赔条款适用于交货品质、数量与合同规定不符时提出索赔，抵偿金额不是预先商定的，而是根据实际损失程度断定。索赔时要正确运用国际贸易惯例和有关法律，最好采取友好协商的办法解决。

仲裁条款则包括仲裁机构、仲裁程序、仲裁地点、裁决的效力和费用的承担。按照国际惯例，一旦双方发生争执，仲裁机构可以根据合同缔结地所在国的法律做出裁决。

7. 执行合同与持续改进和评估

签订合同之后双方必须严格执行，以减少双方的纠纷。采购后期的持续改进和评估的主要目的是进一步降低采购成本，提高采购质量，维持与供应商良好的合作关系。可以从以下几方面加以考虑：

（1）使采购标准不断合理化

当企业采购一种新的原材料或零部件时，通常需要制定一个合理的产品采购标准（包括对采购产品的技术要求、价格要求、服务要求等）。一般情况下，采购方只能先从供应商那里获得该产品的数据资料和性能说明，而这些数据资料或性能说明不一定能够完全满足采购方的要求，这就要求双方通过谈判和协商，共同制定一套评估和选择标准。该项标准一旦确认，将直接决定该项产品的成本结构和技术参数，只有在市场情况发生改变时，才能得到修正或改进的机会。

（2）加强供应过程分析

成本结构改善的另一途径是供应过程分析，即分析供应商生产制造过程的各个环节，主要包括供应商采用的生产技术、原材料的消耗和劳动力资源的使用等方面的信息，进而考察供应商的资源利用情况和可能的利润空间。在不同供应商之间寻找其生产情况和资源利用过程中的共同点，如果存在共同的资源利用，则需要调查供应商资源的获得情况以及与供应商的协作情况。如果存在潜在的协作或更好的资源利用的机会，则需要重新设计供应商的供应链流程，并分析这种重新设计后的流程能够给供应商带来何种程度的成本降低或利润上升。如果实际操作可行，则需要与供应商协调谈判，重新改进标准参数，使之逐渐趋向合理化。这种对供应商生产过程的分析，有利于与供应商结成战略同盟关系，从而为双方创造更多的收益。

案例分析

品质条款的确定

某地一进出口公司向巴西出口一批非食用玉米。合同规定：品质为适销品质，以98%的纯度为标准，杂质小于2%，运输方式为海运，支付方式采用远期汇票承兑交单，以给予对方一定的资金融通。合同生效后两个月货到买方，对方以当地的检验证书证明货物质量比原订规定低,黄曲霉菌累超标为由,拒收货物。经查实,原货物品质不妨碍其销售,对方违约主要是由于当时市场价格下跌。后经多次商谈,我方以降价30%完成合同。

【思考】
这个采购合同的品质条款应如何签订?

任务二　电子采购操作

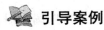引导案例

IBM 的电子采购

现在 IBM 已经在使用电子采购,在 IBM 网站上有一个供应入口,这是所有联系的统一入口,是与供应商交易的专用平台,其业务可以是简单的开发票或下订单,也可以是复杂的产品推介功能。通过电子化采购,IBM 的采购成本大幅度下降。电子采购的优势见表7-1。

电子采购的优势　　　　　　　　　　　　　　　　　　　　表 7-1

电子采购的优势	过　去	现　在
订购单处理流程	30 天	1 天
合约周期时间	6~12 个月	30 天
合约平均长度	40 页以上	6 页
通过互联网交易的供应商	0	27,000
内部满意度-采购	40%	超过85%

不仅如此,IBM 全球服务部门的采购副总裁 Schaefer 说:"自动化采购带来的最基本价值在于:我们可以从耗费大量时间的事务性工作中脱身。以前,采购人员每天花5个小时在电话里回答别人的问题:他们的订单在哪里,为什么还没有发货。而如今采购不再是一个服务性的部门。"

一、电子采购的含义和流程

1. 电子采购的含义

网络技术的飞速发展以及市场竞争的日益激烈对企业的采购方式产生了深刻的影响,电子采购已成为一种新的采购趋势。电子采购(e-procurement)是使用因特网、电子数据互换或电子文件传输来进行的企业间采购行为。电子采购在采购要求的提出、订单的产生、商品运输以及存货管理等方面都有了重大的改变。网络的介入使采购流程得到优化,并在降低成本、提高效率、增加采购透明度等方面都可使采购企业和供应商双方受益,实现"双赢"。

2. 电子采购的流程

企业的电子采购一般是通过应用相关的软件来实现的,不同的软件提供了不同的解决方案。这些解决方案各有其特点,比较典型的操作过程如下:

①填写订购单。采购部门的员工或采购申请部门通过软件提供的界面提出要求并填写订

购单。

②审核订购单。一般通过管理软件自动进行审核,当订单要求超过限额或一些特殊的订单要提交企业主管进行审核。

③联系供应商。订单批准后,就通过网络联系供应商,供应商根据企业的采购要求,通过网络提供相应的商品或服务的信息。

④选择供应商。采购企业根据供应商提供的各种资料信息进行比较选择,择优选定一家或数家供应商。

⑤采购结算。通过相应软件进行采购货款的结算,借助银行的参与实现货款的支付转移。

从上可见,在电子采购的整个流程中,人工参与因素越来越少,信息的传递基本依赖网络进行,保证了采购过程的公正、高效,对克服采购过程中的"暗箱操作"十分有效。

二、电子采购的优势与类型

1. 电子采购的优势

(1) 显著降低采购成本

在传统的采购方式中,一般性的工业企业物资采购的成本占到企业生产总成本的60%以上,从事采购工作的员工的数量和日常支出也极为可观。因此,企业的采购成本水平对企业产品的总成本有直接的影响,并进而影响企业产品的市场竞争力和企业的盈利水平。据美国采购管理协会称,使用电子采购系统可以节省大量成本:采用传统方式每生成一份订单所需要的平均费用为150美元,使用电子采购可以将这一费用降低到30美元。目前IBM公司就已开始了电子采购。电子采购使IBM的运营成本不断降低,平均每年节约采购成本约20亿美元。

(2) 有效提高采购效率

传统的采购方式下,企业采购的周期较为冗长,主要有两个原因:一是企业在采购过程中选择合适的商品及其供应商极其不易,如果要到企业实地考察,更要花费较长的时间。二是企业采购是一项跨部门和组织的工作,每一个环节都有复杂的处理程序,要保证采购的物资按时到位,必须要求物资使用部门提前较长时间申报采购计划;而且由于各业务部门"各自为政",导致采购信息在企业内部不能得到及时顺畅的流转,影响采购效率的提高。三是传统的采购活动是建立在大量的纸面文件的基础之上的,从生产部门采购需求的提出,到采购部门与供应商的各种联系,再到交货及资金的结算,整个过程产生了大量的纸质凭证,如领导的批示文件、合同、汇票、收货单等,这些单证的制作、填写、保存牵涉各部门员工大量的精力,常常会因某一单据的错误或遗漏而影响整个采购工作的进行。繁杂的采购文档,加之复杂的采购程序,势必导致采购活动的低效率。

电子采购使得以前漫长而艰难的信息收集、认证、商务谈判、资金结算等工作流程大大简化,采购人员可在很短的时间内得到比以前更广泛、更全面、更准确的采购资料,而且电子采购是无纸化交易,提高了传输和保管文件的效率和准确性,采购工作的效率必将会大大提高。

(3) 优化采购管理

在传统的采购方式中,与外部供应商沟通的时候,采购部门一般处于主要地位,生产、研发部门很少有机会与供应商直接接触,对缺乏经验的采购人员或有较高技术要求的采购物资来说,经常会产生所采购物资与实际需要不符,既造成资源浪费,又可能耽误生产经营的正常进行。在消费者的需求越来越追求多样化和个性化的今天,如果有过多的库存成品,就必然加大销售的风险。过高的原材料、零部件的库存同样也会给企业增加经营负担,产生较高的存货成本,进而提高产成品的成本。电子采购对加强、优化企业的采购管理具有重要意义。可以从两方面来理解:一是便于对采购业务进行集中管理;二是提高企业存货管理水平。电子采购可以逐渐使企业从高库存生产向低库存生产、微库存生产过渡,直至实现零库存生产。

(4)保证采购质量

采购品的质量高低直接影响产成品的质量,因此,质量能否保证是采购成功与否的关键。在传统的采购活动中,因为有人情、回扣等因素影响,并且采购的范围相对较小,只能"货比三家、五家",采购中出现质量问题是极为常见的,企业采购到的往往是"价不廉、物不美"的商品,影响企业的生产经营。电子采购中,采购商可以在很大范围内选择供应商,可以做到"货比百家、千家",尽可能找到质量和价格最为理想的合作伙伴。如对对方的供货信息有疑问,还可进行实地考察,防止质量事故的发生。对原来通过中间商采购的企业来说,可以直接通过网络与生产商联系,防止假货的骚扰。目前微软公司已经把其软件销售的重点转移到网上,让全球各地的用户直接在网上通过注册购买到正版软件,杜绝盗版软件的销售。应该说,电子采购的不断普及,对保证产品质量、打击假冒伪劣能起到很好的促进作用。

(5)增加交易的透明度

在传统的采购活动中,交易透明度常常因为采购信息的不充分而受到影响,有的交易是由人为原因造成的"暗箱操作",不仅给企业造成损失,也使不少人犯了错误。电子采购规范采购流程和审批环节,对提高交易的透明度、减少"暗箱操作"将起到重要的作用。电子采购可提高供应商的透明度,提高采购商品的透明度,提高采购价格的透明度。

2. 电子采购的类型

依照管理者和参与者的角色,可以将电子采购划分为三种类型:

第一种是产业领导厂商透过因特网联结本身的供货商,进行在线采购原料,借此节省成本、文书作业与处理时间。采购方在互联网上发布所需采购产品的信息,供应商在采购方的网站上登录自己的产品信息,以供采购方评估,并通过采购方网站,双方进行进一步的信息沟通,完成采购业务的全过程。它通常连接到企业的内部网络(Intranet)以及企业与其贸易伙伴形成的外部网络(Extranet),如图7-2所示。这种类型适合行业的领导者,实力雄厚,有足够的能力整合供应商。例如IBM的电子采购方式就属于这一种类型。

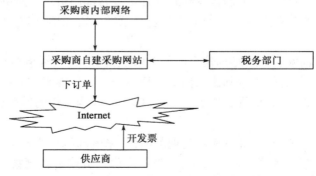

图7-2 电子采购类型一:采购方自建采购网站

第二种是由第三方主持的独立在线交易市集,也称为电子市场(Electronic Market)。这些独立的公司负责把买方与卖方集合起来,让双方在网络上接触。在这种方式中,无论是供应商还是采购方,都只需在第三方网站上发布并描述自己提供或需要的产品信息,第三方网站负责产品信息的归纳和整理,以便于用户的使用,如图7-3所示。这种类型的电子采购对于采购方而言,可以接触到很多供应商,这种方式适合于产业集中程度低、买卖双方数量都很庞大而零散,缺乏主导力量的采购方。如阿里巴巴网站就是由第三方主持的独立在线交易市集。

第三种是产业的领导厂商联合起来成立的在线交易市集,也称为产业平台(Industry Platform)。建立产业平台是电子化采购方式的又一大创新。一个个产业平台就是一个个网站,将拥有相同产品种类与不同供应商的产品目录在线整合在一起,如图7-4所示。通用汽车、福特汽车、戴姆勒·克莱斯勒和丰田汽车就成立了一个这样的平台,进行联合在线采购。这几家公司每年总计花费在零部件和原材料上的采购金额多达3000多亿美元,通过合作,他们可以增强自身的采购能力,有望从供应商处得到价格让步,并减少10%的支出。

图7-3 电子采购类型二:电子市场

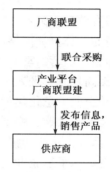

图7-4 电子采购类型三:产业平台

三、电子采购的策略

电子采购的解决方案已成为众多计算机软、硬件厂商开发的新热点,目前成熟的产品也已较为常见,这些方案对电子采购的各个方面进行了设计,使得采购工作程序化、自动化。一些解决方案已得到了企业的认可,如BBP(B-to-B Procurement)电子采购系统已在青岛海尔集团得到实施。但是,企业开展电子采购并不是选用某一公司的软件就万事大吉了,实际上电子采购并不光影响企业的采购流程,还深入到整个企业的业务运作之中,将从根本上改变企业的运营方式。企业只有内外结合、"软硬兼施",才能建立一套运行良好的电子采购体系,才能充分发挥电子采购的优势。

1.逐步实现企业内部的信息化

电子采购的开展必须要有内部信息系统作支持,只有企业内部实现了信息化,才能使电子采购发挥出更好的优势。因此,加快企业内部信息化建设已成为当务之急,通过建设企业内联网,应用ERP(企业资源计划)管理系统,把企业进货、销货、存货、生产以及财务、计划等各个环节通过网络连接起来,再把网络延伸到企业外部,与电子采购系统对接,这样才能成为电子采购的真正受益者。

2. 采用符合自身特点的电子采购软件

企业开展电子采购,要求把采购请求形成、请购单填写、采购审批、订单下达等各项采购工作都可通过网络并借助计算机软件来实现,因此,电子采购软件的作用显得十分重要。目前市场上这类软件十分丰富,但不同的软件其侧重点和出发点有所不同,不同的软件各有自己的优势和劣势,这就要求企业需要根据自身的采购规模、周期等来选用最符合自身需要的软件,不要盲目追求功能强大,也不应片面采用国外大公司的产品,必须坚持"最合适的才是最好的"原则,避免产生"花大钱办不成事"的结局。一般来说,电子采购软件必须建立在 Internet 基础上,包括 CA 认证、咨询和支付等功能;根据需要还应提供商业伙伴目录、定价服务以及集成功能;要能与 ERP 和办公自动化等后台系统集成。另外,采购管理人员的工作界面必须友好,简单明了,易操作。当然,除购成品软件外,企业也可委托软件公司或企业计算机专业人员专门开发,真正设计出符合企业需要的采购软件,为企业更好地开展采购业务服务。

3. 加强人员培训

电子采购的有效实施离不开高素质的管理人员,既要求他们掌握专业的采购管理知识,同时还必须有较高的计算机和网络应用的知识,懂得电子商务的运作,能够充分利用网络这一先进工具为企业的生产经营活动服务。这样的人才,在国内的传统企业中是十分缺乏的。因此,加强人员培训,提高现有管理人员的素质是一项十分重要的任务。当然,企业领导人的重视并身体力行,对推动企业信息化建设和提高员工素质都有十分重要的影响。随着电子采购的深入实施,单纯意义上的采购员将不复存在,采购工作将会涉及企业整个生产经营的全过程,几乎与每一位员工都有直接或间接的联系,有必要对关系较为密切的部门的员工进行电子采购的培训,让他们更好地了解企业内部的采购要求和规定,对企业的运作流程有一个系统的认识,提高他们参与电子采购过程的积极性、主动性和创造性。

四、电子自动订货系统(EOS)

EOS 是指企业间利用通信网络(VAN 或互联网)和终端设备,以在线联结(ON-LINE)方式进行订货作业和订货信息交换的系统。EOS 按应用范围可分为企业内的 EOS、零售商和批发商之间的 EOS 系统,以及零售商、批发商和生产商之间的 EOS 系统。

1. EOS 系统的作用

EOS 系统能及时准确地交换订货信息,它在企业采购管理中的作用如下:

①提高订货效率。对于传统的订货方式,如上门订货、邮寄订货、电话、传真订货等,EOS 系统可以缩短从接到订单到发出订货的时间,缩短订货商品的交货期,减少商品订单的出错率,节省人工费。

②有利于减少企业库存水平,提高库存管理效率,同时也能防止商品缺货现象的出现。

③对于生产厂家和批发商来说,通过分析零售商的商品订货信息,能准确判断畅销商品和滞销商品,有利于企业调整商品生产和销售计划。

④有利于提高企业物流信息系统的效率,使各个业务信息子系统之间的数据交换更加便利和迅速,丰富企业的经营信息。

【小资料 7-4】

EOS 系统在日本的应用

EOS 系统并非是单个的零售店与单个的批发商组成的系统，而是由许多零售店和许多批发商组成的大系统的整体运作方式。EOS 系统在日本应用已相当普及，目前已有日用杂品、家庭用品、水果、医药品、玩具、运用用品、眼镜钟表、成衣等八个专业网络的用户，这些用户可通过自己商店内标准的零售点终端机向网内的批发商订货，订货的依据就是统一的通用商品条码，这个商品条码可以直接通过扫描商品而获得，既快速又准确无误。零售网店通过 EOS 系统可以向总部或批发商发出订单，公司总部或批发商汇集订单后通过系统向网内供应商订货，供应商通过网络接受订单，并组织供货，将送货信息通过网络发送给订货企业。批发商或总部收到货物后向零售网点配送货物。EOS 的系统结构图如图 7-5 所示。

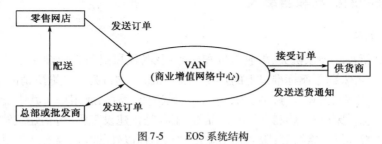

图 7-5　EOS 系统结构

2. 企业在应用 EOS 系统时应注意的问题

（1）订货业务作业的标准化。这是有效利用 EOS 系统的前提条件。

（2）商品条码的设计是应用 EOS 系统的基础条件。在零售行业的单品管理方式中，每一个商品品种对应一个独立的商品条码，商品条码一般采用国家统一规定的标准。对于统一标准中没有规定的商品则采用本企业自己规定的商品代码。

（3）订货商品目录账册（Order Book）的设计和更新。订货商品目录账册的设计和运用是 EOS 系统成功的重要保证。

（4）计算机、订货信息输入和输出终端设备的添置以及 EOS 系统设计是应用 EOS 系统的基础条件。

（5）需要编制 EOS 系统应用手册并协调部门间、企业间的经营活动。

任务三　了解政府采购

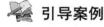引导案例

某省的政府采购

某省举办大型扶贫物资采购，总金额 500 万元。因为时间紧急，若采用公开招标的方式无法满足采购需求，因此采购中心接到任务后，考虑到该批货物规格、标准统一，且现货货

源充足，经中心领导研究，决定采用询价采购的方式，并迅速成立了项目小组。经过采购中心经办同志的努力，他们在核实了项目需求后，以最快的速度发出了询价单，询价单中明确规定最低价成交。5天后，采购大会如约举行，除了有关部门领导到场外，纪检、监察以及采购办均派人参加了大会，并进行全程监督。在采购过程中，根据会场领导要求，采购中心组织的专家组先与每位供应商进行了谈判，同时还要求他们对自己在询价单上的报价做出了相应的调整。报价结束后，根据各供应商二次报价的情况及各单位的资质情况，专家组进行了综合评分，并根据得分的高低向领导小组推举本次采购各个分包的项目中标候选人，圆满完成了采购任务。

【思考】
该采购中心的采购做法是否规范、合法？

一、政府采购的概念和当事人

1. 政府采购的概念

政府采购，是指各级国家机关、事业单位和团体组织，使用财政性资金采购依法制定的集中采购目录以内的或者采购限额标准以上的货物、工程和服务的行为。这里所谓的采购，是指以合同方式有偿取得货物、工程和服务的行为，包括购买、租赁、委托、雇用等。其中货物是指各种形态和种类的物品，包括原材料、燃料、设备、产品等；工程是指建设工程，包括建筑物和构筑物的新建、改建、扩建、装修、拆除、修缮等；服务是指除货物和工程以外的其他政府采购对象。

2. 政府采购的当事人

政府采购的当事人是指在政府采购活动中享有权利和承担义务的各类主体，包括采购人、供应商和采购代理机构等。

采购人是指依法进行政府采购的国家机关、事业单位、团体组织。

供应商是指向采购人提供货物、工程或者服务的法人、其他组织或者自然人。两个以上的自然人、法人或者其他组织可以组成一个联合体，以一个供应商的身份共同参加政府采购。联合体各方应当共同与采购人签订采购合同，就采购合同约定的事项对采购人承担连带责任。

集中采购机构为采购代理机构。设区的市、自治州以上人民政府根据本级政府采购项目组织集中采购的需要设立集中采购机构。集中采购机构是非营利事业法人，根据采购人的委托办理采购事宜。采购人采购纳入集中采购目录的政府采购项目，必须委托集中采购机构代理采购；采购未纳入集中采购目录的政府采购项目，可以自行采购，也可以委托集中采购机构在委托的范围内代理采购。采购人可以委托经国务院有关部门或者省级人民政府有关部门认定资格的采购代理机构，在委托的范围内办理政府采购事宜。

二、政府采购的特点和原则

1. 政府采购的特点

（1）政府采购资金来源的公共性

一是政府采购的资金来源于政府财政收入，或需要由财政资金进行偿还的公共借款，这些资金最终来源于公众的纳税、公共事业服务和其他公共收入；二是政府采购的目标具有公共性,即政府采购的产品或服务是为了向社会提供公共服务。

(2)政府采购的强制性

为了规范政府采购行为,提高资金使用效益,维护国家利益和社会公共利益,我国颁布了《政府采购法》(以下简称本法)以及一系列相关法律法规。属于政府采购范围的项目采购计划方案、程序、方式及其资金使用等,必须严格按照有关法律、法规组织实施和规范管理。

(3)政府采购的政策性

政府采购有责任维护国家和社会公共利益,促进社会经济协调平衡发展,体现社会责任感。政府采购对于平衡社会有效需求和供给、推动经济产业结构调整升级、保护和扶持民族产业、促进地区经济发展、扶植中小企业发展、支持科技创新、支持环境生态保护和节约能源等社会经济、公益事业都能发挥显著的促进作用。

(4)政府采购的经济性和非营利性

政府采购活动必须遵循市场经济规律,追求财政资金使用效益的最大化。同时,政府采购活动不以盈利为目标,而是以追求社会公共利益为最终目标。

2. 政府采购的原则

政府采购应遵循公开透明、公平竞争、公正和诚实信用原则。在这些原则中,公平竞争是核心,公开透明是体现,公正和诚实信用是保障。

(1)公开透明原则

公开透明是政府采购必须遵循的基本原则之一,政府采购被誉为"阳光下的交易",即源于此。政府采购的资金来源于纳税人缴纳的各种税金,只有坚持公开透明,才能为供应商参加政府采购提供公平竞争的环境,为公众对政府采购资金的使用情况进行有效的监督创造条件。公开透明要求政府采购的信息和行为不仅要全面公开,而且要完全透明。仅公开信息但仍搞暗箱操作属于违法行为。依本法精神,公开透明要求做到政府采购的法规和规章制度要公开,招标信息及中标或成交结果要公开,开标活动要公开,投诉处理结果或司法裁决等都要公开,使政府采购活动在完全透明的状态下运作,全面、广泛地接受监督。

(2)公平竞争原则

公平竞争原则是市场经济运行的重要法则,是政府采购的基本规则。公平竞争要求在竞争的前提下公平地开展政府采购活动。首先,要将竞争机制引入采购活动中,实行优胜劣汰,让采购人通过优中选优的方式,获得价廉物美的货物、工程或者服务,提高财政性资金的使用效益。其次,竞争必须公平,不能设置妨碍充分竞争的不正当条件。公平竞争是指政府采购的竞争是有序竞争,要公平地对待每一个供应商,不能有歧视某些潜在的符合条件的供应商参与政府采购活动的现象,而且采购信息要在政府采购监督管理部门指定的媒体上公开地披露。本法有关这方面的规定将推进我国政府采购市场向竞争更为充分、运行更为规范、交易更为公平的方向发展,不仅使采购人获得价格低廉、质量有保证的货物、工程和服务,同时还有利于提高企业的竞争能力和自我发展能力。

(3)公正原则

公正原则是为采购人与供应商之间在政府采购活动中处于平等地位而确立的。公正原则要求政府采购要按照事先约定的条件和程序进行,对所有供应商一视同仁,不得有歧视条件和行为,任何单位或个人无权干预采购活动的正常开展。尤其是在评标活动中,要严格按照统一的评标标准评定中标或成交供应商，不得存在任何主观倾向。为了实现公正，本法提出了评标委员会以及有关的小组人员必须要有一定数量的要求，要有各方面代表，而且人数必须为单数，相关人员要回避，同时规定了保护供应商合法权益及方式。这些规定都有利于实现公正原则。

(4) 诚实信用原则

诚实信用原则是发展市场经济的内在要求，在市场经济发展初期向成熟时期过渡阶段，尤其要大力推崇这一原则。诚实信用原则要求政府采购当事人在政府采购活动中，本着诚实、守信的态度，履行各自的权利和义务，讲究信誉，兑现承诺，不得散布虚假信息，不得有欺诈、串通、隐瞒等行为，不得伪造、变造、隐匿、销毁需要依法保存的文件，不得规避法律法规，不得损害第三人的利益。本法对此以及违法后应当承担的法律责任做了相应规定。坚持诚实信用原则，能够增强公众对采购过程的信任。

三、政府采购的方式

1. 公开招标

本法规定，公开招标应作为政府采购的主要采购方式。公开招标的具体数额标准，属于中央预算的政府采购项目，由国务院规定；属于地方预算的政府采购项目，由省、自治区、直辖市人民政府规定；因特殊情况需要采用公开招标以外的采购方式的，应当在采购活动开始前获得设区的市、自治州以上人民政府采购监督管理部门的批准。公开招标遵循我国的招投标法规。

2. 邀请招标

邀请招标也称选择性招标，由采购人根据供应商或承包商的资信和业绩，选择一定数目的法人或其他组织（不能少于三家），向其发出招标邀请书，邀请他们参加投标竞争，从中选定中标的供应商。符合两个条件的货物和服务可以采用邀请招标：一是采购项目具有特殊性，只能从有限范围的供应商处采购的；二是采用公开招标方式的费用占政府采购项目总价值的比例过大的。

3. 竞争性谈判

竞争性谈判指采购人或代理机构通过与多家供应商（不少于三家）进行谈判，最后从中确定中标供应商。符合四个条件的货物和服务可以采用竞争性谈判：一是招标后没有供应商投标或者没有合格标的或者重新招标未能成立的；二是采购对象技术复杂或者性质特殊，不能确定详细规格或者具体要求的；三是采用招标所需时间不能满足用户紧急需要的；四是不能事先计算出采购对象价格总额的项目的。

4. 单一来源采购

单一来源采购也称直接采购，是指达到了限额标准和公开招标数额标准，但所购商品的来源渠道单一，或属专利、首次制造、合同追加、原有采购项目的后续扩充和发生了不可预见紧急情况不能从其他供应商处采购等情况。该采购方式的最主要特点是没有竞争性。符合下列情形之一的货物或服务，可以采用单一来源方式采购：

①只能从唯一供应商处采购。

②发生了不可预见的紧急情况，不能从其他供应商处采购。

③必须保证原有采购项目一致性或服务配套的要求,需要继续从原供应商处添购,且添购资金总额不超过原合同采购金额的10%。

5. 询价

询价是指采购人向有关供应商发出询价单让其报价,在报价基础上进行比较并确定最优供应商一种采购方式。当采购的货物规格、标准统一、现货货源充足且价格变化幅度小的政府采购项目,可以采用询价方式采购。

除此之外,国务院政府采购监督管理部门认定的其他采购方式也可作为政府采购的方式。

任务四　　了解联合采购

引导案例

联合采购的优势

相对于本土的零售企业,跨国零售巨头的优势是全方位的:除了企业规模、资金实力、管理水平等方面的优势外,跨国零售巨头通过巨大的采购量还从供应商那里获得巨大的价格优势。在一些日用品上,采购价格甚至可以比中小零售商低30%多。这种优势还体现在供应保障上。当供应商在无法满足全部配送要求的情况下,往往优先保障具有数量优势的跨国零售商。

本土零售商的生存受到威胁,因此开始联合起来与跨国零售巨头对抗。国际上流行的联合采购被认为是最直接有效的一种方法。联合采购就是将单个企业的少量采购变为公司联合体的规模化采购,在与供应商谈判时能够获得同等待遇或者至少缩小和跨国零售巨头之间的成本差异,从而达到降低采购成本、增加收益的目的。

浙江连锁超市采购联盟,是一家由连锁超市企业自愿组成的民间性质的联合采购组织,隶属于浙江省连锁经营协会。由浙江供销超市有限公司、宁海县小小食品超市有限公司、台客隆连锁集团有限公司、台州华联超市有限公司、诸暨雄城物资配送有限公司、浙江上百一百超市有限公司、台州市三和连锁超市有限公司等浙江本土知名连锁超市企业和中国零售业门户网站(联商网)共同发起组建,如今共有60家成员单位。该采购联盟的网站地址为:http://www.zjcglm.com/web/cg_lmdt.aspx。

一、联合采购的概念及优势

1. 联合采购的概念

联合采购是指汇集同行业或关系企业的对共同物料的需求量,向供应商订购,创造规模效益。它是多个企业之间的采购联盟行为,可以认为是集中采购在外延上的延伸。

2. 联合采购的优势

(1)降低成本

联合采购可以分别从采购、管理、仓储、运输等环节节省成本。联合采购中,物品采购的数量越多,供应商给的价格折扣就越大,例如飞机制造用器材,因采购数量导致的差价有时可达

90%。联合采购可以集合企业间同类物资的采购,采购数量比单个企业的采购数量大为增加,因此,联合采购可以降低企业的采购费用;对于一些生产同类产品的企业,如果各个企业在采购及质量保证的相关环节要求、需要的物品相同,就可以在管理环节上实施联合,成立联合采购管理组织,联合后的费用可以由各个企业分担,采购管理费用得以降低;而且成立联合采购管理组织后,通过实施各企业库存资源的共享和统一调拨,可以大幅度减少安全库存和资金占用,提高各企业的紧急需求满足率,减少因供应短缺造成的生产停顿损失。在运输上,物品单位重量运费率通常与单次运输总量成反比,特别是国际运输更为明显。企业在运输环节的联合,可通过合并小重量的货物运输,使单次运量加大,从而可以获得较低的运费率计费,减少运输费用支出。

(2)促进同业合作,达成经济外交

实施联合采购的企业通常为同行企业,联合采购使得往日的竞争对手现在互相沟通信息与合作,双方有着共同的利益目标——降低采购成本,改变其横向恶性竞争关系,相互联手,相互协同,资源互补,创造一个共同发展的良好市场环境。当然,联合采购也有不足之处,如采购作业手续复杂,主办单位必须煞费周章,采购时机和条件未必符合每个采购个体的需求,在联合中也有可能造成商业机密的泄露等。

【小资料 7-5】

雷诺与日产的联合采购

2003年开始,法国汽车生产厂商雷诺公司及其日本合作者日产汽车公司联合采购钢铁产品,以削减汽车制造成本。日产汽车公司与雷诺汽车公司将把它们的钢铁产品采购部门整合为位于巴黎的一家合资公司雷诺日产采购组织(RNPO)。迄今为止,这两家汽车公司联合采购的产品集中于汽车零部件、钢铁和机械工具。这两家汽车公司希望它们的联合采购行动有助于与钢铁生产厂商讨价还价,这些钢铁生产厂商一直在寻求高价位。联合采购已经使雷诺汽车公司与日产汽车公司的经营利润大幅增长。

【思考】
雷诺与日产的联合采购为什么能成功?

二、联合采购的难点

联合采购理论上来说非常好,可以让参与企业拥有更强的谈判实力、更优惠的采购条件,但实施起来非常困难。具体有以下难点。

1. 行业内部的标准不统一

两个同行业的采购企业之间使用的标准,大多数情况下都不是一样的,即使同一个公司,不同型号的产品,它们的标准也不一样。如果要使联合采购能够成功,首先参与企业在产品研发和产品标准领域先要统一,如果这些方面不统一,只是对双方产品某个相同的部件进行联合采购的话,其实它对于供应商来讲意义不大,因为实施联合采购的企业所需的物品可能不是一样的东西,对于供应商而言要重新开模来做,实际上并不能节约多少成本。

2. 适合联合采购的产品很少

一方面某些产品的供应商具有技术或生产垄断优势,因此这样的供应商通常会比较强势,那么这类产品的联合采购降低采购费用就很难去实现。另一方面,很多同一类产品的标准是不一样的,像轮胎标准件就不一样,很难说轮胎是通用件,因为不同的车型的轮胎,其安全性、速度、噪声等都是有差异的。因此,联合采购适合的产品类型有两种,其一为产品的供应商没有特别强的谈判能力,相对分散,没有形成垄断;其二为一些通用件也适合联合采购,例如油品,其标准几乎整个行业之间是统一的。

3. 联合采购能降的成本有限

如果公司一年采购一百个亿,符合联合采购的可能才五千万,如果通过联合采购节约10%成本,也就只有五百万。因此,很多企业会认为花这么大的心思,还不如在一百个亿的采购资金里面想办法降低一点。这也就是为什么萌生联合采购想法的企业很多,但是最终把它落到实处的企业很少的原因。

4. 操作流程是非常的复杂,涉及利益较多

因为采购体系涉及方方面面的利益,包括集团内部各部门、各分公司的利益,甚至具体到某个采购经理、采购员的利益,因此联合采购在实际操作中会受到各方面的阻碍,难以顺利实施。

三、联合采购的实施

1. 必须确定一个采购主体,并制定参与联合采购的各成员必须遵守的公约

参与联合采购的企业比较多,因此在联合采购实施开始之前,必须确定一个采购主体,负责采购统管,组织各个联合主体开展诸如汇总采购品目和数量、制作招标文件、发布采购信息等联合采购的各项前后期工作,还需制定联合采购中成员必须遵守的公约。这个主体可以由参与联合采购的会员共同组建,也可以委托大家信任的第三方机构。

2. 汇总采购需求,确定采购物资

确定了采购主体之后,就需汇总联合采购的品目和数量。每家企业所需采购的物资有可能几百种,甚至更多,企业不可能对所有物资进行联合采购。因此,首先采购主体需把物资按品种、规格、型号进行分类,寻找不同企业所需的共同物资,然后再对其中需求总量较大或购买金额较大的物资逐一分析,使价格有下调空间,将市场竞争激烈的物资作为联合采购的对象,建立联合采购物资信息库。

3. 建立基于网络平台的联合采购系统

建立一个基于网络平台的联合采购系统,会节省更多的人力物力,大大提高联合采购的效率。

4. 供应商的选择和评价

联合采购中采购主体要对供应商进行综合的评估后再进行选择,要选择大家都信得过的供应商。如果是联合招标采购,联合招标采购时间应根据实际情况灵活确定,这一点十分重要。合理安排招标采购时间,对于兼顾各企业或政府、各采购单位和采购供应商的利益,保证采购单位的正常工作具有十分重要的意义。

5. 到货、库存与支付管理

货物到达后,根据各公司采购的订单,由第三方物流公司进行配送。为避免企业间的分

歧,采购物品的库存应找值得信赖的第三方物流公司进行保管。在联合采购中,供应商最关心的就是资金支付的问题。由于联合采购的特殊性,它的资金支付方式是采用集中支付还是分散支付也应该视情况而定。后续服务问题是联合采购关注的焦点,它具有特殊性,而且供应商服务地点分散,更容易产生服务不到位的现象。因此,企业或政府采购部门在组织采购单位和供应商订立合同的时候,双方对此事进行协商,并有明文规定。

案例分析

零售业联合采购的解决之道

区域性零售商由于相互之间并不存在竞争冲突,对于联合采购尤为积极。2002年后,主要由各个区域性连锁超市中的龙头企业组成的各种联合采购同盟不断兴起,并先后出现过多种形式的采购同盟。这些采购同盟大致可以分为三种联合采购模式:

一种是类似著名家电流通企业"中永通泰"这样的"联席会议"式。遇到重大的采购行动时,各方代表坐下来集体协商,签订一个多方协议。

二是"股份公司制"。各零售商出资成立采购股份公司,负责会员的采购工作。譬如2003年由湖南步步高、山东家家悦、广西佳用、宁波三江等四家区域性连锁超市共同投资组建的上海家联联盈采购有限公司。

三是"报账式"。各零售商将要采购的单子"凑份子",可多可少,能合并"同类项"的就合并,不能合并的就各自为政。

本土零售商对于联合采购给予很大希望,湖南步步高连锁超市有限公司企划总监陈志强曾经表示"对于一些知名品牌的全国性商品,通过联合采购,在价格上仍然可以获得1%～3%的优惠。"因为这些商品的销售额大,价格弹性很小,能够获得1个点的毛利在经营上都是一种可观的进步。而采购一些非食品类的杂货品种,联合采购以后议价的空间大大增加,"有的甚至可以比单独采购降低40%～50%。"

本土零售商似乎都看到了希望,但是从实际运营效果来看,这些采购同盟,有的已经解散,有的已经名存实亡,有的还在坚持,有的已经没有联合采购,更多是成员知识的分享和交流。中国的联合采购需要更多的成员之间的沟通与交流,从而为实质性的联合采购进行前期的理念一致的基础建设。

【思考】

请分析中国零售业的联合采购难处在哪里,有什么样的解决途径?

自 测 练 习

1. 选择题

(1) 电子化采购的优势有(　　)。

    A. 降低成本　　　　　　　　B. 增加交易的透明度

    C. 实现低库存　　　　　　　D. 更大范围选择供应商

(2) 政府采购的特点有(　　)。

A. 强制性   B. 政策性   C. 营利性   D. 经济性

(3)联合采购的特点有(　　)。

A. 价格优惠   B. 程序复杂

C. 采购物品选择多样   D. 适合采购的物品品种少

2. 判断题

(1)国际采购风险比国内采购大。　　　　　　　　　　　　　　　　(　)

(2)政府采购的程序由政府采购部门决定。　　　　　　　　　　　　(　)

(3)EOS系统是采购商与供应商一对一的网络系统。　　　　　　　　(　)

(4)联合采购因为程序复杂,不容易成功,所以实施的企业少。　　　(　)

3. 简答题

(1)国际采购可以让企业实现哪些优势?

(2)电子化采购有几种模式?

(3)政府采购的方式有哪些?

(4)联合采购的实施途径是什么?

项目八　采购风险控制

【学习目标】
1. 熟悉采购风险的来源,辨别采购风险。
2. 培养采购风险防范意识,掌握采购风险的防范措施。
3. 掌握采购风险控制的程序。

引导案例

致 命 玩 偶

2007年8月2日美国最大的玩具商美泰公司(Mattel,Inc.)向美国消费者安全委员会提出召回佛山利达公司生产的96.7万件塑胶玩具,理由是"回收的这批玩具表漆含铅量超标,对儿童的脑部发展会造成很大影响。"事发前,佛山利达公司的产量已居佛山玩具制造业第二。一夜之间这家拥有十多年良好生产记录的合资企业成为众矢之的。在美国舆论的不断声讨下,玩具厂商及其上下游供应、检验链上的疏忽被一一曝光和放大。最终佛山利达公司被出入境检验检疫部门要求整改,中国国家质检总局宣布暂停其产品的出口。利达公司被迫停产,2500名工人几乎无事可做,利达公司合伙人张树鸿承受重大压力,最终一死了之。张树鸿死后3天,美泰公司第二次宣布召回的中国产玩具数量增加到1820万件。

造成这次事件最大的问题在于玩具所使用的有毒油漆的采购上。此次向利达公司提供不达标油漆的企业,是与利达公司仅一墙之隔的东兴公司,该公司老板恰恰是张树鸿多年的好友梁仪彬。利达公司属于来样加工型企业,即为美泰公司生产并供应玩具。为了保证玩具质量,美泰公司给利达公司提出两种选择油漆供应商的办法:一是由美泰公司自行指定;二是由美泰提供质量标准后,由利达公司自行决定。利达公司选择了后者,于是,东兴公司成了它的油漆供应商。合作数年来一直没有问题。

而利达公司向佛山市出入境检验检疫局汇报称,这次含铅超标色粉的使用,是东兴公司为了尽快给利达公司供货,省略了检测的环节。

2007年4月初,东兴公司生产油漆的黄色色粉短缺,为尽快采购,东兴公司在网上查找到东莞众鑫色粉厂。该厂向东兴公司提供了无铅色粉证书、认证资料、相关执照等,东兴公司便于4月10日进货。按规定,采购的色粉要到检测机构认定,但佛山没有相关的检测机构,只有到广州检验,并需要5~10个工作日才能做出检测结果。东兴公司为了尽快给利达公司供货就省略了检测的环节。但没料到正是这批色粉含铅量超标,而众鑫当初提供的无铅色粉证书、认证资料等都是假的。

【思考】

造成利达公司出现风险的原因是什么?

任务一　认识采购风险

一、采购风险

采购风险是企业所面临的风险之一,指在采购过程中由于各种意外情况的出现,使采购的实际结果与预期目标相偏离的程度和可能性,包括人为风险、经济风险和自然风险。

企业的物资采购环节多,受各种因素的影响。采购的各个环节中都存在着风险,如果对这些风险认识不足、控制不力,企业采购过程也就最容易滋生"暗箱操作"、以权谋私、弄虚作假、舍贱求贵、以次充好、收受回扣等现象,容易出现积压浪费。提高对采购风险的认识,加强对风险的控制与管理,可以为提高企业产品质量和经济效益提供有力保证。

二、采购风险来源

采购风险是客观存在的,只要有采购活动,就必然存在着采购风险。采购风险存在于企业整个采购过程中,既有来源于企业内部的风险,也有来源于企业外部的风险。按照风险来源,企业采购风险可分为两类共十大风险,见表8-1。

采购风险的来源及特点　　　　　　　　表8-1

风险来源		特点
企业采购外部原因导致的风险	政策风险	由于国家、地方的新的经济、环保等政策的实施,给企业采购造成的风险
	市场风险	一是由于市场发生突变时,给企业采购造成的风险,如价格的突然上涨使企业采购成本的突然增加,二是当企业认为价格合理时批量采购,但该种物资可能出现跌价而引起采购风险
	自然意外风险	由于自然灾害等造成供应条件的变化,如供应厂商的受灾运输道路的中断等,给企业采造成的风险
	质量风险	一方面由于供应商提供的物资质量不符合要求而导致加工产品未达到质量标准,或给用户造成经济、技术、人身安全、企业声誉等方面的损害;另一方面因采购的原材料的质量有问题,直接影响到企业产品的整体质量、制造加工与交货期,降低企业信誉和产品竞争力
	履约风险	一是供货方本根本没有履约能力,签订空头合同,使企业所需的物资无法保证;二是供应商无故中止合同,违反合同规定等可能性及造成的损失;三是采用预付款形式采购的,供应方主观和客观原因,既不能供货又不能还款造成的损失

续上表

风险来源		特点
企业采购内部原因导致的风险	计划风险	采购计划管理不到位或不科学,与目标发生较大偏离,导致盲目采购造成的风险
	合同风险	一是合同条款模糊不清,盲目签约;二是合同行为不正当,卖方采取一些不正当手段,如对采购人员行贿,套取企业采购标底;三是合同日常管理混乱
	验收风险	在数量上缺斤少两;在质量上鱼目混珠,以次充好;在品种规格上货不对路,不合规定要求等
	库存风险	一是采购量不能及时供应生产之需要,生产中断造成缺货损失而引发的风险;二是物资过多,造成积压,大量资金积压,失去了资金的机会利润,形成存储损耗风险;三是物资采购时对市场行情估计不准,盲目进货,造成跌价减值风险
	内部人员责任心风险	采购过程中,由于工作人员责任心不强,未能把好关,造成的各种损失风险

三、采购风险的基本特征

采购风险具有以下五方面特征:

①采购风险是客观存在的,它不以人的意志为转移。有的风险是无法回避或者无法消除的。很多企业外部风险,如宏观环境和技术进步,是很难避免的,也难以找到有效的防范措施。

②采购风险是相对的,可变化的。采购风险不仅与其客体,即采购风险事件本身所处的时间和环境有关,而且与其主体,即从事采购活动的人有关。不同的人,由于自身的条件、能力和所处的环境不同,对同一个风险事件的态度也是不同的,所以,企业可以针对其内部风险,加以分析研究,找到防范与化解采购风险的方法。

③采购风险是可以预测的。采购风险是一个特定条件下的概念,所以,它是现实环境和变动的不确定性在未来事件中的一种反映。通过对现实环境因素的观察,可以加以预测。

④采购风险在一定程度上是可以控制的。采购风险是在特定的条件下不确定性的一种表现,当条件改变,引起风险事件的后果可能也就会改变。

⑤采购风险跟它的目标是相联系的。目标越大,风险就越大;目标较小,风险相对较小。

四、预防采购风险的重要性

采购工作在企业正常的生产经营活动中起着重要作用,企业重视和加强采购环节的管理,可以更好地防范采购风险的发生。控制采购风险一方面可以降低采购成本,增大盈利空间,另一方面可以控制缺货率,减少机会损失,稳定供需关系,同时将合适的商品以合适的价格呈现到顾客面前,使企业的供需链整体极具竞争力,从而提高企业的经营绩效。

1. 直接作用(短期)

(1)提高企业利润

由于采购具有利润杠杆效应,而控制采购风险则是采购活动正常进行的重要保证。采购风险的减少,会降低采购成本,直接影响着企业所获得的利润。增加销售量、提高价格,不仅受外部市场制约,而且要扩大生产能力,提高产品差异化程度往往一时很难办到;而企业内部降低职工工资水平、减少管理费用困难更大。这些提高利润的方法以前都受到了很大的重视,继续努力的余地都不大,那么重视对企业采购风险的管理是一个现实的目标,可以带来很大的成本节约。

(2)提高营运效率

采购部门运作的有效性,将直接反映在其他部门的运作上,当企业的会计体系不够精细时,常常不能发现采购决策的失误,造成运营效率低下。采购决策失误常常是由于采购风险不能合理规避造成的,例如,当采购部门选择的供应商不能按照既定的质量标准送来原材料或零部件时,可能会造成废品率升高或返修成本增大,此外还会产生过多的直接人工成本;如果供应商不能按照既定计划送货,就可能付出很大的代价重新规划生产,这样就会降低生产效率,甚至可能会导致生产线停产。这时尽管没有产出,但固定成本依旧存在,这些都将给企业带来巨大的经济损失。有效控制采购风险,能从很大程度上避免上述问题的产生,提高企业的运营效率。

2.间接作用(长期)

间接作用主要体现在企业竞争优势上,如果企业不能在顾客需要的时候,按照要求的质量以公平的价格提供产品或者服务,企业就没有竞争力可言。如果采购部门不能把工作做好,当企业需要物料时,就不能按需要的质量、数量获得购买物料的价格,无法使最终产品具有竞争优势,产品成本也无法得到控制。如果企业不能按时得到物料,就不能按时为顾客提供产品,这样顾客必然会转向其他的供应商。企业失去老顾客的代价是非常大的。这从一定程度上降低了企业的竞争优势。采购部门的行动直接影响到公共关系和企业形象,如果不能用心善待现有的和潜在的供应商,它们就会对企业形成不良看法,还会把这种看法传递给其他供应商。这种不良形象会对采购企业产生负面影响,从而无法获得新交易,也找不到好的供应商,更不用说和供应商建立战略伙伴关系。反之,如果采购部门的行为为企业带来了良好的形象,就会和供应商建立良好的关系,持续降低企业成本,增强企业竞争力。因此,控制和管理采购风险,保证产品或服务按时、按质、按量地送达到顾客手中,可以提高企业的信誉度,增加顾客忠诚度。

任务二　采购风险控制策略

一、企业采购风险管理的程序

采购风险管理可分为四个阶段,如图8-1所示。

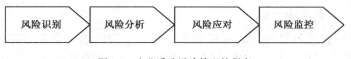

图8-1　企业采购风险管理的程序

1.风险识别

风险识别是对企业或供应链面临的各种潜在风险进行归类分析,从而加以认识和辨别。

即确定何种风险可能会对企业产生影响,并以明确的文字描述这些风险及其特性。

风险识别是一个反复进行的过程,应尽可能地全面识别企业可能面临的风险。对风险进行分类和归纳是风险识别中常用的方法。风险分类应当反映出企业所属行业或应用领域内常见的风险来源。例如,技术方面的风险、时间安排方面的风险及财务方面的风险等。检查表是风险识别中非常有效的工具。根据积累的风险数据和信息,特别是企业在风险管理过程中形成的数据集合风险管理知识库,可以较为完整地开发和编制企业风险检查表。检查表的好处是提高了风险识别过程的效率,特别是企业进行大量类似项目时,完全可以开发一套通用的风险检查表,以提高风险识别过程的速度和质量。

2. 风险分析

风险分析即评估已识别风险可能的后果及影响的过程。风险分析可以选择定性分析或定量分析方法,进一步确定已识别风险对企业的影响,并根据其影响对风险进行排序,确定关键风险项,并指导风险应对计划的制订。

3. 风险应对

风险应对即针对企业面临的风险,开发、制订风险应对计划并组织必要的资源着手实施,目的是有效控制风险,避免风险失控演变为危机。风险应对计划包括企业当前及未来面临的主要风险类别,针对各类风险的主要应对措施,每个措施的操作规程,包括所需的资源、完成时间及进行状态等。风险应对计划形成之后,企业应通过风险管理体系确保计划启动时所必需的人力、物力等资源。

想一想

采购风险可以通过什么方法予以管理?

4. 风险监控

风险监控即在风险管理全过程中,跟踪已识别的风险,监控残余风险及识别新的风险,确保风险应对计划的执行,评估风险应对措施对降低风险的有效性,并形成风险监控报告。风险监控是企业风险管理生命周期中一种持续的过程,在企业经营过程中,风险不断变化,可能会有新风险出现,也可能有预期风险消失。

二、采购各环节的主要风险点及管控措施

采购风险(采购风险一览表见附录五)可以通过一定手段和措施加以防范和规避。采购各环节的主要风险点及管控措施如图8-2所示。

1. 编制需求计划和采购计划

采购业务从计划(或预算)开始,包括需求计划和采购计划。企业的需求部门一般根据生产经营需要向采购部门提出物资需求计划,采购部门根据该需求计划归类汇总平衡现有库存物资后,统筹安排采购计划,并按规定的权限和程序审批后执行。

该环节的主要风险是:需求或采购计划不合理,不按实际需求安排采购或随意超计划采购,甚至与企业生产经营计划不协调等。

项目八　采购风险控制

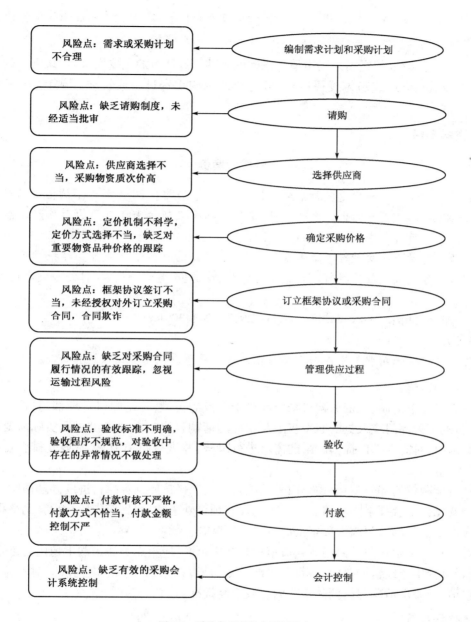

图 8-2　采购各环节的主要风险点

主要管控措施：

①生产、经营、项目建设等部门，应当根据实际需求，准确、及时编制需求计划。需求部门提出需求计划时，不能指定或变相指定供应商。对独家代理、专有、专利等特殊产品应提供相应的独家、专有资料，经专业技术部门研讨后，由具备相应审批权限的部门或人员审批。

②采购计划是企业年度生产经营计划的一部分，在制订年度生产经营计划过程中，企业应当根据发展目标实际需要，结合库存和在途情况，科学安排采购计划，防止采购量过大或过小。

③采购计划应纳入采购预算管理,经相关负责人审批后,作为企业刚性指令严格执行。

2. 请购

企业生产、经营部门提出采购申请是采购的基础。该环节的主要风险是:缺乏采购申请制度,请购未经适当审批或超越授权审批,可能导致采购物资过量或短缺,影响企业正常生产经营。

【小资料8-1】

采购控制案例

某公司采购业务流程规定实行限额审批制度:单笔采购在20万元以下的由采购部经理批准,单笔采购超过20万元的由总经理审批,单笔采购金额超过100万元的由总经理办公会议集体审批。在执行过程中,由于总经理业务繁忙,经常出差,而生产车间又急需材料,采购部经理在未经请示情况下多次批准了单笔金额超过20万元的材料采购业务。经批准后的采购业务由采购部业务员范某具体执行。范某年轻力壮,从询价、签订合同、支付货款到办理入库,均由其办理。

(资料来源:http://www.doc88.com/p-291365044430.html。)

【思考】

分析该公司在采购业务中内部控制存在的薄弱环节及应采取的改进措施。

主要管控措施:

①建立采购申请制度,依据购买物资或接受劳务的类型,确定归口管理部门,授予相应的请购权,明确相关部门或人员的职责权限及相应的请购程序。企业可以根据实际需要设置专门的请购部门,对需求部门提出的采购需求进行审核,并进行归类汇总,统筹安排企业的采购计划。

②具有请购权的部门,对于预算内采购项目应当严格按照预算执行进度办理请购手续,并根据市场变化提出合理采购申请。对于超预算和预算外采购项目,应先履行预算调整程序,由具备相应审批权限的部门或人员审批后,再行办理请购手续。

③具备相应审批权限的部门或人员审批采购申请时,应重点关注采购申请内容是否准确、完整,是否符合生产经营需要,是否符合采购计划,是否在采购预算范围内等。对不符合规定的采购申请,应要求请购部门调整请购内容或拒绝批准。

3. 选择供应商

选择供应商就是确定采购渠道,是企业采购业务流程中非常重要的环节。该环节的主要风险是:供应商选择不当,可能导致采购物资质次价高,甚至出现舞弊行为。

【小资料8-2】

采购经理拿回扣

深圳民润公司一采购经理因收受了百事可乐大量的"好处费",大额采购百事可乐并压缩可口可乐的采购量,被可口可乐供应商揭露而引致民润公司高层的盘底调查,最后东窗事发。

采购权的归口管理权由该采购经理全权执掌。如果上级领导看出了品类结构或库存积压苗头不对劲,他会有很多理由来搪塞说这个时期市场情况有变,百事可乐销售走势非常强劲,远远盖过了死对头可口可乐;或者说可口可乐最近在产品质量上出了一些问题,为了等待问题的进一步澄清,现在暂缓可口可乐的采购。

而在民润公司出现特别重大的事故,上级领导是不会对采购经理进行盘底调查的,公司在制度上并没有这个规矩,上层领导也不想多耗精力在这一块上兴师动众地调查。这就给采购造成了黑洞。

(资料来源:http://www.doc88.com/p-291365044430.html。)

主要管控措施:

①建立科学的供应商评估和准入制度,对供应商资质信誉情况的真实性和合法性进行审查,确定合格的供应商清单,健全企业统一的供应商网络。企业新增供应商的市场准入、供应商新增服务关系以及供应商物资目录调整,都要由采购部门根据需要提出申请,并按规定的权限和程序审核批准后,纳入供应商网络。企业可委托具有相应资质的中介机构对供应商进行资信调查。

②采购部门应当按照公平、公正和竞争的原则,择优确定供应商,在切实防范舞弊风险的基础上,与供应商签订质量保证协议。

③建立供应商管理信息系统和供应商淘汰制度,对供应商提供物资或劳务的质量、价格、交货及时性、供货条件及其资信、经营状况等进行实时管理和考核评价,根据考核评价结果,提出供应商淘汰和更换名单,经审批后对供应商进行合理选择和调整,并在供应商管理系统中做出相应记录。

4. 确定采购价格

如何以最优性价比采购到符合需求的物资,是采购部门的永恒主题。该环节的主要风险是:采购定价机制不科学,采购定价方式选择不当,缺乏对重要物资品种价格的跟踪监控,引起采购价格不合理,可能造成企业资金损失。

主要管控措施:

①健全采购定价机制,采取协议采购、招标采购、询比价采购、动态竞价采购等多种方式,科学合理地确定采购价格。对标准化程度高、需求计划性强、价格相对稳定的物资,通过招标、联合谈判等公开、竞争方式签订框架协议。

②采购部门应当定期研究大宗通用重要物资的成本构成与市场价格变动趋势,确定重要物资品种的采购执行价格或参考价格。建立采购价格数据库,定期开展重要物资的市场供求形势及价格走势商情分析并合理利用。

5. 订立框架协议或采购合同

框架协议是企业与供应商之间为建立长期物资购销关系而做出的一种约定。采购合同是指企业根据采购需要、采购方式、采购价格等情况与供应商签订的具有法律约束力的协议。该协议对双方的权利、义务和违约责任等情况做出了明确规定,企业向供应商按合同规定的结算方式支付规定的金额,供应商按照约定时间、期限、数量与质量、规格交付物资给采购方。

该环节的主要风险是:框架协议签订不当,可能导致物资采购不顺畅;未经授权对外订立采购合同,合同对方主体资格、履约能力等未达要求,合同内容存在重大疏漏和欺诈,可能导致企业合法权益受到侵害。

【小资料8-3】

下订货单的注意事项

①预先编号,一式多联。
②以经过批准的请购单为编制依据。
③专人复核其具体内容。
④采购订单应当是采购合同的一个补充。
⑤是否设有取消订单的程序(如发运前一周、两周不能取消等),是否合法。
(资料来源:http://www.doc88.com/p-291365044430.html。)

主要管控措施:
①对拟签订框架协议的供应商的主体资格、信用状况等进行风险评估;框架协议的签订应引入竞争制度,确保供应商具备履约能力。
②根据确定的供应商、采购方式、采购价格等情况,拟订采购合同,准确描述合同条款,明确双方权利、义务和违约责任,按照规定权限签署采购合同。对于影响重大、涉及较高专业技术或法律关系复杂的合同,应当组织法律、技术、财会等专业人员参与谈判,必要时可聘请外部专家参与相关工作。
③对重要物资验收量与合同量之间允许的差异,应当做出统一规定。

6. 管理供应过程

管理供应过程,主要是指企业建立严格的采购合同跟踪制度,科学评价供应商的供货情况,并根据合理选择的运输工具和运输方式,办理运输、投保等事宜,实时掌握物资采购供应过程的情况。

该环节的主要风险是:缺乏对采购合同履行情况的有效跟踪,运输方式选择不合理,忽视运输过程保险风险,可能导致采购物资损失或无法保证供应。

主要管控措施:
①依据采购合同中确定的主要条款跟踪合同履行情况,对有可能影响生产或工程进度的异常情况,应出具书面报告并及时提出解决方案,采取必要措施,保证需求物资的及时供应。
②对重要物资建立并执行合同履约过程中的巡视、点检和监造制度。对需要监造的物资,择优确定监造单位,签订监造合同,落实监造责任人,审核确认监造大纲,审定监造报告,并及时向技术等部门通报。
③根据生产建设进度和采购物资特性等因素,选择合理的运输工具和运输方式,办理运输、投保等事宜。
④实行全过程的采购登记制度或信息化管理,确保采购过程的可追溯性。

7. 验收

验收是指企业对采购物资和劳务的检验接收,以确保其符合合同相关规定或产品质量要求。

该环节的主要风险是:验收标准不明确、验收程序不规范、对验收中存在的异常情况不作处理,可能造成账实不符、采购物资损失。

主要管控措施:

①制定明确的采购验收标准,结合物资特性确定必检物资目录,规定此类物资出具质量检验报告后方可入库。

②验收机构或人员应当根据采购合同及质量检验部门出具的质量检验证明,重点关注采购合同、发票等原始单据与采购物资的数量、质量、规格型号等是否一致。对验收合格的物资,填制入库凭证,加盖物资"收讫章",登记实物账,及时将入库凭证传递给财会部门。物资入库前,采购部门须检查质量保证书、商检证书或合格证等证明文件。验收时涉及技术性强的、大宗的和新、特物资,还应进行专业测试,必要时可委托具有检验资质的机构或聘请外部专家协助验收。

③对于验收过程中发现的异常情况,比如无采购合同或大额超采购合同的物资、超采购预算采购的物资、毁损的物资等,验收机构或人员应当立即向企业相关管理机构报告,相关管理机构应当查明原因并及时处理。对于不合格物资,采购部门依据检验结果办理让步接收、退货、索赔等事宜。对延迟交货造成生产建设损失的,采购部门要按照合同约定索赔。

8. 付款

付款是指企业在对采购预算、合同、相关单据凭证、审批程序等内容审核无误后,按照采购合同规定及时向供应商办理支付款项的过程。

该环节的主要风险是:付款审核不严格、付款方式不恰当、付款金额控制不严,可能导致企业资金损失或信用受损。

【小资料8-4】

失控的付款

某单位工作人员黄某利用支付正常的施工费,涂改了工时付款会签单,虚加了1.95万元的金额,在假冒总经理签名后,他将单子分别交给公司近10个部门的负责人审批。或许是见总经理签了名,整个审批过程就像一条顺畅的流水线,无遮无拦。凭着这张"手续全备"的会签单,黄某堂而皇之地从公司财务部开取了支票,又到自己朋友开的一家装潢公司套取了现金1.95万元。不过,这1.95万元在他投进地下赌场后没多久就输光了,于是失去理智和判断力的黄某如法炮制,先后套取现金80余万元,且数额一次比一次大,其中最大的一笔达40万元!

(资料来源:http://www.docin.com/p-503845180.html。)

主要管控措施:企业应当加强采购付款的管理,完善付款流程,明确付款审核人的责任和权力,严格审核采购预算、合同、相关单据凭证、审批程序等相关内容,审核无误后按照合同规定合理选择付款方式,及时办理付款。要着力关注以下方面:

①严格审查采购发票等票据的真实性、合法性和有效性,判断采购款项是否确实应予支付。如审查发票填制的内容是否与发票种类相符合、发票加盖的印章是否与票据的种类相符合等。企业应当重视采购付款的过程控制和跟踪管理,如果发现异常情况,应当拒绝向供应商付款,避免出现资金损失和信用受损。

②根据国家有关支付结算的相关规定和企业生产经营的实际,合理选择付款方式,并严格

遵循合同规定,防范付款方式不当带来的法律风险,保证资金安全。除了不足转账起点金额的采购可以支付现金外,采购价款应通过银行办理转账。

③加强预付账款和定金的管理,涉及大额或长期的预付款项,应当定期进行追踪核查,综合分析预付账款的期限、占用款项的合理性、不可收回风险等情况,发现有疑问的预付款项,应当及时采取措施,尽快收回款项。

9. 会计控制

会计控制主要指采购业务会计系统控制。

该环节的主要风险是:缺乏有效的采购会计系统控制,未能全面真实地记录和反映企业采购各环节的资金流和实物流情况,相关会计记录与相关采购记录、仓储记录不一致,可能导致企业采购业务未能如实反映,以及采购物资和资金受损。

主要管控措施:

①企业应当加强对购买、验收、付款业务的会计系统控制,详细记录供应商情况、采购申请、采购合同、采购通知、验收证明、入库凭证、退货情况、商业票据、款项支付等情况,做好采购业务各环节的记录,确保会计记录、采购记录与仓储记录一致。

②指定专人通过函证等方式,定期向供应商寄发对账函,核对应付账款、应付票据、预付账款等往来款项,对供应商提出的异议应及时查明原因,报有权管理的部门或人员批准后,做出相应调整。

【小资料8-5】

请分别指出防止以下错误或违规行为的控制措施

①采购员为了个人获利总是从某供应商处订货。
②订购单可能未经处理。
③收到未经批准购入的货物。
④对未经批准的支出签发支票。
⑤对已批准的付款凭单重复付款。
⑥已记录的购货交易可能无效(如虚假交易)。
⑦验收单中的商品与所订购的商品不符。

(资料来源:http://www.doc88.com/p-291365044430.html)

三、采购风险的分散

分散是处理风险的一种目标导向方法,企业通过分散风险来减少供应风险产生的不利影响而不是减少不利事件发生的可能性。具体来讲,分散导向管理方法包括以下三种措施。

1. 存货管理

存货管理即企业对自己本身所拥有的存货进行必要和有效的管理,其关键是维持一个适当水平的安全存货。对存货进行管理能够有效减少供应风险的不利影响。

2. 供应商代管存货

企业分散供应风险还可以通过要求供应商代管存货的方式来实现。把存货交由供应商代管就是要求供应商承担保管存货的责任。选择由供应商代管存货有可能是由于企业没有自己的仓库，或者仓库空间不够，又或者是将货物由供应商代管所需成本较低。当然供应商花在代管存货上的成本将以更高价格的形式转嫁到采购企业身上。

3. 多源供应商

使用多个可供选择的供应商也可以分散供应风险。之所以要使用多源供应商是因为使用单一供应商会出现过度控制、潜在的投机主义及技术革新的缺乏等不利情况。

相反，多源供应商的使用却通常可以创造一个更具有竞争力的供应环境，减少由供应中断和价格逐步上涨所带来的风险。

四、防止被供应商控制的几种方法

许多企业对某些重要原材料过于依赖同一家供应商，导致供应商往往能左右采购价格，对采购方施加极大的影响或压力，这样采购方就落入供应商垄断供货的控制之中。企业只有唯一的一家供应商，或者该供应商受到强有力的专利保护，任何其他商家都不能生产同类产品，在这种情况下，采购方另寻门路不划算，毫无疑问会被"套住"，处于进退两难的境地。下面是一些常见的防止受供应商控制的方法，采购方完全可以根据自己所处的环境选择恰当的方法进行反控制。

1. 全国采购

当采购方得到许多商家的竞价时，不管实际能供货的有几家，采购方准有把握找到最佳供应商。全国甚至全球采购往往可以打破供应商的垄断行为。

2. 另找一家供应商

独家供应有两种情况：一种为供货商不止一家，但仅向其中一家采购；另一种为仅此一家别无分号。通常前一种情况多半是采购方造成的，将原来许多家供货商削减到只剩下最佳的一家；后一种情况则是供应商造成的，如独占性产品的供应商或独家代理商等。

在前一种情况下，只要"化整为零"，变成多家供应商，造成卖方的竞争，对方自然不会任意抬高价格。除非技术上不可能，每个产品应由两个或更多供应商供货，规避供应风险，保持供应商之间的良性竞争。不过，在后一种情况下，破解之道在于开发新来源，包括新的供货商或替代品。当然这并非能一蹴而就，必须假以时日。由于市场信息缺乏，因此在短期内必须保持低姿态，不主动找供应商洽谈价格，避免供应商借机涨价，讨价还价的结果是买方依然吃亏。若能与供货商建立良好的人际关系，签订长期合约，也可以避免采购方在缺货时必须支付很高的现货价。

3. 注意业务经营的总成本

供应商知道采购方没有其他货源，可能会咬定一个价，但采购方可以说服供应商在其他非价格条件上做出让步。总成本中的每个因素都可能使采购方节约成本。以下是一些潜在的节约成本机会：

①送货。洽谈适合采购方的送货数量和次数,可以降低仓储和货运成本。

②延长保修期。保修期不要从发货日期开始计算,而从首次使用产品的时间算起。采购方始终可以坚持"既然产品质量不错,从真正使用产品的时间起计算保修期又有何不可"的观点。

③付款条件。只要放宽正常的付款条件,都会带来节约。立即付款则给予折扣也是一种可行的方式。

4. 一次性采购

如果采购方预计采购产品的价格可能要上涨,一次性采购的做法是可行的。根据相关的支出和库存成本,权衡一下将来价格上涨的幅度,与营销部门紧密合作,获得准确的需求数量,进行一次性采购。

5. 利用供应商的垄断形象

一些供应商为自己所处的垄断地位可能会感到不安,毕竟各个国家都或多或少地进行反垄断。鲜明的例子就是微软公司,虽然他在操作系统领域占据着垄断地位,但也为自己的这种地位感到不安。因此,这样的公司在受到其利用垄断地位的指责时,即使一点不利宣传的暗示也会让他们坐卧不宁。

6. 增强相互依赖性

多给供应商一点业务,如在原材料需求量增加时,优先考虑原来的供应商,这样就提高了供应商对采购方的依赖性。在相互依赖性增强时,对方的控制能力必将会减弱。

7. 更好地掌握信息

要清楚地了解供应商对采购方的依赖程度。供应商离不开采购方,采购方可以利用采购量最大的优势要求降价,此时供应商会做出相当大的让步。

8. 协商长期合同

长期需要某种产品时,可以考虑订立长期合同。一定要保证持续供应和价格的控制,采取措施预先确定产品的需求量及需求增加的时机。

9. 与其他用户联手

与其他具有同样产品需求的公司联合采购,由一方代表所有用户采购会惠及各方。垄断供应泽被买卖双方的例子很多。只有那些产出不高、效率低下的独家供应商才是采购方应该痛下杀手的对象。

10. 让最终客户参与

如果采购方能与最终用户合作并给予他们信息,摆脱垄断供应商的机会也会随之而来。例如,工程师往往只认准一个品牌,因为他们不了解其他选择,向他们解释只有一家货源的缺点,他们往往就可以让采购方采购截然不同的元件。

11. 未雨绸缪,化解控制

如果供应商在市场上拥有垄断地位,仗势压人,而采购方又不具备有效的手段与其讨价还价,则最终结果势必是采购方在无奈中俯首称臣。轻则接受对方苛刻的价格和信用条款,重则使自己的竞争策略备受掣肘,错失商机。

 技能训练

ABC 公司采购风险分析

人物:Tom,级别为采购员。

清晨,上班之前,Tom 在家里吃了些早饭。早饭照例是一杯浓咖啡、三块烤面包、一杯新鲜的橘子汁,外加一份日报。这天早晨他注意到一则办公用品广告——具体地说是卤灯。这些灯是 16 世纪街道路灯的复制品,这给历史爱好者 Tom 留下很深的印象。这些灯看起来非常漂亮,而且广告上说,如果订购三盏灯就可以免费得到一块真皮表带的手表。在上班路上,Tom 一直在想这些灯,而且得出结论,这些灯放在他的办公室会很好看。此外,他的办公室相当暗,过去他一直抱怨需要更多的灯,此外,他还可以得到一块免费的好手表。

他手里拿着广告拨通了供应商的电话号码,并与销售代表讨论灯的质量、销售条款和条件,以及在订购三盏灯之后得到一份礼物的可能性。供应商同意将详细的报价传真给 Tom,供他个人阅读。

Tom 找出一张采购申请表,根据他的知识和经验填写了一张手工订单。犹豫了一阵之后,Tom 决定订购三盏灯,理由是在灯坏了的情况下可以及时更换。申请总价格为 500 欧元。

第二个星期三,两个盒子直接送到了 Tom 的办公室。感谢上帝,Tom 高兴极了,"我还以为永远送不来呢。"Tom 对供货一直持谨慎态度。在开盒之前,他又详细地核对确认盒子里装的确是自己订购的东西,嘴里不停地说:"你知道,这年月怎能相信供应商……"但 Tom 对收到的灯很满意,他安装了其中的两盏。

如果仍处在以前的职位上,Tom 可能只需要自己在计算机上输入收到的商品发票就可以了,但由于目前他没有资格作有关业务处理,他叫来了应付账款会计,让他帮着输入。Tom 将原始采购申请表和发票给应付账款部门进行会计处理。

一个星期之后,在月终结账过程中,发票寄到了邮箱,并被直接送往应付账款部门核实。这时,应付账款会计意识到发票上的价格和支付条款与采购申请表的内容不一致。会计说:"月终结账不是追查这张发票与采购申请不符的最好时间,还有其他更重要的事需要做,这事等等再说吧。"

月终结账后,应付账款会计有时间回过头来审核 Tom 的发票。会计与 Tom 和供应商都进行了联系,经过几天讨论,最终同意采用发票上的价格。应付账款会计还注意到两个其他问题:①这是一个新供应商,所以会计必须在供应商主控账中增设一个新的供应商账户;②发票上没有同意付款的签字。会计将发票送还 Tom,要求他让他的经理 Jack 签字。可是 Tom 不知道 Jack 在哪里,在 Jack 不在的情况下,他让人力资源部的一个经理朋友签了字。"不管怎样,经理就是经理……"Tom 又将发票交给应付账款会计,会计处理了这张发票,然后开始付款。这张开给供应商的支票将在 Tom 第一次看到那则诱人的广告之后 7 个星期内得到处理。

Tom 很高兴,因为他的漂亮办公室有了三盏美丽的灯;会计很高兴,因为他终于使 Tom 的发票离开了他的办公桌,但是……你高兴吗?

【思考】
(1) 在整个过程中,哪些做法是错误的?
(2) 这一处理过程隐含着什么风险?
(3) 对上述处理过程,你有什么改变建议?

自 测 练 习

1. 选择题

(1) 如果采购流程不完善,企业将面临的风险有(　　)。
　　A. 供应商选择不当,采购方式不合理,而导致采购物资质次价高,出现舞弊或遭受欺诈
　　B. 采购计划安排不合理,造成库存短缺或积压,而导致企业生产停止或资源浪费
　　C. 采购验收不规范,付款审核不严,而导致采购物资、资金损失或信用受损
　　D. 招投标或定价机制不科学,授权审批不规范,而导致采购物资质次价高,出现舞弊或遭受欺诈

(2) 下列说法中正确的有(　　)。
　　A. 存货盘点的主要目的是检查账实相符,对账实差异的数量差异进行分析
　　B. 企业应每年进行至少一次年终的定期盘点清查
　　C. 企业应建立存货盘点清查制度,确定盘点周期、流程等内容,核查存货数量,及时发现存货减值迹象
　　D. 存货盘点后发现存货盘盈、盘亏要马上处置

(3) 针对存货风险企业可以采取的措施有(　　)。
　　A. 以销定购　　　　　　B. 适时控制
　　C. 盘活库存　　　　　　D. 及时清理和报批

2. 判断题

(1) 为了降低采购风险,在进货方式上最好采用自提进货。(　　)
(2) 企业在具体的采购活动中,要注意选择合适的采购方式,对那些复杂或高成本的采购项目,要进行市场调研等工作,以规避企业采购风险。(　　)
(3) 企业最为直接和有效地防范风险的方法就是针对不同风险采取不同措施。(　　)
(4) 针对合同风险,企业可以采取的措施就是以销定购。(　　)
(5) 企业可以用一种措施对抗不同的风险。(　　)

3. 简答题

(1) 价格风险是如何形成的?
(2) 企业采购风险产生的主要因素有哪些?

项目九　采购成本与绩效管理

【学习目标】
1. 熟悉采购成本的构成。
2. 掌握基本的采购成本控制策略。
3. 能够进行采购绩效评估。
4. 了解改进采购绩效评估的途径。

任务一　控制采购成本

 引导案例

某婴儿食品公司的采购成本改进

某生产婴儿食品的大型公司过去每年花在采购方面的开支接近8亿美元。由于处在一个高利润的行业,因此该公司对采购成本的管理并不当回事。然而,当经济开始回落、市场增长减慢时,该公司终于意识到,它现在不得不花更大的力气以求保住利润了。由于过去几年的采购过程未经严格的管理,采购方面无疑是降低成本、维持利润的主要突破点。

1. 采购中存在的问题

该公司首先从保养、维修及运营成本入手,很快做出决定:请专家制定一套电子采购策略。这一做法有助于通过集中购买及消除大量的企业一般行政管理费用来达到节省开支的目的。然而在最后的分析中,节省的效果却并未达到该公司的预期。

为了寻求更佳的节省效果,该公司开始转向其主要采购商品,如原料、纸盒、罐头和标签。公司分析了可能影响到采购成本的所有因素,包括市场预测、运输、产品规格及地区差异、谈判技巧及与供应商关系等。通过深入的调查,一些问题开始浮出水面。结果显示,在材料设计、公司使用的供应商数量和类型、谈判技巧及运输方面均存在着相当明显缺陷,具体表现在以下方面:

①公司采购的谈判效率非常低。公司采购对是否争取有利的谈判地位并不关心,采购经理们通常习惯于在一个垂直一体化的卖家手中购买各种原料,而不是去寻找每种材料的最佳供应商。

②公司几乎从不将自己的采购成本与竞争对手的采购成本进行比较。

③公司缺乏将营销及购买部门集合在一起决策的机制。这也就意味着,公司没有对市场

营销所需要的材料的成本和收益进行评估的系统。

④公司节省成本的机制不灵活。即使当采购经理发现了节省成本的机会(可能需要改变生产机器规格或操作流程),他们也很难让整个企业对此及时采取措施。任何一次对系统的调整所耗去的时间都会比实际需要的时间长得多。

2. 采购的改进措施

当意识到未能进行采购成本管理而造成的诸多损失时,公司开始对这个问题进行全面的处理。

(1) 与竞争对手进行成本比较

公司设定了商品的优先次序,随后进行了一系列成本收益的统计,并运用六西格玛指标对竞争对手的情况进行了比较。

例如,按照营销部门对包装材料的规格要求,公司在制作包装盒时,其使用的纸材比竞争对手的纸材更厚而且昂贵得多,而高质量的纸材并不会给公司带来任何额外的好处。公司还发现,在给铁罐上色的过程中,整个流程需要4道工序,而事实上一道工序就足够了。

除此以外,公司在低价值品牌的产品包装上使用了2张标签(前后各1张),事实上只用1张就足够了。最后,由于公司属下的品牌及规格品种繁多,并且考虑到地区性推广的时间问题及不同地区所采用的不同标签内容,公司所印制的标签的流通周期显得偏短。比较而言,延长印刷标签的周期会给公司节省很多钱。事实上,公司高达80%的标签是用作短期运作的,而主要竞争对手80%的标签却是用作长期运作的。

(2) 建立了一套积极的谈判方式

采购经理们在进行谈判前应做好准备,充分了解供应商成本的相互比较并对供应商的成本结构进行深入分析。在这些方面做好精心准备是非常重要的:对于大多数商品而言,70%的成本是由产品特质决定的,30%才是由供应商的竞争力决定的。

例如,公司发现在购买几种主要原料时,其供应商的要价是最高的。在对供应商的成本结构进行分析后,公司发现事实上供应商是在其自身相对较高的成本基础上给产品定价的。于是,公司对其他供应商的成本结构进行了研究,除了涉及一些普通的要素外,还将诸如农场位置、精炼设施、电力和劳动力成本及企业规模等因素考虑在内。研究结果显示,有一些企业的成本结构使它们能够以较低的价格出售产品。

公司同样对它的一家"一站式"供应商进行了研究,这家供应商不仅供应纸盒,而且还生产纸盒用的纸材并承揽纸盒印刷业务。经过对其他纸业及印刷业厂家成本的研究,公司发现其实它能够以低得多的价格买到纸材并进行印刷。当公司在谈判中指出这一点时,供应商不得不降低了产品价格。

这些工作的结果是使公司原料成本节省了12%。节省下来的这些钱被平分至产品规格的改进及谈判技巧的完善工作上。

(资料来源:http://www.purise.com/article/2504.html。)

一、采购成本的构成

采购成本是指企业为经营发展需要而组织相关人员开展采购活动所发生的各项费用。具体而言,采购成本由订购成本、购进成本、储存成本及缺货成本四个部分构成。

1. 订购成本

订购成本是实现订货所发生的全部费用。订购成本中有一部分与订购次数无关,如常设采购机构的基本开支等,称为订购的固定成本;另一部分与订购的次数有关,如差旅费、邮资等,称为订购的变动成本。总的来说,订购次数越多,订购成本就越大。

2. 购进成本

购进成本是企业为取得所需物料而支出的货币成本,包括物料的购买成本、运输成本、运输途中的保险费用支出和各种必要的手续费用等。物料成本的大小由采购物料数目和采购价格决定,是影响购进成本的核心。

3. 储存成本

储存成本又叫作库存持有成本,是为保持仓库中的物料维持一定的数量且不变质损失而发生的成本。库存持有成本可以分为变动成本和固定成本。变动成本与持有数量的多少有关,如物料资金的应计利息、物料的破损和变质损失、物料的保险费用等;固定成本与存货数量的多少无关,如仓库折旧、仓库员工的固定月工资等。传统上包括在持有物料成本账目中的项目有:资本成本、保险、折旧、储存和税金。年度的持有成本一般在20%左右,但是它的范围可以变动很大,主要取决于企业的存货政策。库存持有成本一般用库存持有成本占平均物料价值的百分比表示。例如,假定持有成本为20%,年度物料成本为1000万的企业,其平均物料持有成本为200万元。确定恰当的库存持有百分比并不简单,需要从管理上做出判断、估算平均存货水平、评估与存货有关的各种费用,以及在一定程度上需要直接进行测量。表9-1 说明了库存持有成本各部分构成占平均物料价值的百分比和变动范围。

库存持有成本构成的百分比和变动范围　　　　　　　　　表9-1

要　素	平均数(%)	范　围(%)
资本成本	15.00	8~40
税金	1.00	0.5~2
保险	0.05	0~2
折旧	1.20	0.5~2
储存保管	2.00	0~4
总计	19.25	9~50

4. 缺货成本

缺货成本是一种隐性成本,是因采购不及时而造成的成本,包括企业停工待料、丧失销售机会的损失,以及为了紧急满足客户需求而采取单独送货或其他特殊的送货方式所造成的成本。如果经常缺货,势必会造成客户的流失,给企业造成的损失将是无法估量的长期损失。由于很难确切地知道客户流失所造成的企业损失,因此,缺货成本往往比人们所掌握的数据要大。

二、采购成本控制的制度措施

1. 建立严格的采购制度

严格完善的采购制度对于采购成本的控制是卓有成效的。采购制度包括管理制度和监控制度。采购管理制度应规定请购、审批、签约、采购执行、检验、入库等采购流程,明确每个采购环节的工作标准,规范日常请购行为,严格审批手续。规范业务流程,细分信息、计划、采购、结算的职责界面,明确各自责任,使每一个采购项目中,采购员都能按照标准行使职责,各职能部门之间既分工协作,又互相制约,避免业务工作中暗箱操作。采购监控制度应建立采购的全过程监控体系,重点控制计划制订、合同签订、质量检验和款项结算四个环节。对计划的合理和准确性、合同的合法与公平性、验收的透明度以及款项的结算进行行政监察、财务审计、制度考核等全方面监控,确保采购管理的规范运作。

2. 建立供应商档案和准入制度

对企业的正式供应商要建立档案,档案内容包括编号、详细联系方式和地址、付款条款、交货条款、交货期限、品质评级、银行账号等,供应商信息应经严格的审核才能归档。供应商档案应定期更新,采购一般在合格以上等级的供应商中进行。同时要建立供应商准入制度,重点原料的供应商必须经质检、物料、财务等部门联合考核后才能进入。

3. 建立价格档案和价格评价体系

要对所有采购材料建立价格档案,报价前,应首先与归档的材料价格进行比较,分析价格差异的原因。如无特殊原因,原则上采购的价格不能超过档案中的价格水平,否则要做出详细的说明。对于重点材料的价格,要建立价格评价体系,由公司有关部门组成价格评价组,定期收集有关的供应价格信息,分析、评价现有的价格水平,并对归档的价格档案进行评价和更新。这种评议视情况可一季度或半年进行一次。

4. 确定商品的标准采购价格

财务部门应对重点监控的原材料,依据市场的变化和产品的标准成本,定期做出标准采购价格,使采购人员积极寻找货源,货比三家,不断降低采购价格。标准采购价格可与价格评价体系结合起来进行,并提出奖惩措施,对完成降低公司采购成本任务的采购人员进行奖励,对于没能完成采购成本下降任务的采购员,找出其原因并采取适当的奖惩措施。

5. 建立采购人员的绩效评价及奖惩制度。

首先,企业应定期对采购人员进行思想教育、法制教育,提高风险防范意识和对社会腐败现象的鉴别力、免疫力、抗干扰力,引导从业人员牢固树立遵章守纪、把企业利益放在首位的观念,全面提高职业道德水平。其次,定期对采购人员进行业务培训,掌握采购管理知识和必备的相关知识、管理方法,特别是在工作中利用现代物流、现代管理手段和方法进行有效管理,利用质量管理活动促进管理水平的不断提高。再次,建立约束机制,定期进行监督考核,明确相关工作纪律,利用工作检查、通报信息、监察审记等各种形式,对采购人员进行有效监督;通过严格考核,实现优胜劣汰、竞争上岗。最后,根据建立的目标采购价格,对采购人员的工作进行奖惩。只有把适当的利益机制和约束机制、奖惩机制紧密结合,才能促使采购人员积极寻找货源和降低成本的途径,降低采购价格。

三、控制采购成本的策略

由于采购成本是由多个部分构成,每一部分成本控制的方法都不一样,因此,有必要分别介绍四个采购成本构成部分的成本控制策略。

1. 物料成本的控制方法

采购价格是物料成本的核心,因此,物料成本的控制焦点在于降低物料的价格。控制物料价格可以通过比价采购、招标采购等方式。

随着竞争的加剧,通过单纯降低采购物料价格的办法得到的效果已经越来越不明显。因此,许多企业就开始从不同方面找寻降低成本的方法,或者从企业内部着手挖掘,或者搭建有竞争力的供应链,这些方法都力求通过信息快速传递、减少与优化相关环节等方面降低物料成本。最有效的方法如下。

(1)价值分析(VA)和价值工程(VE)

该方法主要针对产品和服务的功能加以研究,以最低的生命周期成本,透过剔除、简化、变更、替代等方法,来达到降低成本的目的。这里的价值是指反映费用支出与获得收益之间的比例,其公式为:

$$价值 = \frac{功能}{成本}$$

从公式中可见,提高价值的基本途径有五种:
①提高功能,降低成本,大幅度提高价值。
②功能不变,降低成本,提高价值。
③功能有所提高,成本不变,提高价值。
④功能略有下降,成本大幅度降低,提高价值。
⑤适当提高成本,大幅度提高功能,从而提高价值。

价值分析适用于新产品工程设计阶段,价值工程则是针对现有产品的功能、成本,做系统化的研究与分析,但现今价值分析与价值工程已被视为统一概念使用。

价值分析的步骤如图9-1所示。

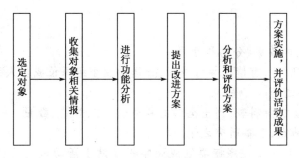

图9-1　价值分析或价值工程的步骤

第一,确定分析的对象。选择生产经营必须而对象本身价值有被提高的潜力的物品。例如,选择占成本比例大的原材料进行价值分析,如果能够提高价值,则对降低产品总成本的影响会很大。当我们面临一个紧迫的境地,例如生产经营中的产品功能、原材料成本都需要改进时,一般采取经验分析法、ABC分析法以及百分比分析法。例如,每台设备都由零件组成,在对设备进行设计制造、现代化改装以及维修时,要对全部零部件做价值分析既无必要,也不经济。如果采用ABC分析法,找出占设备成本80%左右,占零件数量20%以下的主要零部件作为重点对象进行分析,效果将会更好。

第二,收集对象的相关情报。包括用户需求、销售市场、科技进步状况、经济分析以及本企业的实际能力等。

第三,功能分析。进行功能的定义、分类、整理、评价等操作。功能一定是产品的必要功能。

第四,提出改进方案。经过分析和评价,提出多种提升产品价值的方案。

第五,选择最优方案。评价各种方案,筛选出最优方案。

第六,实施并评价活动成果。在决定实施方案后应该制订具体的实施计划、提出工作的内容、进度、质量、标准、责任等内容,确保方案的实施质量。为了掌握价值工程实施的成果,还要组织成果评价。成果的鉴定一般以实施的经济效益、社会效益为主。

价值工程做到了将技术与经济的紧密结合,注重与提高产品的价值、注重研制阶段开展工作,并且将功能分析作为自己独特的分析方法。

【小资料9-1】

某公司运用 VA/VE 降低采购成本的实践

某公司是一家电动机专业制造厂,引进了 VA/VE 改善活动。首先,由采购部门召集研发、采购、生产、财务各部门及协作厂商共同组成项目改善小组,并由副总经理担任项目改善小组召集人、厂长担任副召集人,采购经理担任总干事,各部门主管担任项目改善小组干事。其次,在企业内召开成立大会,活动正式展开。

1. 对象选定

2马力(1马力=735W)电动机(2AP)。

2. 目标设定

降低20%零件成本。

3. 展开步骤

(1)选定对象情报的收集、分析和活用

①将2马力电动机的所有情况装订成册,分送专业小组每位成员人手一册,并让其反复仔细审视,找出可以改善之处。

②准备2马力电动机材料表,列出全部的料号、名称、规格、数量,并将1台电动机的实际材料放置于改善活动地点,以备研究之用。

③将 VA/VE 改善手法及程序摘要制成大字报张贴于活动地点的四周墙壁,以便让项目小组成员随时能看见,增加记忆。

④运用材料表,将其材料的品名、料号、材质、单位、单价、每台用量、每台价格及占总成本比例等予以展开,找出适合以 VA/VE 降低成本的材料。

(2)制作成本比重饼图,结果筛选出硅钢片(占35%)、漆包线(占25%)及轴承(10%)三项合计共占全部成本70%,作为主要改善重点。

(3)列出同业竞争者比较表,并拆检竞争者同机种电动机,以了解其用料与用量对照表,希望能知己知彼,取长补短。

(4)提出改善方案,并准备实物和磅秤,确认其功能与重量及效果。实施3个月内,共降低 2 马力电动机零件成本达 24 件,占电动机总零件 45 件的 53.3%,并在往后 3 个月内又降低了 7 件,累计共降低 31 件零件成本,占电动机总零件的 68.9%,其成本降低 6.3%,年节省零件采购成本达 1 亿元左右。

(资料来源:http://www.docin.com/p-300643755.html。)

【思考】
你能通过案例总结出价值分析或价值工程的特征是什么?

(2)谈判

谈判是采购人员应具备的最基本能力。谈判并不只限于价格方面,也适用于某些特定需求时,使用谈判的方式,通常所能期望达到价格降低的幅度为 3%~5%。

(3)价格与成本分析

不了解所买物品的成本结构,就了解其价格是否公平合理,也会失去许多降低采购成本的机会。例如,某造船厂购买零件铜套,采购员应该事先了解铜套的价格构成。

$$铜套价格 = 毛坯重量 \times 毛坯单价 - (毛坯重量 - 粗加工重量) \times$$

$$铜屑综合回收率 80\% \times 铜屑单价 + 粗加工费$$

$$毛坯单价 = 材料费 + 制造费用$$

通过计算,可以估算出购买铜套的合理价位,防止采购的物料价格过高。

【小资料 9-2】

学习曲线的应用

学习曲线是表示单位产品生产时间与所生产的产品总数量之间的关系的曲线。最早由美国航空工业提出,该理论认为,某产品在投产的初期由于经验不足,产品的质量保证、生产维护等需要较多的精力投入导致带来较高的成本,随着累计产量的增加,管理渐趋成熟,所需要的人力、财力、物力逐渐减少,工人越来越熟练,质量越来越稳定,前期生产期间的各种改进措施逐步见效,因而成本不断降低。主要表现为:

①随着某产品逐步进入成长、成熟期,其生产经验不断丰富,所需要的监管、培训及生产维护费用不断减少。

②随着累计产量增加,工人愈趋熟练,生产效率不断提高。

③生产过程中的报废率、返工率及产品的缺陷不断降低。

④生产批次不断优化,设备的设定、模具的更换时间不断缩短。

⑤随着累计产量的增加,原材料的采购成本可不断降低。

⑥经过前期生产学习,设备的效率及利用率等方面不断得到改进。

⑦通过前期生产学习,物流不断畅通,原材料及半成品等库存控制日趋合理。

⑧通过改进过程控制,突发事件及故障不断减少。

⑨随着生产的进行,前期的工程、工艺技术调整与变更越来越少。

学习曲线反映累计产量的变化对单位成本的影响,累计产量的变化率与单位工时或成本的变化率之间保持一定的比例关系。每次当一个特定产品的累计产量翻倍时,生产该产品所

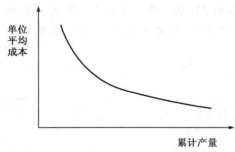

图 9-2　学习曲线模型图

需要的平均时间大约为开始所需要时间的 $x\%$。学习曲线的模型如图 9-2 所示。

（4）目标成本法

在产品的研发及设计阶段就确定好产品的成本。产品的研发以市场乐于支付的价格为前提，因此必须假设竞争者产品的上市价，然后再来制定公司产品的价格。以此为基础，决定采购物料的价格。

（5）早期供应商参与

让供应商参与到采购方的产品概念形成、设计、生产等时期，可以借助供应商的专业知识来达到降低物料成本的目的。

（6）集中采购和联合采购

集中采购和联合采购都是扩大采购量，增加议价能力，获得较好的数量折扣，降低采购价格的重要措施。

（7）标准化

实施采购规格的标准化，为不同的产品项目或零件使用共通的设计、规格，或降低订制项目的数目，达到规模采购量，以实现降低采购成本的目的。

（8）招标

通过招标采购物料可以使企业本着公平、公正、公开的原则，鼓励供应商充分竞争，有利于采购方寻找符合本企业要求的、物美价廉的物料。

降低采购成本的策略使用可以根据产品生命周期的不同而不同。在产品导入期，可以采用供应商早期参与、价值分析以及目标成本法；在产品成长期，采购可以利用需求量大幅上升的优势，采用集中采购获得成效；在产品的成熟期，价值工程、标准化的动作可以进一步找出不必要的成本，并做到节省成本的目的；而在产品的衰退期，需求量已在减缩之中，此时再大张旗鼓降低采购物料成本已无多大意义。

2.订购成本的控制方法

订购成本的降低可以从采用先进的采购技术、加强变动成本费用的管理两方面着手。

（1）采用先进的电子采购技术

电子采购实现了信息的无纸化传递，信息传递的准确性和速度大为提高，减小了采购的管理成本，提高了采购效率。据美国全国采购管理协会称，采用传统方式每生成一份订单所需要的平均费用为 150 美元，使用电子采购可以将这一费用降低到 30 美元。企业信息管理系统、EOS 及互联网等技术的使用，使电子采购更加便捷、普遍。

（2）加强变动成本费用的管理

订货成本中的变动成本是由差旅费、通信费、邮资、谈判费用等项目构成，加强对这些费用的控制，做到计划、审核、控制各环节的统一，同时可以实现项目包干制，控制项目的订货费用额度，也可以控制这部分费用的支出。

3.库存持有成本与缺货成本的控制方法

库存持有成本与缺货成本是相互联系的，当采购批量较大时，库存持有成本会上升，缺货成本将下降；而采购批量较小时，库存持有成本会下降，但缺货成本却将上升。企业应根据不同的采购项目，确定合理的库存结构，以平衡这两部分成本。定期订货法、定量订货法可有效控制这两部分成本。

4.其他控制采购成本的方法

(1)战略采购

一般采购是以最低采购价格获得当前所需资源的简单交易；战略采购是围绕提高企业能力展开工作，以最低总成本满足企业的长期需求。它用于系统地评估一个企业的购买需求及确认内部和外部机会，充分平衡企业内外部优势，以降低整体成本为宗旨，实现从需求描述直至付款的全程管理。战略采购的实施途径如下：

①坚持集中采购。通过集中采购提高议价能力，降低单位采购成本。不少企业在发展初期因采购量和种类较少而进行集中采购，随着企业的集团化发展，在采购上就出现分公司各自为政的现象，很大程度上影响采购优势。

②建立战略合作关系——互赢。互赢理念是战略采购的基础。许多先进的国际企业都建立了供应商评估、激励机制，与供应商建立长期的合作关系，确立互赢的合作基准。例如，帮助供应商优化运输计划，承诺最低采购量和价格保护等。同时通过扩大供应商选择范围引入更多的竞争、寻找上游供应商等来降低采购成本是非常有效的战略采购方法，它不仅可以帮助企业寻找到最优的资源，还能保证资源利用的最大化，提升企业的水准。

③权力制衡。企业和供应商都有其议价优势，如果对供应商所处的行业、供应商的业务战略、运作、竞争优势、能力等有充分的认识，就可以帮助企业发现机会改善其目前的权力制衡地位。越来越多的企业在关注自己所在行业发展的同时，开始关注延伸供应链上相关行业的前景，考虑如何利用供应商的技能来增强自己的市场竞争力。

④优化采购流程。制定明确的采购流程有助于企业实现对采购的控制，避免采购漏洞。但是，企业在发展形势在变化，采购中的新思想、新问题、新技术不断出现，这就需要采购部门根据新形势的要求，及时优化采购流程，使流程服务于采购目标的实现。

⑤产品、服务的统一。采购时就充分考虑未来储运、维护、消耗品补充、产品更新换代等环节的运作成本，致力于提高产品和服务的统一程度，减少差异性带来的后续成本。这是技术含量更高的一种战略采购，是整体采购优化的充分体现。采购产品差异性所造成的无形成本往往为企业所忽略，这需要企业决策者的战略规划以及采购部门的连贯执行。

战略采购是企业采购的发展方向和必然趋势。在企业创业之初由于采购量和种类的限制，战略采购的优势并不明显，但在企业向更高层次和更大规模发展的过程中优势会日益明显，有远见的企业应该在发展之初就有组织地构建战略采购框架，实施战略采购。

(2)供应链采购

供应链是由多企业、多环节组成的复杂系统，每个环节都存在"需方"与"供方"的对应关系，加强采购管理，降低供应链上各节点企业的成本，对于降低整个供应链的总成本是极为重要的。

在传统的采购中，企业总是基于自身的角度来决定采购策略，整个供应链上存在着预测不准确、需求不明确、供给不稳定、企业间合作性与协调性差，导致供应缺乏、生产与运输作业不均衡、库存居高不下、成本过高等现象。

而在供应链管理环境中，采购不再只是企业本身的事情，而应该从整个供应链的角度来控

制采购成本,解决采购中存在的问题。供应链采购的主要措施如下:

①打破批量订购。在供应链管理环境中,企业实行小批量、多次订购的采购或供应模式。企业偏好大批量、低频率采购策略的原因是采购成本、运输成本高昂。现在,很多制造商都鼓励其分销商同时订购多种不同的产品,货车一次就可从同一制造商那里满载多种产品,而不是同一品种。这样对每一产品来说其订购的频率大了,但仍可获得运输的规模经济性。例如,宝洁公司对愿意进行混合订购的顾客给予折扣优惠。使用第三方物流公司,可以通过把临近供应商的货物联合运输,也可使小批量订购实现规模经济。

②实现信息共享。在企业内部采用 ERP 和 APS 系统,在企业间采用供应链管理 SCM 系统,运用 Internet/EDI 技术,开展电子商务,对各信息系统进行集成,实现企业间的业务数据集成和信息共享,应用供应链协同技术使供应链上下游企业间业务流程的整合,共同协作开展业务,都能有效地控制采购成本。

③合理分担库存。供应商、分销商和零售商采用联合库存的方式合理地分担库存,一旦某处出现库存短缺,可立即从其他地点调拨转运来保证供货。这既防止了需求变异的放大,又实现了共担风险,降低了整体库存。

④缩短提前期。一般来说,订货提前期越短,订量越准确。根据沃尔玛的调查,如果提前26周进货,需求预测误差为40%;提前16周进货,需求预测的误差为20%,而在销售时节开始时进货,则需求预测的误差为10%。因此,缩短提前期能够显著地减小库存,控制采购总成本。

⑤建立伙伴关系。供需双方建立战略联盟,在战略联盟中相互信任,公开业务数据,共享信息和业务集成。这样,相互都了解对方的供需情况和能力,避免了短缺情况下的博弈行为,从而降低了采购成本。

【小资料9-3】

雀巢公司与家乐福公司的合作

雀巢公司与家乐福公司在确立了亲密伙伴关系的基础上,采用各种信息技术,由雀巢为家乐福管理它所生产产品的库存(供应商管理库存 VMI,Vender Management Inventory)。雀巢为此专门引进了一套 VMI 信息管理系统,家乐福也及时为雀巢提供其产品销售的 POS 数据和库存情况,通过集成双方的管理信息系统,经由 Internet/EDI 交换信息,就能及时掌握客户的真实需求。为此,家乐福的订货业务情况为:每天9:30以前,家乐福把货物售出与现有库存的信息用电子形式传送给雀巢公司;在9:30~10:30,雀巢公司将收到的数据合并至供应链管理 SCM 系统中,并产生预估的订货需求,系统将此需求量传输到后端的 APS/ERP 系统中,依实际库存量计算出可行的订货量,产生建议订单;在10:30,雀巢公司再将该建议订单用电子形式传送给家乐福;然后在10:30~11:00,家乐福公司确认订单并对数量与产品项目进行必要的修改之后回传至雀巢公司;最后在11:00~11:30:,雀巢公司依照确认后的订单进行拣货与出货,并按照订单规定的时间交货。这样,由于及时地共享了信息,上游供应商对下游客户的需求了如指掌,无需再放大订货量,有效地控制了采购成本。

(资料来源:http://www.docin.com/p-52935212.html。)

【思考】

雀巢公司与家乐福公司采用什么措施控制采购成本?

通过供应链管理，供需双方信息共享，供应链中物料的流动情况、在途运输或配送的情况、库存情况、商品销售情况、顾客需求状况都能及时清楚地掌握，采购的风险和不确定性大为降低。在此基础上，企业就能够根据市场供求信息及时调整生产和配送，用信息代替库存，系统地降低了包括采购成本在内的整个物流的费用。而且，在供应链管理环境中，供需双方建立了一种长期、稳固的关系，在一定程度上减少了谈判和履约费用，供应商按期、按质、按量地供应原料，从而确保企业的经营流动的高效率，避免了采购过程中的种种弊端，从而达到控制采购总成本的目的。

【小资料9-4】

准时化（JIT）采购

JIT采购是一种供应链采购策略。在传统的采购模式中，采购是一种库存采购，即采购的目的是补充库存，而在供应链管理环境中，采购由库存采购转变为订单驱动采购，准时化（JIT）采购得以实现。

库存管理是准时化管理方式的核心，其基本信念就是库存即浪费，消除库存就是消除浪费。所以，JIT管理方式往往称为零库存管理方式。它强调准时服务、过硬品质，通过消除浪费使库存减少到尽可能低的水平。

JIT采购的基本思想是：在恰当的时间、恰当的地点、以恰当的数量、恰当的质量提供恰当的物品。JIT采购是为了消除库存和不必要的浪费而进行持续性改进。这是一种面向需求的采购模式。

相对于传统的采购模式，JIT采购有一些新的特点：
① 从为库存而采购到为订单而采购的转变。
② 从传统的大批量采购到小批量的采购策略。
③ 采用较少的供应商，甚至单源供应。
④ 选择供应商的标准发生变化。在选择供应商时，价格不是主要的因素，质量是最重要的标准，这种质量不单指产品的质量，还包括工作质量、交货质量、技术质量等多方面内容。高质量的供应商有利于建立长期的合作关系。
⑤ 对交货准时性的要求提高。
⑥ 对信息交流的需求加强。准时化采购要求供应与需求双方信息高度共享，保证供应与需求信息的准确性和实时性。

任务二　采购绩效评估与改进

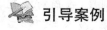 引导案例

埃森哲公司的发现

埃森哲公司是全球最大的管理咨询公司和技术服务供应商。在为顾客提供供应链咨询服

务的过程和对《财富》500强企业的调查中,埃森哲公司发现采购绩效优异的公司,在以下四个方面有独到之处。

1. 建立统一的测评机制

在大多数企业中,CEO和负责采购的副总或其他高层主管,对采购业绩各有自己的评价标准。在某种程度上,这属于正常现象,因为企业的高层管理人员,总有一些与所担任的职位相联系的具体目标,而对不同的事情有不同的优先考虑顺序。很多公司都要应对这种采购评价标准的不连贯状况。在这方面走在前面的公司,CEO和采购主管使用同一个平衡记分卡来评估绩效,以便使每一个人都能够以大致同样的方式理解采购信息。遍及全公司的平衡记分卡帮助各个不同的业务部门调整它们处理业务轻重缓急的顺序,制定目标和期望,鼓励有利于业务开展的行为,明确个人和团队的责任,决定报酬和奖励,以及推动不间断的改进。

2. 积极的领导作用

有眼光的采购领导的第一个任务,也是最重要的一件任务,是确立全局的采购策略。一般而言,这个策略应该围绕企业如何采购物资和服务,如何提高绩效水平来规范业务实践、政策,以及优先考虑的事情和做事情的方法。其中最重要的一点,是要把采购和整个供应链管理结合起来。企业采购供应链管理是以采购产品为基础,通过规范的定点、定价和定货流程,建立企业产品需求方和供应商之间的业务关系,并逐步优化,最终形成一个优秀的供应商群体的方法。

3. 创造性地思考组织架构

采购业务做得好的公司,最常用的组织架构形式是根据同类物品划分组织。这种架构使公司可以在全局范围内集合采购量,并且有利于集中供应基地。按同类物品划分的组织架构也有利于采购人员深入学习行业、产品和供应商方面的知识,并且学会在与供应商的对话中统一口径。但是,这种方式也有不足之处。例如,因为要与公司内跨不同事业部的内部客户打交道,协调和合作可能比较困难。地处一隅的客户可能会觉得自己离供应商的选择和管理流程太遥远,因而可能会禁不住想独自与外界的供应商发展和保持关系。为了应付这种挑战,有些公司尝试集中学习采购知识,如招标、合同、谈判、服务等,使这些知识成为采购优化中心。在公司内部,这些知识能帮助提高地方用户的接受程度,降低发展关键技能所花的时间和资源,并且有助于在分散的采购环境中培养合乎法律和道德规范的行为。

4. 全企业范围内的整合

为了让有效率的、从企业出发的采购理念取得优势地位,绩效优异的公司常常依靠覆盖全企业范围的采购团队。这些团队的成员包括采购、工程和产品开发的代表,有时也会有财务、销售、分销和IT部门的人员参与。这些团队一起决定策略采购优先考虑的事项,设计物料占有成本模式,发展品种策略,并设计供应商选择标准。对于大多数的公司来说,在采购方面要取得好的业绩,需要有改变采购能力的意愿。在这方面做出改进,其效益是明显的。例如据《市场报》报道,河南正龙食品有限公司的采购部门实施了零配件采购公示制度,每周对零配件供应商的名称、采购数量、价格公布一次,让实际使用这些零配件的管理人员、技术部门和工人对不同供应商的产品进行比较,并将意见反馈到采购部门。公司仅这一项措施就使设备维修费从每月8000元降为4000元。

(资料来源:http://baike.sogou.com/v10733352.html。)

一、采购绩效评估概念

采购绩效主要是用来衡量采购部门的目标达成情况以及采购部门的工作表现。商品采购工作在一系列的作业程序完成之后,是否达到了预期的目标,企业对采购的商品是否满意,是需要经过考核评估后才能下结论的。采购绩效评估就是建立一套科学的评估指标体系,用来全面反映和检查采购部门工作实绩、工作效率和效益。采购绩效评估的对象包括整个采购部门以及单个采购人员。

二、采购绩效评估流程

采购绩效评估流程如图 9-3 所示。

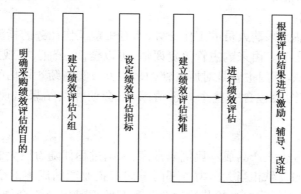

图 9-3 采购绩效评估流程图

1. 明确采购绩效评估的目标

(1)确保采购目标的实现

采购目标多种多样,政府采购偏重"防弊",采购作业以"如期"、"如质"、"如量"为目标;民营企业注重"兴利",采购工作除了维持正常的产销活动外,非常注重产销成本的降低。因此,要针对采购方应追求的主要目标加以评估,并督促它的实现。

(2)提供改进绩效的依据

绩效评估是确定采购部门工作表现的依据。正确的绩效评估,有助于发现采购作业的缺失所在,据以拟订改善措施,以收到"检讨过去、策励将来"之效。

(3)作为个人或部门的奖惩参考

良好的绩效评估方法,能将采购部门的绩效,独立于其他部门而凸显出来,并反映采购人员的个人表现,作为各种人事考核的参考资料。依据客观的绩效评估,达成公正的奖惩,而使整个部门发挥合作效能。

(4)协助人员甄选与训练

根据绩效评估结果,可针对现有采购人员工作能力的缺陷,拟订改进计划。例如,安排参加专业性的教育训练。若发现采购部门缺乏某种特殊人才,则可由公司内部甄选或向外界招募。

(5)促进部门关系

采购部门绩效受其他部门能否配合的影响很大。采购部门的职责是否明确,表单、流程是否简单、合理,付款条件及交货方式是否符合公司的管理制度,各部门的目标是否一致等,均可透过绩效评估予以判定,并可以改善部门间的合作关系,增进企业整体的运作效率。

(6) 提高人员的士气

有效且公平的绩效评估制度,将使采购人员的努力成果获得适当回馈与认定。采购人员透过绩效评估,对公司的利润贡献将有客观的衡量尺度,使之成为像业务人员一样受到肯定的工作伙伴,对其士气的提升大有帮助。

2. 建立采购绩效评估小组

评估人员与实现评估目标有着密切的联系,要选择最了解采购工作、与评估目标的实现联系最密切的部门参与评估。

(1) 采购部门主管

采购部门主管最熟悉采购人员的工作任务,所有采购工作任务的指派或工作绩效的优劣,都在他们的直接监督之下。由采购主管负责评估,可以全面、公正、客观地评价每个采购人员的工作绩效。所以,采购部门主管是对所管辖的采购人员实施绩效评估的第一人。但是,采购部门主管进行评估可能会包含一些个人感情因素,会使评估结果出现偏差,影响评估的客观性。

(2) 财务部门

企业的采购金额占企业产品成本比例非常高,采购过程伴随着巨大的资金流动,采购成本的节约对于企业利润的贡献相当大。财务部门掌握着企业产销成本的全部数据,掌控着资金的流入流出,因此能够从采购成本的节约对企业利润的贡献以及资金周转方面对采购部门的工作绩效进行评价。

(3) 销售部门

对于制造企业而言,当采购项目的品质和数量对企业最终产成品质量和销售影响重大时,应该由销售部门参与采购绩效的评估。对于商业企业而言,采购的物资品种和质量直接关系到销售的业绩,所以销售部门同样也应该参与采购绩效的评估。

(4) 生产主管部门或工程部门

对于设备采购、原材料和零配件采购及项目采购等,采购货物的质量、数量、时间对企业生产的顺利进行、最终产品的品质都有影响,因而生产主管部门或工程部门也能够从采购是否使生产和项目建设顺利进行方面对采购部门的工作绩效进行评估。

(5) 供应商

供应商是采购过程中与企业采购部门合作最多、最频繁的一方,对于采购部门的运作方式、工作状态自然有较为真实、详细的了解。因而,有的企业通过正式或非正式渠道,向供应商探寻其对于采购部门或人员的意见,以了解采购部门或人员的工作情况,间接地评价采购绩效。

(6) 专家顾问

为了使评估结果更为客观、权威、公正,避免企业各部门之间的本位主义或门户之见,可以聘请相关的采购专家或管理顾问,对本企业的采购制度、组织形式、人员及工作绩效等做出客观的分析和建议。

一般说来,对采购人员的绩效评估可以由采购部门主管来操作,也可以间接地从供应商处了解情况;对于采购部门的绩效评估则可以由企业高层管理者组织相关各部门及外部专家进行评估工作。

3. 设定采购绩效评估指标

采购绩效指标设定要解决三个问题:一是要选择合适的指标;二是要充分考虑绩效指标的目标值;三是确定绩效指标要符合有关的原则。

(1) 采购绩效评估指标设定的前提

设定采购绩效评估指标及其目标值,需要考虑下列因素:

①内部顾客的要求,即满足生产、品质管理等部门的需要。原则上,供货商的平均质量、交货等综合表现应该高于本公司内部质量与生产计划要求,只有这样才不至于影响本公司的内部生产与质量。

②所选择的目标及绩效指标要同公司的大目标一致。

③具体设定目标时既要实事求是、客观可行,又要具有挑战性。

因此,采购绩效评估指标的确定是一项具有挑战性的工作,它是评估采购工作成果的尺度和标准,是准确、客观、全面、科学地进行采购绩效评估的前提和基础,但是一项评价指标往往只能从某个侧面反映采购绩效的某个特征。因此,要想全面、综合、准确地考察和评估采购部门在一定时期内的采购工作绩效,就必须把一系列相互联系、互为因果的指标进行系统地组合,形成相应的评估指标体系。

(2) 采购绩效评估指标的设定

达成适时、适量、适质、适价及适地的基本任务是采购人员的工作职责。因此,采购绩效评估应以此"5R"为中心,并以数量化的指标作为衡量绩效的尺度。

①品质绩效。采购的品质绩效可由验收记录及生产记录来判断。前者系指供应商交货时,为公司所接受(或拒收)的采购项目数量或百分比;后者则是交货后,在生产过程中发现品质不良的项目数量或百分比。

进料验收指标 = 合格(或拒收)数量 / 检验数量

在制品验收指标 = 可用(或拒用)数量 / 使用数量

若进料品质管制采用抽样检验的方式,则在制品品质管制发现品质不良的比率,将比进料品质管制采用全数检验的方式为高。拒收或拒用比率愈高,显示采购人员的品质绩效愈差,因为未能找到理想的供应商。

②数量绩效。当采购人员为争取数量折扣,以达到降低价格的目的时,却可能导致存货过多,甚至发生呆料、废料的情况。

费用指标:现有存货占用资金利息及保管费用与正常存货水准资金利息及保管利息费用之差额。

呆料、废料处理损失指标:处理呆料、废料的收入与其取得成本的差额。

存货积压占用资金利息及保管费用越大,呆料、废料处理的损失越高,显示采购人员的数量绩效越差。不过此项数量绩效,有时受到公司营业状况、物料管理绩效、生产技术变更或投机采购之影响,故并不一定完全归咎采购人员。

③时间绩效。时间绩效是用以衡量采购人员处理订单的效率及对于供应商交货时间的控

制。延迟交货固然可能形成缺货现象，但是，提早交货也可能导致买方负担不必要的存货成本或提前付款的利息费用。

紧急采购费用指标：紧急运输方式（如空运）的费用与正常运输方式的差额。

停工断料损失指标：停工期间的所有损失，包括作业人员薪资损失。

事实上，除了前述指标所显示的直接费用或损失外，尚有许多间接的损失。例如经常停工断料，造成顾客订单流失，作业人员离职，以及恢复正常作业的机器必须做的各项调整（包括温度、压力等）；紧急采购会使得购入的价格偏高品质欠佳，连带也会产生赶工时间，必须支付额外的加班费用。这些费用与损失，通常都未加以估算在此项绩效指标内。必要的话，也可以将这些间接的费用和损失量化为一定的指标，使绩效衡量更加全面、准确。

④价格绩效。价格绩效是企业最重视及最常见的衡量标准。透过价格指标，可以衡量采购人员议价的能力以及供需双方势力的消长情形。

价格绩效指标包括参考性指标和控制性指标。参考性指标主要有：年采购额、各采购人员年采购额、供应商年平均采购额、各采购物品年度采购基价、几年平均采购基价等。这些指标一般是作为计算采购相关指标的基础，也是表示采购规模，了解采购人员及供应商负荷的参考依据，是进行采购过程控制的依据和出发点。控制性指标是反映采购改进过程及其成果的指标，包括：平均付款周期、采购降价、本地化采购率等。下面介绍几个主要的价格绩效指标：

a．年采购额。年采购额包括：生产性物料与零部件采购总额、非生产性采购总额（设备、备件、生产辅料、软件、服务等）、物料采购总额占产品总成本的比例等。也可以按采购付款的币种分为：人民币采购额及其比例、不同外币采购额及其比例。此外，采购额指标还可以分解到各采购员及供应商，计算出每个采购人员的年采购额、各供应商年采购额、供应商年平均采购额等。

b．采购价格。采购价格包括：各种物料的年度基价、所有物料的年平均采购基价、各物料的目标价格、所有物料的年平均目标价格、各物料的降价幅度及平均降价幅度、降价总金额、各供应商的降价幅度、实际价格与标准价格的差额、实际价格与过去平均价格的差额、使用时的价格与采购的价格差额、本地化采购率、与伙伴工厂联合采购额及比例、联合采购的降价幅度等。

c．付款方式。付款方式包括：平均付款周期、目标付款期等。

⑤采购效率（活动）指标。品质、数量、时间和价格绩效指标，主要用来衡量采购人员的工作效果。衡量在达成采购目标的过程中各项活动的水准或效率指标为：年采购金额、采购金额占销货收入的百分比、订购单的件数、采购人员的人数、采购部门的费用、新供应商开发个数、采购完成率、错误采购次数、订单处理的时间。

其中，新供应商开发个数指标的意义在于为使供应来源充裕，对单一来源的物料，通常要求采购人员必须在期限内扩增供应商家数。该指标也可用单一来源物料占所有A类物料的比率来衡量。

采购完成率指标 = 本月累计完成件数／本月累计请购件数

完成件数有两种计算标准，第一种标准是由采购人员签发订购单即算；另一种标准则必须等供应商交货验收完成才算。不过，采购人员若为提高完成率，使议价流于形式，则将得不偿失；因此，若无停工断料之虞，完成率稍低也无妨。

错误采购次数系指未依有关的请购或采购作业程序处理的采购业务。譬如错误的请购单、没有预算的资本支出请购案、未经请购单位主管核准的采购业务、未经采购单位主管核准的订购单等。此等错误次数,应要求降至零。

订单处理时间指标是指企业采购人员处理采购订单的过程所需要的平均时间,它是用来衡量采购人员的工作效率的指标。

通过采购效率(活动)指标,可以衡量出采购活动水准上升或下降,由此我们不难了解采购人员工作的压力与能力,这对于改善或调整采购部门的组织与人员,将有很大的参考价值。

在选定考核指标后,需要对每个考核指标设定考核权重,并规定评估标准,然后根据评估标准和权重对采购人员进行评估打分。

4. 设定采购绩效评估标准

采购绩效的比较应该有确定的标准。常见的比较标准有:

(1) 历史绩效标准

以公司历史绩效标准作为评估目前绩效的基础是相当可行、有效的办法。但是只有当公司的采购部门,无论是组织、职责还是人员等,均没有重大变动的情况下,才适合使用此项标准。

(2) 预算或标准绩效

如果历史绩效难以取得或采购业务变化比较大,可以使用预算或标准绩效作为衡量的基础。标准绩效的设定要符合下列三种原则:

① 固定性。预算或标准绩效一旦设立,就不能再有所变动。

② 挑战性。标准的实现要具有一定的难度,采购部门和人员必须经过努力才能完成。

③ 可实现性。设立的标准应在现有内外环境和条件下经过努力,确实应该可以达到的水平,通常依据当前的绩效加以衡量设定。

(3) 行业平均绩效标准

选用与本企业在采购组织、职责以及人员等方面相似的同行业的绩效进行比较,更加能够辨别采购工作的优劣。数据资料既可以使用个别公司的相关采购结果,也可以应用整个行业绩效的平均水准。

(4) 目标绩效标准

目标绩效是在现在的情况下,除非经过一番特别的努力,否则无法完成的较高目标。目标绩效代表公司管理当局对工作人员追求最佳绩效的期望值。

5. 进行绩效评估

(1) 考核评估

依据评估体系,结合采购作业情况及效果,对评估对象进行考核评估。

采购部门的绩效评估,可以将考核结果与实现确定的评估标准或预算进行对比,找出采购管理存在的问题。采购人员的绩效评估,可以通过对比的方法,以确定各个采购人员工作优劣,常见的比较方法如下:

① 排序法。按绩效表现的具体数据,从好到坏的顺序依次给员工排序。这种绩效表现既可以是整体绩效,也可以是某项特定工作的绩效。

② 两两比较法。在某一绩效标准的基础之上,把每个员工都与其他员工相比较来判断谁"更

好"，记录每个员工和任何其他员工比较时被认为"更好"的次数，根据次数的多少给员工排序。

③等级分配法。求出每个采购人员的考核综合得分，并对所有被考核人员的绩效通过排序，分等定级。

(2) 采购绩效评估时机

①定期评估。将评估与企业的年度人事考核同步进行，以配合公司年度人事考核制度，使采购人员的奖惩有据可依。目标管理法摒除了"人"的抽象因素，以"事"的具体成就为考核重点，比较客观、公正，是常用的评估方式。

②不定期评估。不定期评估是以专案的方式进行的。例如，企业要求某项产品的采购成本降低8%，当设定的期限一到，即评估实际的成果是否达到8%，并以此为依据给与采购人员适当的奖惩。这种评估方式，特别适用于新产品开发计划、资本支出预算、成本降低等专项方案。

(3) 采购绩效评估策略

实现采购绩效评估的目标，需要把握相关策略。

①制度化。制度化是采购绩效评估持续、规范、有效进行的重要保证。采购绩效评估的方法、步骤、内容及指标体系等以规章制度的形式明确规定下来，才能实现规范评估，达到激励、监督的目的，有效地促进企业采购目标的实现。

②特色化。评估必须带有企业个性色彩，切实符合企业特性。制定评估制度前，要对企业的业务运营进行深入调查，使采购绩效评估制度能和企业实际相结合，从而发挥最大效用。

③公开化。采购绩效评估的目的之一，就是通过比较评估，达到激励先进，督促后进，共同促进采购事业的发展。只有实行了公开化，才能有效地保证评价结论的公正合理，也才能使参与采购的有关各方透明地知道评价结果，从而使采购部门产生向上的压力和动力，通过有效的激励更好地达到绩效评估的目的。

【小资料9-5】

某单位采购主管绩效考核表

考核指标	绩效目标	评价标准	指标权重	考核结果
周工作计划完成率	规定时间内实际完成计划数/规定时间内应完成计划任务数×100%	4个周工作计划完成率的算术平均值达到90%以上，每低于10%扣5分	10	
部门月度重要工作(临时)完成率	规定时间内完成件数(或百分比)/规定时间内应完成的件数(或百分比)×100	完成率达95%以上，每低于5%扣5分	10	
每周工作计划及时性	每周工作计划及工作总结及时提交，重要工作计划无遗漏	每周工作计划及总结迟于规定时间提交，迟于一日或将重要工作不纳入计划遗漏的，出现迟交或者遗漏一项扣5分	5	
做好询价比价议价	每月按时提交询价对象记录，拟定议价底价及采购条件	未作询价记录或未拟定议价书的；或未及时提交的，分别扣5分	5	

续上表

考核指标	绩效目标	评价标准	指标权重	考核结果
供应商管理	健全供应商资信档案,做好供应商评估及索样工作,及时提交采购议价书,按要约和承诺条件签订采购合同	供应商资信档案齐全、真实,出现不全或失实的,或者未向供应商索样或者索取检验报告的,或者在订立采购合同前未提交采购议价书,或者违反要约和承诺签订采购合同的,分别扣5分	5	
采购档案管理	收集整理供应商资料(订购单、要约、承诺、反要约的函件、合同、资信资料等),并及时归档,便于查找,建立电子和纸质的档案管理	与供应商发生交易后5日内上述资料未归档的,或归档资料不完整,或者相关资料遗失一份的,分别扣5分	5	
采购计划完成率	当期采购实际完成数/当期采购计划完成数×100%,完成率控制在90%以上	完成率每低于5个百分点的扣2分,未达标但未延误发货的扣0.5分	10	
采购成本降低率	(上期采购成本－本期采购成本)/上期采购成本×100%,成本控制在持平或下浮3%以内	成本应当比去年同期(月份)相比持平或者下浮3%,每高于1%的,扣0.5分	10	
供应商一次交检合格率	当期一次交货合格次数(件、台)/当期交货总次数(件、台)×100%,交检合格率在95%以上	交检率每低于2个百分点的,扣2分	10	
供应商履约率	履约合同数/订单合同总数×100%,履约率确保在95%以上	履约率低于95%的,每低于2个百分点的扣2分,低于5个百分点的扣5分	10	
订货差错数	数量及质量有问题的订货金额/采购总金额×100%,差错率为0	差错率每出现1个百分点扣2分,依此类推	10	
采购材料到货率	单次采购实际到货量/单次采购应到货量×100%,到货率控制在95%以上	到货率每低于2个百分点,扣2分,依此类推	10	

(资料来源:http://wenku.baidu.com/view/9258133683c4bb4cf7ecd1f9.html。)

6.采购绩效改进的途径

(1)营造良好的组织氛围

组织和文化建设在企业发展中的重要促进作用越来越被大家认可,构建起积极向上、和谐发展的公司内部运作环境,从而确保公司运营能在战略方针指引下良性可持续发展。

(2)强化内部管理

编制采购管理手册,严格采购纪律,建立合格的采购团队,设立采购人员工作评价及激励机制,使企业采购管理有条不紊地进行。

(3)应用消息技术

信息技术的使用,可以为采购管理提供技术支撑,提高采购效率,降低采购成本,规避采购风险。不少企业通过ERP、EOS、MRP、DRP等系统为科学采购提供支持。

(4)建立科学的供应商管理体系

建立供应商的开发、选择、使用与控制的科学管理体系,用战略采购的思想指导采购管理,根据需求及其市场的特点,确定供应商的管理方式,以双赢为基础,与供应商共同制订成本降低计划,提高采购绩效。

(5)正确选择采购方式

采购方式直接影响采购绩效,企业应根据需求的数量、价值、技术及市场特点,选择合适的采购方式,以保证供应,降低成本,提高采购效率。

(6)优化采购流程

采购部门应根据绩效评估的结果,清楚地掌握企业采购中的问题,有针对性地优化采购流程。常见的优化方法如下:

①简化采购流程。简化采购流程有多种途径,如对于小额、低价值及 MRO 等物料的采购,可以使用采购卡、空白支票采购订单采购,以去掉过多的、不必要的采购审批手续,简化臃肿的采购机构等。

②签订综合采购订单合同。当企业采购的物料品种多、数量少时,可以与供应商签订综合采购订单合同,以降低采购成本,提高采购绩效。

③签订长期采购合同。对于低价值、采购周期长的物料,与供应商合作时间较长的采购项目,市场价格将大幅度波动的物料,可以与供应商签订长期采购合同。

④联合采购。对于小型企业可以采用联合采购方式,以达到规模效应。

⑤集中采购与分散采购结合。对于企业内部各个分厂、分车间、各事业部共同需要的物料尽量由总部集中采购,以降低采购成本。对于企业的紧急需求及各分部所需不同的物料,则可以让各分部进行分散采购。

【小资料9-6】

采购卡——企业采购和政府采购的新工具

零星物资采购一直是困扰企业和政府的事情。零星物资的采购交易次数占到一般企业总交易次数的20%~50%,但是交易资金往往不到企业总采购金额的10%。企业往往花费大量的人力和物力来处理这些日常的采购业务,但是收效往往不理想。

采购卡类似于信用卡,是电子采购的一种工具。持卡人不需要任何审批手续,可以直接向指定的供应商采购,采购过程无纸化,即可以免去向供应商下订单,与供应商签订采购协议以及产品的详细运输合同等烦琐的手续而直接采用柜面交易、网络采购或者电话采购等形式向供应商采购。采购卡是企业与银行联合开发,通过企业的上层采购部门,对基层或者其他部门的有关人员进行授权,让他们能够不通过采购部门,自主地向企业的合格供应商采购本部门所需的零星物资。有关部门的采购数量、获得的采购折扣、采购金额、缴税情况、供应商的状况等有关信息都能够在采购卡的数据库中采集,通过相应的发卡银行将这些信息传达到企业的上层采购部门。这些信息还能够实时地直接导入企业的 ERP 系统中运行,大大简化了企业的采购业务流程。

1. 应用采购卡的采购过程

①定义需求。持卡人要保证使用部门的需求是合理和明确的,通常要求使用人以书面的形式按照指定的格式提出请求,包括采购内容描述、采购数量、采购的大致金额、需求具体时

间、运输送货指导性建议、采购理由以及使用人的个人签名。

②审定采购物资是否在授权范围之内。持卡人根据使用人的书面请求,根据政府或者企业采购制度的规定,审核该物资采购是否在授权范围以内。

③保证采购额度合理。对单次采购金额和每个月的采购金额都有规定,一般严格禁止持卡人采购单台设备时,将采购金额分割来保证金额在额定范围之内。

④审核采购源。这一环节主要保证供应商能够按时、按质、按量地将产品送到所需要的地点。如果指定的供应商不能够满足持卡人的采购需求,持卡人可以选择其他能够接受采购卡的供应商。不过,这隶属于例外采购的范畴,往往需要持卡人向政府的采购部门或者企业的采购中心做出书面的例外说明。

⑤进行采购。持卡人可以采用柜面交易、电话或者传真交易、邮购、E-mail或者Internet等多种形式进行产品订购。对产品的运送方式、海外采购的形式、缴税的方式都详细地说明。

⑥记入采购日志。持卡人要将每笔采购数量、到货批量、采购付款情况等记入采购日志。

⑦按月与银行对采购账户进行对账。

2. 应用采购卡的优势

①加快响应速度。持卡人可以绕过层层审批手续,直接向供应商订购产品,大大加快响应速度。持卡人一般是使用部门的管理人员,他们能够在第一时间知道本部门的需求,而且对供应商的产品性能比较了解,通过采购卡,持卡人可以直接与供应商交易,订单平均处理天数从9.1天缩短为0,避免了信息传递中的曲解,尽早订购到本部门所需要的产品。供应商也会根据持卡人的要求,直接将产品送到使用部门,大大提高了存货的周转率,也加快了产品的响应速度。

②简化采购流程。采购卡的应用大大简化了采购流程,采购卡的采购信息能够采集进入企业ERP系统,发卡银行也可以每月或者每周定期将持卡人的采购情况反映给相应的采购管理中心,从而强化采购作业管理。

③降低采购成本。政府或者企业选定供应商时,往往是将企业年需求量作为招标或者谈判砝码,供应商根据企业的年采购总量而报价,大大低于过去零星物资采购的报价。另外,采购卡的应用增加无纸化作业,简化采购流程的同时也会降低采购成本,例如降低订单处理成本和行政费用。

④密切与供应商的关系。零星物资单次采购金额小,往往会被供应商所忽视。应用采购卡后,供应商成了企业或者政府的定点采购对象。供应商为了得到更多的份额,会更重视企业,积极与企业搞好关系。

(资料来源:http://blog.sina.com.cn/s/blog_4bc3088f010088t5.html。)

 案例分析

IBM的提高采购绩效之道

1. "土办法"采购的问题

IBM公司过去也是采用"土办法"采购:员工填单子、领导审批、投入采购收集箱、采购部定期取单子。企业的管理层惊讶地发现,这是一个巨大的漏洞——烦琐的环节,不确定的流程,质量和速度都无法衡量、无法提高,非业务前线的采购环节已经完全失控了,甚至要降低成本都不知如何下手!

摆在IBM公司面前的问题是:如何减少运营成本?可能降低哪部分成本?经过IBM公司全球各机构的统计调查和研究分析,在采购、人力资源、广告宣传等各项运营开支中,采购成本凸显了出来。

管理层不得不反思IBM公司到底是如何采购的,那时,IBM不同地区的分公司、不同的业务部门的采购大多各自为政,采购的主题分散,重复采购现象普遍。以生产资料为例,键盘、鼠标、显示器甚至包装材料,大同小异,但采购流程自成体系,权限、环节各不相同,合同形式也五花八门。

2. 采购变革

在深入挖掘采购存在的问题后,IBM公司随即开始了变革行为,目标就是电子采购。从后来IBM公司总结的经验看,组织结构、流程和数据这三个要素是改革成功的根本。

(1)成立全球采购部

变革首先发生在组织结构。IBM公司成立了全球采购部门,其内部结构按照国家和地区划分,设立了CPO(全球首席采购官)的职位。全球采购部集中了全球范围内生产和非生产采购的权力,负责制定全球统一的采购流程,是订单的唯一出口,并负责统一订单形式。

经过仔细研究,全球采购专家把IBM公司全部采购物资按照不同的性质分类,生产型的分为17个大类,非生产型的分为12个大类。每一类成立了一个专家组,由工程师组成。他们精通该类产品的情况,了解该类物资的最新产品、价格波动、相应的供应商资信和服务。在具体运作中,全球采购部统一全球的需求,形成大订单,寻找最好的供应商,谈判、压价并形成统一的合同条款,以后的采购只需按照合同照章办事就可以了。这种集中采购的本质就是由专家做专业的事。

(2)梳理采购流程

IBM公司的采购变革不在于订单的介质从纸张变为电子数据、由人工传输数据变为网络传输数据,而在于梳理采购流程。制定流程首先遇到的一个问题是采购物资如何分类,才能形成一张完整而清晰的查询目录。通过调查反馈,IBM公司汇总全球各地所有采购物资,共有上万种。采购工程师们一起进行了长时间的细致工作,形成了采购的详细目录,这一步工作的目标是使来自不同地区、具有不同习惯、使用不同语言的员工方便、快捷地查找到所需要的"产品"。

工程师们讨论过后,律师们也要碰头:如何统一合同?统一全球流程?从法律角度审查,怎样设计流程更可靠而且合法?怎样制定合同才能最大限度地保护IBM公司的利益,又对供应商公平,同时还要对不同国家的法律和税收制度留有足够的空间,以适应本地化的工作?之后,全球的财务总监还要商议采购的审批权限如何分割、业务流程与采购流程如何衔接等问题。

(3)推行电子采购系统

目前IBM公司电子采购主要由四大系统构成,即采购订单申请系统、订单中心系统、订单传送系统(与供应商网上沟通)和询价系统,加上一个相对完善的中央采购系统。但系统在推广过程中并不是一帆风顺的,推广的困难在于地区和部门之间的协调、制定的订单新标准与老系统之间的冲突。在新旧系统更替过程中,传统势力很顽固,因为他们毕竟面临新的采购系统与原有生产系统衔接的问题。公司认为,提供过渡方案并帮助解决具体问题,才能平稳地过渡。

3. 采购成本下降

有了一系列措施之后,效果立竿见影。采购成本大幅度降低。简化业务流程方案实施后,在5年的时间里,IBM公司总共节约资金超过90亿美元,其中40亿美元得益于采购流程方案的重新设计。大概有近2万家IBM供应商通过网络来满足IBM公司的电子采购需要。基于电子采购,IBM公司降低了采购的复杂程度,采购订单的处理时间已经降低到1天,合同的平均长度减少到6页,内部员工的满意度提升了45%。

与此同时,供应商最大的感受之一是更容易与IBM做生意了。统一的流程、标准的单据意味着更公平的竞争。集中化的采购方式更便于发展战略性的、作为合作伙伴的商业关系,这一点对于生产型采购尤为重要。从电子采购系统的推广角度而言,供应商更欢迎简便快捷的网络方式与IBM公司进行商业往来,分享电子采购的优越性,从而达到一同降低成本、一同增加竞争力的双赢战略效果。

现在,IBM公司全球的采购都集中在该中央系统中,而该部门只有300人。IBM公司采购部人员总体成本降低了,员工出现分流:负责供应商管理、合同谈判的高级员工增多,而采购的具体执行工作逐渐电子化、集中化。新的采购需求不断出现,改革也将持续下去。

【思考】
你能从IBM的做法中总结出几条提高采购绩效的途径吗?

自 测 练 习

1. 选择题

(1) 采购成本的构成部分有( )。
　　A. 物料成本　　　　　B. 订购成本　　　　C. 库存持有成本　　D. 缺货成本
(2) 在企业中需要重点控制( )物料的采购成本。
　　A. A类　　　　　　　B. B类　　　　　　　C. C类　　　　　　　D. D类
(3) 如果其他同行业公司在采购组织、职责以及人员等方面与本企业相似,则可采用( )进行采购绩效评估,以辨别彼此在采购工作成就上的优劣。
　　A. 历史绩效标准　　　B. 预算
　　C. 行业平均绩效标准　D. 目标绩效标准

2. 判断题

(1) 在产品的设计阶段没有必要让供应商参与。　　　　　　　　　　　　　(　　)
(2) 企业在进行采购绩效评估时,应注意让内部使用部门参与评估。　　　　(　　)

3. 简答题

(1) 采购绩效评估的目的是什么?
(2) 控制采购成本的策略有哪些?
(3) 提高采购绩效的方法有哪些?

附录一

×××商品买卖合同

合同编号：NHS490(4)D-J01
日期：2014年2月1日
签订地址：
买方：A公司
卖方：B公司
兹经买卖双方同意，由买方购进、卖方出售下列货物，并按下列条款签订本合同：

1. 商品名称，规格，数量，单价，总额。
2. 生产国别及制造厂家：U.K,Cummins Engine Co.,Ltd。
3. 装运期限：2014年8月30日以前。
4. 保险：由卖方按发票金额的110%投保。
5. 包装：适合长途海运、防湿、防潮、防震、防锈、耐粗暴搬运。由于包装不良所发生的损失，由于采用不充分或不妥善的防护措施而造成的任何锈损，卖方应负担由此而产生的一切费用和/或损失。
6. 唛头：卖方应在每件包装上，用不褪色的油墨清楚地印刷件号、尺码、毛重、净重以及"勿堆压"、"此端向上"、"小心轻放"、"切勿受潮"等字样。
7. 付款条件：买方应在2014年4月10日前向卖方电汇90%合同价款，其余10%的合同款于货到后一次付清。

开户银行：招商银行离岸部。
账号：
所有在香港的银行费用由卖方承担，所有在中国的银行费用由买方承担。

8. 技术资料：见所附主机技术规格及供货范围。
9. 质量保证：卖方保证订货系用最上等的材料和头等工艺制成，全新，未曾使用过，并完全符合本合同及所附"技术协议"中规定的质量、规格和性能。卖方并保证本合同订货在正确安装、正常使用和维修的情况下，自船舶交付并由船东接受之日起12个月，或货物装运之日起18个月。以上期限以先列为准。
10. 检验与索赔

(1) 在交货之前，制造厂应就订货的质量、规格、性能、数量及重量做出准确和全面的检验，并出具原产地的证明、质量合格证，该证明书为议付货款而应提交银行的单据的组成部分，但不得作为货物的质量、规格、性能、数量及重量的最后依据，制造厂应将记载实验细节和结果的书面报告附在质量保证书内。

(2)货物到达到货口岸,买方应申请中国商品检验局(以下称商检局)就货物的质量、规格、性能、数量及重量进行初步检验。如发现到货的质量、规格、性能、数量与重量与合同不符,除应由保险公司或货船公司负责外,买方于货物在到货口岸卸载后60天内凭商检局出具的检验证书有权拒收货物或向卖方索赔。所有由卖方原因造成的补发,相关一切费用由卖方承担。

(3)在本合同第9条规定的保证期内,如发现货物的质量、规格与本合同规定不符或发现货物无论何种原因引起的缺陷(包括内在缺陷或使用不良的原料),买方应申请商检局检验,并有权根据商检证书向卖方索赔。

(4)卖方收到买方索赔通知后,如果30天内不答复,应视为卖方同意买方提出的一切索赔。

11. 索赔解决方法

如货物不符合本合同规定应由卖方负责,同时买方按照本合同的规定在索赔期限或质量保证期限内提出索赔,卖方在取得买方同意后,应按下列方式理赔:

(1)按照货物的疵劣程度、损坏的范围和买方质量所遭受的损失,将货物贬值。

(2)调换有瑕疵的货物,换货必须全新并符合本合同规定的规格、质量和性能,卖方并负担因此而产生的一切费用和买方遭受的一切直接损失。对换货的质量,卖方仍应按本合同的规定,保质12个月。

12. 不可抗力

(1)不可抗力是指本合同生效后,发生不能预见并且对其发生和后果不能防止或避免的事件,如地震、台风、水灾、火灾、战争等,导致直接影响本合同的履行或不能按约定的条件履行。

(2)发生不可抗力的一方应立即通知对方,并且在不可抗力发生之日起5天内提供不可抗力的详情及将有关证明文件送交对方。

(3)发生不可抗力事件时,甲乙双方应协商以寻找一个合理的解决方法,并尽一切努力减轻不可抗力产生的后果。

(4)如不可抗力事件持续30天,甲乙双方应友好协商解决本合同是否继续履行或终止的问题。

(5)一方因不可抗力不能按本合同约定履行的,可以减轻或免除一方的违约责任,一方不能证明不能按本合同约定履行为不可抗力的,应当承担本合同约定的违约和赔偿责任。

13. 迟交和罚款:乙方逾期交货的,按逾期交货货款计算,向甲方偿付每日千分之五的违约金,并承担甲方因此所受的损失费用。

14. 仲裁:凡有关本合同或执行本合同而发生的一切争执,应通过友好协商解决,如不能解决,则应申请北京商业仲裁委员会进行仲裁。该仲裁委员会做出的仲裁是最终的,买卖双方均受其约束,任何一方不得向法院或其他机关申请变更。仲裁费用由败诉一方承担。

本合约一式四份,由买、卖双方各执两份,合同以经双方立约人正式签认,并加盖印章始为有效,至合同完成时终止。

买方:　　　　　　　　　　　卖方:
法定代表人:　　　　　　　　法定代表人:
法人委托人:　　　　　　　　法人委托人:

地　　址：　　　　　　　　　　　地　　址：
电　　话：　　　　　　　　　　　电　　话：
传　　真：　　　　　　　　　　　传　　真：
开户银行：　　　　　　　　　　　开户银行：
银行账户：　　　　　　　　　　　银行账户：
邮政编码：　　　　　　　　　　　邮政编码：
　　　　　　　　　　　　　　　　签约日期：　　年　月　日

附录二

招标公告样本

招标公告1

××招标投标中心受×××公司的委托,就"×××××项目"公开招标采购,现将有关注意事项公告如下:

招标编号:CG14-012

一、招标人:××招标投标中心

二、采购人:×××公司

三、本次招标内容:×××××项目

四、投标人资格

参加本次投标的供应商应具备以下条件:

(1)具有良好的商业信誉和健全的财务会计制度。

(2)具有履行合同所必需的设备和专业技术能力。

(3)有依法缴纳税收和社会保障资金的良好记录。

(4)参加采购活动近三年内,在经营活动中没有重大违法记录。

(5)法律、行政法规规定的其他条件。

(6)具有投标产品的供应能力、能满足招标文件规定的配送和服务要求,并有良好的工作业绩和履约记录。

(7)有良好的履约和售后服务能力,并配有较强的技术队伍,提供快速的售后服务。

(8)具有×××经营许可证。

(9)企业地址在××××范围内。

(10)具有×××等必需的生产设备,能满本采购生产要求。

五、公告及报名时间、地点

公告时间:2014年7月4日

报名时间:2014年7月4日至7月14日(节假日除外)上午8:00~11:30,下午1:30~5:00

报名地点:××××投标中心(××市××路××号)812室

六、报名时应提交的资料

(1)经有关部门年检通过的有效企业营业执照(副本)原件及加盖公章(投标人公章,下同)的复印件一份。

(2)经当地税务部门确认的上年度企业纳税情况(国、地税证明原件及加盖公章的复印件各一份)。

(3)上年度社保基金缴纳情况证明文书原件及加盖公章的复印件一份。

(4)法定代表人(企业负责人)或其委托代理人[委托代理人须提交法定代表人(企业负责人)的授权书]本人身份证(身份证、授权书须提供原件及加盖公章的复印件各一份)。

(5)2014年1~6月财务报表原件及加盖公章的复印件一份。

(6)×××经营许可证原件及加盖公章的复印件一份。

(7)主要生产设备清单。

已在××市招标投标管理办公室备案的供应商只需提供上述资料中的第4、6、7、8条资料。

七、招标文件的发售

发售日期:2014年7月4日至7月14日(节假日除外)上午8:00~11:30,下午1:30~5:00

发售地点:×××××投标中心(××市××路××号)812室

标书售价:每本200元,售后不退

八、投标文件提交截止时间及地点

截止时间:2014年8月15日上午9:00

提交地点:××市招标投标中心一楼拍卖大厅

九、开标

开标时间:2014年8月15日上午9:00 开标地点:××市招标投标中心一楼拍卖大厅

十、投标保证金

人民币10000元整

投标保证金收妥抵用(即到账)截止时间:2014年8月15日,上午9:00,各供应商以本单位开出的转账支票(必须实时清算)、银行汇票或电汇形式向××市招标投标中心提交。

投标保证金收款单位名称:××市招标投标中心

开户银行:×××××××××

账　　号:×××××××××××

十一、本次招标信息刊登在以下网站

×××××网(http://www.××××.gov.cn)

十二、招标单位联系人:×××,电话:×××-××××××××

本公告与招标文件内容如有不一致,以招标文件为准。

××市招标投标中心

二〇一四年七月四日

招标公告2

为了适应现代物流业持续健康发展的需要,吉林省榆树市正德物流园区项目计划对物流园区规划设计进行公开招标。现将公告信息公布如下:

一、招标人名称:吉林省正德物流有限公司

二、招标人地址:榆树市黑大公路和东外环路交汇处

三、招标项目:正德物流园区项目规划设计及业务设计(不包括建筑设计)

四、规划用地:总体设计面积 $78636m^2$

五、投标人资质要求

(一)投标人条件

1. 投标人须具有独立法人资格,甲级物流咨询工程设计资质。

2. 投标人具有满足招标文件各项要求的条件和全面履约的能力。

(二)应提供的资信证明

1. 有关确定投标人法律地位的原始文件,包括营业执照副本、资质证书原件及复印件。

2. 投标人近三年以来完成的物流园区规划设计成功案例和现在正在履行的物流园区项目总体规划咨询和业务设计合同。

3. 投标人所报项目设计部近三年以来规划设计物流园区的经济效益分析(包括被设计单位的评价分析及反馈问题建议)。

4. 法人授权委托书、项目经理资质证书原件。

六、投标人须知

1. 招标前,投标人需先与公司筹建办联系登记,然后与具体业务人员及相关技术人员进行技术交流和资格预审。

2. 投标人应自行承担所有与参加投标有关的费用。不论投标的结果如何,本公司在任何情况下均无义务和责任承担这些费用。

七、招标时间及地点:待定

八、招标机构名称:中技国际招标公司

联系电话:0431-88668×××、13844853×××

传真:0431-88669×××

联系人:×××、×××

(资料来源:http://www.chinawuliu.com.cn/zixun/201202/09/177884.shtml。)

附录三

招 标 文 件

招标文件封面(略)。

一、投标邀请书

_____:

　　本中心决定采取公开招标方式采购 PC16 台、笔记本电脑 23 台(详细情况见附表),请贵公司对此项目及相关服务进行密封投标。

　　若贵公司对此项目有投标意向,请于 2014 年 3 月 10～15 日到本中心购买招标文件,招标文件每本售价 200 元,售后不退。

　　投标书必须于 2014 年 3 月 16 日下午 17:00 前递交到本中心,逾期将不予接受。

地址:××市××区××路××号
联系人:刘先生
电话/传真:×××-××××××××

×××××集团采购中心
2014 年 3 月 10 日

二、招标货物名称、数量、技术参数

品名或者项目	规格型号	数量	备注
PC 机	P43.0/512M DDR/单插 128 显卡/CD/160G/独立网卡/光电鼠标/17 纯平	10 台	
PC 机	P43.0/512M DDR/单插显卡/CD/80G/独立网卡/光电鼠标/纯平	6 台	
笔记本	迅驰 1.86/512M DDR/80G/康宝/14.1 屏/一块电池/无线网卡+100 网卡/Modem	3 台	
笔记本	超线程 1.5/512M DDR/60G/康宝/12.1 屏/两块电池/无线网卡+100 网卡/Modem	20 台	笔记本

三、产品质量要求

投标人须保证所投标的设备是全新的、未使用过的最新产品,并符合招标文件规定的质量、规格和性能要求;投标人应保证其中标的设备在正常使用和保养条件下,在其使用寿命内具有满意的性能。

四、投标人须知

1. 投标人必须提交有关资格、资质
(1)法定代表人授权书。
(2)营业执照(复印件)。
(3)代理商(分销商)资格证明。
(4)技术支持能力证明材料等。
(5)投标单位简介、业绩、资信、技术力量等。

2. 投标文件要求正本1份,副本1份,正副本不一致时,以正本为准。

3. 投标人应将投标文件密封包装,封袋骑缝处要加盖单位公章。

4. 投标人递交投标文件后,可在投标截止前修改或撤回其投标,需重新递交的投标文件,仍需在截止期前递交。

5. 投标人应标明主要设备、材料的品牌、产地、规格等,主要材料的品牌产地。

6. 投标人在递交投标文件时,须同时交纳2000元投标保证金,未中标单位在接到通知后7日内全额退还,中标单位在合同履行后退还。投标人在投标有效期内撤回其投标以及中标后中标人未能在规定期限内与招标人签订合同或无力履行合同的,投标保证金将不予退还。

7. 供货要求
(1)交货地点为本集团技术部。
(2)所有产品须在规定日期前交货。
(3)中标的投标人须负责设备的安装、调试,并承诺提供良好的售后服务。

8. 投标报价
(1)投标人可选择其中某一项进行投标。可以对其中一项选择不同品牌、配置、型号、服务等进行多项报价。
(2)投标人要以《投标人报价表》按照产品种类、配置分别真报产品单价、数量、总价及相关服务,投标货物详细配置及必要的资料和说明。
(3)报价为在招标人指定交货地点交付的含税(增值税)价格,同时包含货物的运输、调试费用。
(4)招标人不接受任何选择报价,对每一批确定品牌、配置等的货物只允许有一个报价。

五、评标、定标办法

1. 本中心将由招标人代表,技术、经济等有关部门的代表组成评标委员会对本次招标进行评标。

2.评标委员会对所有投标书进行综合评议,评标时除考虑投标人的报价外,还将考虑以下因素:

(1)所投产品的技术水平、性能、质量等。

(2)有无良好的售后服务体系。

(3)有无不良记录和违法行为。

(4)投标人综合实力、经营信誉。

(5)交货时间、结算方式等。

3.决定中标单位后,由本中心通知其来签订合同。

4.对未中标的单位不作解释。

附件1

投 标 人 报 价 表

品名	规格型号	品牌及产地	单位	数量	单价	售后报价	总价

附件2

法定代表人授权书

本授权书声明＿＿＿＿＿＿公司的＿＿＿＿＿＿(法定代表人姓名、职务)代表本公司授权＿＿＿＿＿＿(被授权人姓名、职务)为本公司的合法代理人,就＿＿＿＿＿＿项目的投标文件合同签订、履行,以本公司名义处理一切与之有关的事宜,并承担相应的法律责任。

特此声明。

法定代表人签字:

被授权人签字:

单位名称(盖章):

授权日期:

附件3

代理商资格证明文件

询价采购函

_____：

我中心决定采取询价方式采购下列器材，若贵公司有合作意向，请将货物单价、供货时间、售后服务承诺、结算付款方式等按报价表形式，密封后于3月16日下午17:00时前递交到本中心，本中心将组织有关人员评标后择优选择供应商。

谢谢合作！

××××××集团采购中心
联系人：刘先生
电话、传真：×××-××××××××
地址：××市××区××路××号
2014年3月10日

器材清单：

传真机（激光）		1台
A3激光打印机		1台
A4激光打印机		1台
录音笔		4支
激光一体机		1台

附录四
国际采购谈判流程

国际采购谈判一般经历询盘、发盘、还盘、接受四个环节,其中,发盘和接受是达成交易、合同成立必不可少的两个基本环节和必经的法律步骤。

一、询盘

指交易的一方准备购买或出售某种商品,向对方询问买卖该商品的有关交易条件。询盘不具备法律上的约束力,其内容可涉及:价格、规格、品质、数量、包装、装运以及索取样品等,而多数只是询问价格。所以,业务上常把询盘称为询价。在国际贸易业务中,有时一方发出的询盘表达了与对方进行交易的愿望,希望对方接到询盘后及时发出有效的发盘,以便考虑接受与否。也有的询盘只是想探询一下市价,询问的对象也不限于一人,发出询盘的一方希望对方开出估价单,这种估价单不具备发盘的条件,所报出的价格也仅供参考。

二、发盘

发盘也称报盘、发价、报价,法律上称之为"要约"。根据《联合国国际货物销售合同公约》规定,向一个或一个以上特定的人提出的订立合同的建议,如果十分确定并且表明发盘人在得到接受时受到发盘约束的意旨,即构成发盘。一个建议如果写明货物并且明示或暗示地规定数量和价格或规定如何确定数量和价格,即为十分确定。发盘可以是应对方询盘的要求发出,也可以是在没有询盘的情况下,直接向对方发出。发盘一般是由卖方发出的,但也可以由买方发出,业务称其为"递盘"。

1. 发盘具备的条件

根据《联合国国际货物销售合同公约》(简称《公约》),一个发盘的构成必须具备下列四个条件:

(1)向一个或一个以上的特定人提出。发盘必须指定可以表示接受的受盘人。受盘人可以是一个,也可以指定多个。不指定受盘人的发盘,仅应视为发盘的邀请,或称邀请做出发盘。

(2)表明订立合同的意思。发盘必须表明严肃的订约意思,即发盘应该表明发盘人在得到接受时,将按发盘条件承担与受盘人订立合同的法律责任。这种意思可以用"发盘"、"递盘"等术语加以表明,也可不使用上述或类似上述术语和语句,而按照当时谈判情形,或当事人之间以往的业务交往情况或双方已经确立的习惯做法来确定。

(3)发盘内容必须十分确定。发盘内容的确定性体现在发盘中列的条件是否是完整的、明确的和终局的。

(4)送达受盘人。发盘于送达受盘人时生效。

上述四个条件,是《公约》对发盘的基本要求,也可称为构成发盘的四个要素。

2. 发盘的撤回和撤销

《公约》第15条对发盘生效时间作了明确规定:"发盘在送达受盘人时生效"。那么,发盘在未被送达受盘人之前,如发盘人改变主意,或情况发生变化,这就必然会产生发盘的撤回和撤销的问题。在法律上,"撤回"和"撤销"属于两个不同的概念。撤回是指在发盘尚未生效,发盘人采取行动阻止它的生效。而撤销是指发盘已生效后,发盘人以一定方式解除发盘的效力。

《公约》第15条第2款规定:"一项发盘,即使是不可撤销的,也可以撤回,如果撤回的通知在发盘到达受盘人之前或同时到达受盘人。"

根据《公约》的规定,发盘可以撤销,其条件是:发盘人撤销的通知必须在受盘人发出接受通知之前传达到受盘人。但是,在下列情况下,发盘不能再撤销:

(1) 发盘中注明了有效期,或以其他方式表示发盘是不可撤销的。

(2) 受盘人有理由信赖该发盘是不可撤销的,并且已本着对该发盘的信赖行事。

关于发盘失效问题,《公约》第17条规定:"一项发盘,即使是不可撤销的,于拒绝通知送达发盘人时终止。"这就是说,当受盘人不接受发盘的内容,并将拒绝的通知送到发盘人手中时,原发盘就失去效力,发盘人不再受其约束。

此外,在贸易实务中还有以下三种情况造成发盘的失效:

(1) 发盘人在受盘人接受之前撤销该发盘。

(2) 发盘中规定的有效期届满。

(3) 其他方面的问题造成发盘失效。这包括政府发布禁令或限制措施造成发盘失效,另外还包括发盘人死亡、法人破产等特殊情况。

三、还盘

受盘人在接到发盘后,不能完全同意发盘的内容,为了进一步磋商交易,对发盘提出修改意见,用口头或书面形式表示出来,就构成还盘。

还盘的形式可有不同,有的明确使用"还盘"字样,有的则不使用,在内容中表示出对发盘的修改也构成还盘。

还盘是对发盘的拒绝。还盘一经做出,原发盘即失去效力,发盘人不再受其约束。

四、接受

所谓接受,就是交易的一方在接到对方的发盘或还盘后,以声明或行为向对方表示同意。法律上将接受称为承诺。接受和发盘一样,既属于商业行为,也属于法律行为。对有关接受问题在《公约》中也作了较明确的规定。

根据《公约》的解释,构成有效的接受要具备以下四个条件:

1. 接受必须是由受盘人做出

其他人对发盘表示同意,不能构成接受。这一条件与发盘的第一个条件是相呼应的。发盘必须向特定的人发出,即表示发盘人愿意按发盘的条件与受盘人订立合同,但并不表示他愿意按这些条件与任何人订立合同。因此，接受也只能由受盘人做出，才具有效力。

2. 受盘人表示接受

要采取声明的方式即以口头或书面的声明向发盘人明确表示出来。另外，还可以用行为表示接受，如按照发盘的要求作出实际行动。

3. 接受的内容要与发盘的内容相符

就是说，接受应是无条件的。但在业务中，常有这种情况，受盘人在答复中使用了接受的字眼，但对发盘的内容做了增加、限制或修改，这在法律上称为有条件的接受，不能成为有效的接受，而属于还盘。

4. 接受的通知要在发盘的有效期内送达发盘人才能生效

发盘中通常都规定有效期。这一期限有双重意义：一方面它约束发盘人，使发盘人承担义务，在有效期内不能任意撤销或修改发盘的内容，过期则不再受其约束；另一方面，发盘人规定有效期，也是约束受盘人，只有在有效期内做出接受，才有法律效力。

在国际贸易中，由于各种原因，导致受盘的接受通知有时晚于发盘人规定的有效期送达，这在法律上称为"迟到的接受"。对于这种迟到的接受，发盘人不受其约束，不具法律效力。但也有例外的情况，《公约》第 21 条规定过期的接受在下列两种情况下仍具有效力：

①如果发盘人毫不迟延地用口头或书面的形式将此种意思通知受盘人。

②如果载有逾期接受的信件或其他书面文件表明它在传递正常的情况下是能够及时送达发盘人的，那么这项逾期接受仍具有接受的效力，除非发盘人毫不迟延地用口头或书面方式通知受盘人，他认为发盘已经失效。

五、签订合同

经过交易磋商，一方的发盘或还盘被对方有效地接受后，就算达成了交易，双方之间就建立了合同关系。在业务中，一般还要用书面形式将双方的权力、义务明文规定下来，便于执行，这就是所谓签订合同。

附录五

采购风险一览表

序号	内容简述	触发原因	发生概率	影响后果	应对措施
一、招标风险					
1	招标偏差风险	撰写招标文件时对招标范围、技术要求表述不清或清单缺漏	一般	导致投标人报价不准、缺漏项,对招标结果的准确性造成极大影响,或导致大量的重复性工作	(1)招标需求部门及技术审核部门应提供准确的招标范围及技术要求; (2)预算部门应提供准确详尽的清单并尽可能多地考虑现场实际情况,减少现场变更及造价调整; (3)集采中心撰写招标文件应认真仔细,尽量杜绝文件内法律及技术漏洞
2	保密性风险	招标参与人泄露招标过程具体情况,甚至泄露标底	较高	影响招标公正性、准确性,严重者可造成公司利益损失	(1)在满足招标要求的情况下,尽可能减少招标参与人数量; (2)加强审计监控工作; (3)在招标参与人的选择上要作认真考量; (4)评标过程要分专业进行,商务标和技术标评审要选择不同人员分开进行
3	技术性风险(包括施工技术、材料技术、信息技术、造价分析技术等)	招标人对招标内容的技术标准存在认知缺失,容易被投标人所蒙蔽	较低	对招标准确性造成较大影响,导致质量、造价同预期严重不符,严重者对公司利益造成损失,并可能触发法律纠纷	(1)加强对新技术、新工艺的学习,提高技术专业性; (2)对于本公司缺乏了解的技术内容可考虑进行外部咨询; (3)对于技术层面的问题可加强企业内部学习,提高招标参与人的整体素质
4	商务博弈风险	招投标双方在招标及商务洽谈的相互博弈中产生的风险,包括: (1)常规风险:如参与商务洽谈人员的谈判水平可影响企业的利益最大化; (2)恶性风险:如投标人进行围标、诈骗及商业欺诈等恶性事件	常规风险发生概率高,恶性风险发生概率低	常规风险影响企业的利益最大化; 恶性风险轻者可能造成招标无效,严重者可对企业利益造成重大损失,并触发法律纠纷	(1)加强招标参与人的商务谈判水平; (2)对投标单位的业绩、诚信度,以及投标单位之间的相互关系进行考察、审核; (3)减少投标人相互间见面机会,可减少投标人相互串通投标信息的可能性

续上表

序号	内容简述	触发原因	发生概率	影响后果	应对措施
5	投标单位间的恶性竞争风险	投标单位之间的恶性竞争，导致招标结果的不可控，以及招标成本的不可控	低	(1)良性后果可能造成企业成本降低；(2)恶性后果可能对后期质量、施工进度、现场管理及决算价格造成影响	(1)对于投标价格过低的原因要进行认真审核，避免合同签订后发生不可控制的变化(最严重情况是投标单位破产)；(2)标底测算应准确、合理，不能盲目地选择最低价中标
二、采购风险					
6	质量风险	(1)低价格采购造成的质量风险；(2)供应商的诚信缺失造成的质量风险	较高	(1)轻度风险可影响使用效果，给使用者造成不便；(2)重度风险可造成使用者或第三人的人身财产损失；(3)导致法律纠纷	(1)使用部门在提报采购需求时应明确要求质量标准；(2)采购部门应严格筛选供应商，保证产品质量；(3)加强货物进场质量检验
7	价格风险	(1)商务谈判造成的价格风险；(2)地域性价格造成的价格风险；(3)新技术、进材料的价格风险；(4)价格的时间性变动造成的风险	高	影响企业利益最大化的实现	(1)增强商务洽谈能力；(2)详尽的市场调查；(3)减少采购的盲目性，减少对新技术的迷信；(4)加强对采购时机的把握
8	诚信风险	(1)企业内部员工的诚信缺失对企业利益造成的损失；(2)供应商的诚信缺失对企业利益造成的损失	高	造成企业面临不可控制的价格风险和质量风险	(1)加强企业内部审计机制；(2)加强外部调查机制
9	金融风险	(1)国际汇率变动对进口货物采购价格造成的风险；(2)银行利率、通胀水平造成的采购成本的隐性增减	低	影响企业利益最大化的实现	(1)把握好采购及付款时机；(2)可在合同签订时将相应风险转移给供应商(难度较大)
10	安全风险	(1)运输过程中的安全风险；(2)不可抗力因素造成的风险	低	影响企业利益最大化的实现	(1)制订采购预备方案及预留备用金；(2)可在合同签订时将相应风险转移给供应商(难度较大)

续上表

序号	内容简述	触发原因	发生概率	影响后果	应对措施
11	付款风险	（1）付款信息错误导致转账错误；（2）员工或供应商的诚信问题导致的付款错误	较低	导致付款不到位，或转账错误造成不可挽回的损失，乃至引起法律纠纷	（1）加强财务审核；（2）加强审计管控
三、法律风险					
12	招标纠纷	对于招标文件或招标过程的理解不同所造成的法律纠纷	较低	造成企业利益损失或声誉损失	加强招标文件审核及招标过程管控
13	合同纠纷	违约或合同执行不力所引起的法律纠纷	较低	造成企业利益损失或声誉损失	加强合同审核及合同执行管理
四、其他风险					
14	内部沟通风险	由于企业内部各部门间沟通繁复或沟通不及时造成信息延误或缺失，导致招标或采购过程及标准出现偏差	较高	可引发保密风险、招标风险、价格风险及质量风险	建立合理、简洁、有效的内部沟通机制
15	计划变动及延误风险	由于采购或招标计划出现变动或计划制订得不及时导致过多的临时性采购或临时性招标	较高	导致集采中心没有足够的采购或招标时间，从而引发价格风险、质量风险	（1）要求需求部分及时提供采购或招标需求，给集采中心预留出足够的招采时间；（2）应编制合理有效的工作计划，减少突发事件的发生概率
16	时间风险	招采工作实际是一项综合协调的工作，需各相关部门配合工作，如施工范围、技术标准、清单的提供不及时将影响招采工作的顺利进行	较高	导致集采中心没有足够的采购或招标时间，从而引发价格风险、质量风险	需各相关部门及时提供招采需求资料
17	机会成本风险	由于招采的时间、地域、数量不同以及各种新工艺、新材料的产生，均可造成机会成本的增加	较高	影响企业利益最大化的实现	及时、详尽地进行市场调查，给领导决策提供有效资料
18	审计风险	审计工作是企业控制各种风险的有效手段，但审计工作的时间点以及审计方式可能会对被审计部门的业务工作造成影响	一般	影响业务工作效率或造成被审计员工的思想波动	掌握好审计工作的开始时间点及审计工作方式

自测练习参考答案

项目一

1. 选择题
(1) C   (2) C   (3) C   (4) A
2. 判断题
(1)~(4) √ √ √ √

项目二

1. 选择题
(1) C   (2) AB   (3) C
2. 判断题
(1)~(3) × √ ×

项目三

1. 选择题
(1) ABCD   (2) ABC   (3) ABCD   (4) ABCD
2. 判断题
(1)~(5) √ × √ × ×   (6) √

项目四

1. 选择题
(1) AB   (2) ABCD   (3) ABCD   (4) ABCD   (5) ABCD
2. 判断题
(1)~(5) √ √ √ × ×   (6)~(9) √ √ √ √

项目五

1. 选择题
(1) ABC   (2) ABCD   (3) BCD   (4) ABC
2. 判断题
(1)~(5) × √ × × ×

项 目 六

1. 选择题
(1) D (2) A (3) ABC (4) D (5) D
(6) B (7) ABCD (8) ABCD (9) ABCD

2. 判断题
(1) ~ (5) √ √ √ √ ×   (6) ~ (7) × √

项 目 七

1. 选择题
(1) ABCD (2) ABD (3) ABD

2. 判断题
(1) ~ (4) √ × × √

项 目 八

1. 选择题
(1) ABCD (2) BC (3) ABCD

2. 判断题
(1) ~ (5) × √ √ × ×

项 目 九

1. 选择题
(1) ABCD (2) A (3) C

2. 判断题
(1) ~ (2) × √

参 考 文 献

[1] 霍红,华蕊.采购与供应链管理[M].北京:中国物资出版社,2007.
[2] 蒂莫西 M 拉塞特.战略采购管理与供应商的合作与竞争[M].北京:经济日报出版社,2002.
[3] 王槐林.采购管理与库存控制[M].北京:中国物资出版社,2009.
[4] 蔡改成,李虹.采购管理实务[M].北京:人民交通出版社,2012.
[5] 罗振华,孙金丹.采购实务[M].北京:北京大学出版社,2011.
[6] 陈鸿雁.采购管理实务[M].北京:北京交通大学出版社,2011.
[7] 梁军,王刚.采购管理[M].北京:电子工业出版社,2010.
[8] 李恒兴,鲍钰.采购管理[M].北京:北京理工大学出版社,2007.
[9] 李琦业.货物采购与检验[M].北京:中国物资出版社,2004.
[10] 王炬香,温艳,王磊,等.采购管理实务[M].北京:电子工业出版社,2011.
[11] 冯启泰.采购供应理论与管理[M].北京:中国劳动社会保障出版社,2006.
[12] 徐杰,田源.采购与仓储管理[M].北京:清华大学出版社,北京交通大学出版社,2004.
[13] Pro. Arjan J van Weele.采购与供应链管理——分析、规划及其实践[M].梅绍祖,阮笑雷,巢来春,译.北京:清华大学出版社,2002.
[14] 藤宝红.采购主管日常管理工作技能与范本[M].北京:人民邮电出版社,2007.
[15] 周鸿.采购部规范化管理工具箱[M].北京:人民邮电出版社,2008.
[16] 胡军,王姗姗.供应链管理案例精选[M].杭州:浙江大学出版社,2007.
[17] 于淼.供应商管理[M].北京:清华大学出版社,2006.
[18] 北京中交协物流人力资源培训中心.采购绩效测量与商业分析[M].北京:机械工业出版社,2008.
[19] 劳动和社会保障部教材办公室.采购知识与技巧[M].北京:中国劳动社会保障出版社,2006.
[20] 北京中交协物流人力资源培训中心.采购与供应关系管理[M].北京:机械工业出版社,2008.
[21] 郝渊晓,张鸿,马健诚.采购物流学[M].广州:中山大学出版社,2007.
[22] 中国就业培训技术指导中心组织.采购员[M].北京:中国劳动社会保障出版社,2007.